Investigação Digital em Fontes Abertas

Alesandro Gonçalves Barreto
Emerson Wendt
Guilherme Caselli

Investigação Digital em Fontes Abertas

BRASPORT

1ª edição: 2013

Reimpressão: 2014

2ª edição: 2017

Editor: Sergio Martins de Oliveira
Diretora: Rosa Maria Oliveira de Queiroz
Gerente de Produção Editorial: Marina dos Anjos Martins de Oliveira
Editoração Eletrônica: SBNigri Artes e Textos Ltda.
Capa: Use Design

B273i Barreto, Alesandro Gonçalves

Investigação Digital em fontes abertas / Alesandro Gonçalves Barreto, Emerson Wendt, Guilherme Caselli – Rio de Janeiro: Brasport, 2017.

ISBN: 978-85-7452-814-4

1. Inteligência Digital 2. Investigações Criminais I. Wendt, Emerson II. Caselli, Guilherme III. Título

CDD: 005.8

Ficha catalográfica elaborada por bibliotecário – CRB7 6355

BRASPORT Livros e Multimídia Ltda.
Rua Pardal Mallet, 23 – Tijuca
20270-280 Rio de Janeiro-RJ
Tels. Fax: (21) 2568.1415/2568.1507
e-mails: **marketing@brasport.com.br**
vendas@brasport.com.br
editorial@brasport.com.br

site: **www.brasport.com.br**

Filial
Av. Paulista, 807 – conj. 915
01311-100 – São Paulo-SP

Agradecimentos

Meu amado Deus, eu sou muito grato por este presente maravilhoso que é a vida! Agradeço também pelas pessoas que o Senhor colocou em meu caminho. Algumas delas me inspiram, me ajudam, me desafiam e me encorajam a ser cada dia melhor.

À minha esposa Vanubia, pelo amor, carinho, paixão, cumplicidade, paciência, afeto, lealdade, fidelidade e respeito dedicados a mim e às minhas filhas.

Às minhas filhas Karolinne e Camila.

À minha amada mãe Graça *(in memoriam)*.

Aos profissionais que já vêm trabalhando há muito tempo com fontes abertas, valorizando as áreas da Inteligência e da Investigação Policial. Em especial àqueles que acreditam bastante na área: Arnaldo Rosa, Everton Férrer, Luis Gonzaga, Gilbert Jeferson, Guilherme Caselli, Marcos Lacerda, Renato Costa, Romano Costa, Venceslau Felipe e Wiliam Murad.

Aos amigos Luiz Moura (juiz da Central de Inquéritos de Teresina), APC Mardem Lincow e ao DPC Menandro Pedro.

Alesandro Gonçalves Barreto

Agradecimentos nunca são os mais justos, pois inúmeras pessoas os merecem.

No entanto, a gratidão é válida e fundamental quando destinada aos meus pais, Nilo e Neli (*in memoriam*). São pessoas que me orientaram e tiveram empenho na minha educação, orientação e, efusivamente e com entusiasmo, foram a mola condutora e formadora de um caráter voltado ao certo e justo.

À minha parceira de caminhada, Valquiria Wendt. Sem teu apoio e incentivo muitas das coisas que faço não teriam ocorrido e não seriam possíveis. Também preciso citar os meus filhos queridos, Luiz Augusto Wendt e Anna Vitória Wendt, por estarem sempre presentes ante a minha ausência em vários momentos e, mesmo assim, sempre são capazes de direta ou indiretamente incentivarem a caminhada escolhida. Sinto tanto orgulho de vocês!

À minha Polícia Civil. Escolheste a mim e me enamorei de ti, sentindo orgulho de pertencer aos teus quadros e de batalhar, todos os dias, em prol da segurança pública, em especial a dos gaúchos, do povo do Rio Grande do Sul, que foi e é berço de todo o meu conhecimento de investigação criminal e inteligência policial.

À todos os colegas policiais civis e federais do Brasil, aos profissionais da área de Tecnologia da Informação, de Segurança da Informação e de Inteligência Policial, que muito têm colaborado para aumentar a sensação de segurança no Brasil por meio de modernas técnicas de investigação criminal qualificada.

Emerson Wendt

Em primeiro lugar, obrigado, Deus, por ser tão generoso e maravilhoso comigo, por apontar quais caminhos eu deveria seguir e por colocar pessoas tão especiais na minha vinda.

À minha família e em especial aos meus pais por todo o carinho, amor e dedicação. Hoje entendo a razão das broncas e dos puxões de orelha.

À minha mulher, amor, amante, amiga, companheira, confidente e minha principal incentivadora acadêmica. Obrigado por sempre, sempre, estar no meu lado, mesmo nas minhas ausências profissionais. O que seria de mim sem seu carinho, sem seu sorriso ao me ver retornando ao lar?

À minha equipe especializada de policiais que tanto me ensinam e me auxiliam no dia a dia. Esta obra é fruto do NOSSO trabalho diário.

Obrigado em especial à amiga, delegada e excelente profissional, Renata Araujo, por me incentivar a ingressar no mundo acadêmico.

Por fim, obrigado ao meu amigo, parceiro de obra e grande incentivador, Alesandro Barreto, que um dia, no meio de uma de nossas intermináveis conversas, me disse: "rapaz, essa técnica que você usou nessa investigação dá um artigo, hein". Esse foi meu pontapé inicial.

Guilherme Caselli

Prefácio

O mundo atual é permeado de complexidades derivadas de vários fatores, dentre os quais a globalização; a mudança do modo de produção focado na industrialização (comumente denominado por alguns como "Era da Informação"); os fenômenos criminosos de grandes amplitudes, como o crime organizado; o terrorismo e os crimes praticados no ciberespaço. Esses fatores geram um grande desafio para os estados democráticos, em especial para a área de segurança pública, haja vista as dificuldades de regulamentação, a transparência, a internacionalização do seu enfrentamento e a agilidade da mudança da tecnologia.

O mundo virtual, a vida virtual e a necessidade de estar conectado em tempo real em todos os momentos são, cada vez mais, uma constante na sociedade atual. Antigos paradigmas, princípios e valores, como a intimidade e a vida privada, que antes desfrutavam de uma aceitação unânime dentro da sociedade, não possuem ressonância nas novas gerações. Os momentos privados cotidianos são retratados nas redes sociais como se fossem parte de uma vida social virtual. Relações e vínculos sociais são criados e desenvolvidos neste mundo. O Estado, as legislações e a lentidão do mundo jurídico não acompanham a velocidade dessas mudanças e desses fenômenos.

Conhecer a forma com que os criminosos podem desenvolver seus planejamentos e executar suas ações, aproveitando-se da falta de conhecimento das pessoas, dos constantes avanços tecnológicos e da lentidão das ações estatais de regulamentação do mundo virtual, torna-se uma necessidade primordial para a sociedade e para a segurança pública.

A Inteligência de Segurança Pública (ISP), como órgão, método e processo de assessoria no enfrentamento especializado desse fenômeno, vem realizando esforços no sentido de estar no estado da arte do conhecimento e assessorar adequadamente no nível estratégico e operacional. Na vanguarda desse assessoramento, os amigos, delegados Alesandro Barreto e Emerson Wendt, contribuem com uma produção literária vasta e inovadora, sem desprezar os aspectos da prática operacional e do assessoramento às investigações complexas.

Tive o prazer de conhecê-los e compartilhar de perto o nascedouro do desenvolvimento dessas expertises em meados do ano de 2005, na primeira edição do Curso de Inteligência de Segurança Pública do Estado de Pernambuco, momento de grande debate sobre a doutrina da ISP e de conhecimento de novos saberes, como a disciplina Crimes Cibernéticos, ministrada no referido curso. Ambos possuem carreiras de destaque no âmbito dos seus estados e no país. Além disso, são verdadeiros entusiastas da ISP, grandes formadores de uma cultura de inteligência e de sua evolução no país.

Somando-se ao projeto, ingressou Guilherme Caselli, policial civil do Rio de Janeiro com desempenho brilhante na Delegacia de Repressão aos Crimes de Informática, atuando em vários casos de repercussão nacional. A sua expertise veio engrandecer este livro.

Esta obra é inovadora desde a sua concepção e atualizada com vistas a acompanhar a velocidade do desenvolvimento deste mundo, ainda não completamente exaurido e compreendido pelas polícias, pelos operadores do direito e pela sociedade. Descortinar os mecanismos de utilização, produzir doutrina a fim de colaborar com o entendimento do mundo jurídico e contribuir com as policiais judiciárias e ISP, dentre outras, são colaborações essenciais desta obra.

Nos Estados Unidos, uma das recomendações do relatório da Comissão Nacional, criada em 2002 com o intuito de se debruçar nas falhas que resultaram no ataque terrorista em Nova Iorque, em 11 de setembro de 2001, foi a criação de uma agência de acompanhamento de fontes abertas.

Navegar nesse ambiente operacional é essencial para a ISP. Buscar o dado, verificar sua credibilidade, consultar outras fontes, verificar se a fonte é realmente fonte ou canal de transmissão.

Enfim, a metodologia de produção de conhecimento passou a receber uma grande quantidade de dados oriundos das fontes abertas, tendo em vista que, na atualidade, praticamente todos os dados, bem como o conhecimento, são gerados no formato digital.

Vale salientar que na seara da segurança pública, em que os nossos alvos frequentemente utilizam-se da violência para se eximir da justiça, a utilização das fontes abertas para a obtenção de dados torna as nossas ações mais rápidas, obedecendo ao Princípio da Simplicidade, conseguindo o dado de forma mais simples, fácil e segura.

Um grande marco das fontes abertas em nosso país é sua utilização nos grandes eventos. Com a coordenação do Delegado Alesandro, acrescentamos ao planejamento de inteligência de segurança pública para os Jogos Olímpicos um núcleo de fontes abertas como um dos pilares da antecipação de fatos, com a finalidade de conhecer para planejar e antecipar possíveis ameaças à segurança dos jogos.

Com certeza, haja vista o dinamismo do mundo virtual, a presente edição é apenas a primeira de muitas. O surgimento de novos elementos, bem como a adaptação dos antigos conceitos das técnicas de operações de inteligência, deverá ser alcançado, como, por exemplo, a análise de vínculos virtuais, cobertura virtual, recrutamento e vigilância virtual. Esperamos ansiosos as futuras atualizações deste trio brilhante de profissionais da Inteligência Policial Judiciária.

Com muita honra recebi o convite de prefaciar uma obra tão inovadora de três grandes profissionais da Segurança Pública e de amigos de longa data. Tenho a certeza de que o leitor terá o mesmo prazer que eu tive em assimilar os conhecimentos vanguardistas descritos na presente obra e indispensáveis à ISP e à investigação policial nos tempos atuais.

Romano Costa

Delegado de Polícia

Coordenador Geral de Inteligência – DINT/SESGE/MJ

Apresentação

A obra que apresentamos aos leitores tem um conteúdo inovador e foi um retrabalho a seis mãos. O conteúdo inicial do livro **Inteligência Digital** foi transformado em **Investigação Digital em Fontes Abertas**, ampliando a possibilidade de leitura e o uso das ferramentas propostas e destacadas.

O tema evoluiu e a experiência nos permitiu a ver que as complexidades do dia a dia do analista e/ou investigador podem ser canalizadas e, em face disso, haver o aprimoramento sempre no intuito de auxiliar. Assim, as ideias aqui expostas permitem aos policiais encontrar pessoas, objetos, locais e endereços na rede mundial de computadores, dentre outras peculiaridades tecnológicas, tais quais os metadados das imagens digitais e os dados obscuros da *Deep Web*.

Portanto, o livro tem o objetivo de fazer com que o leitor encontre dados que podem auxiliá-lo nos processos de execução de qualquer investigação moderna, em especial a criminal, além de permitir a produção de conhecimentos para os profissionais de Inteligência de Segurança Pública, em especial a Inteligência Policial Judiciária.

Não fugimos dos aspectos conceituais, embora este não seja o principal aspecto da obra. Não incluímos todas as ferramentas e debates possíveis, porém deixamos um caminho para que o leitor possa ser perspicaz e evoluir consigo mesmo e com as experiências alcançadas. Não pretendemos esgotar o assunto, mesmo porque hodiernamente isso é impossível dada a evolução da Internet.

Assim, a mesma advertência feita no original *Inteligência Digital* permanece: a **proposta deste livro** não é ensinar ao leitor todas as estratégias de investigação criminal em fontes abertas, especialmente as fontes digitais, mas **criar condições para que ele obtenha conhecimentos básicos e exercite algumas habilidades necessárias ao serviço profissional da área de segurança pública, em colaboração à Investigação Criminal e, quiçá, à Inteligência de Segurança Pública**.

Assim, a curiosidade do investigador e sua perspicácia na utilização das ferramentas disponíveis na web farão com que tenha sucesso em seu trabalho.

Boa leitura!

Os autores

Sobre os Autores

Alesandro Gonçalves Barreto

Delegado de Polícia Civil do Estado do Piauí. Pós-graduado em Direito pela Universidade Federal do Piauí. Atualmente é Diretor da Unidade do Subsistema de Inteligência da Secretaria de Segurança Pública do Estado do Piauí. Coautor das obras "Inteligência Digital" e "Manual de Investigação Cibernética", ambos publicados pela Brasport. Integrou o Grupo de Trabalho que revisou a Doutrina Nacional de Inteligência de Segurança Pública. Professor na Academia de Polícia Civil do Piauí e professor convidado das Escolas de Magistratura do Mato Grosso, Paraíba e Bahia. Colaborador eventual e Coordenador do NUFA (Núcleo de Fontes Abertas) da Secretaria Extraordinária para Segurança de Grandes Eventos do Ministério da Justiça durante os Jogos Olímpicos do Rio de Janeiro em 2016.

Currículo Lattes – http://lattes.cnpq.br/7549439127781463

Emerson Wendt

Delegado da Polícia Civil do Rio Grande do Sul. Formado em Direito pela Faculdade de Direito da Universidade Federal de Santa Maria e Pós-graduado em Direito pela URI-Frederico Westphalen. Mestre em Direito pelo UnilaSalle Canoas-RS.

Chefe da Polícia Civil do Rio Grande do Sul, sendo ex-Diretor do Departamento Estadual de Investigações do Narcotráfico e ex-Diretor do Gabinete de Inteligência e Assuntos Estratégicos, ambos da Polícia Civil gaúcha. Foi membro do Conselho Superior de Polícia da Polícia Civil do Rio Grande do Sul, sendo atualmente seu Presidente.

Professor da Academia de Polícia Civil nas cadeiras de Inteligência Policial e Investigação Criminal. Também é professor dos cursos de pós-graduação e/ou extensão da UNISINOS (São Leopoldo-RS), SENAC-RS (Passo Fundo-RS), IDC (Porto Alegre-RS), Verbo Jurídico (Porto Alegre-RS), Uniritter (Porto Alegre-RS e Canoas-RS), EPD (São Paulo-SP), IMED (Passo Fundo e Porto Alegre-RS), UNITOLEDO (Porto Alegre-RS), ESMAFE/RS (Porto Alegre-RS), Uninorte (Rio Branco-AC) e Unifacs (Salvador-BA). Já ministrou aula nas Academias das Polícias Civis de Pernambuco, Goiás, Paraná, Acre, Alagoas, Sergipe, Rondônia e Piauí. Também é Tutor dos cursos EAD e presenciais da Secretaria Nacional de Segurança Pública, especialmente na atividade de Inteligência de Segurança Pública.

Membro da Associação Internacional de Investigação de Crimes de Alta Tecnologia (HTCIA), do PoaSec e do INASIS, além de ex-integrante do Comitê Gestor de Tecnologia da Informação da Secretaria de Segurança Pública do Rio Grande do Sul.

Autor do livro "Inteligência Cibernética" (Editora Delfos) e coautor dos livros "Crimes Cibernéticos: ameaças e procedimentos de investigação", com Higor Vinícius Nogueira Jorge, e "Inteligência Digital", com Alesandro Gonçalves Barreto, ambos publicados pela Brasport. Autor e organizador dos livros "Investigação Criminal: ensaios sobre a arte de investigar crimes" (Brasport) e "Investigação Criminal: Provas", juntamente com o Fábio Motta Lopes. Autor de diversos artigos e capítulos na área de Direito e Internet.

Mais informações:

– LinkedIn: http://br.linkedin.com/in/emersonwendt

– Lattes: http://lattes.cnpq.br/9475388941521093

Guilherme Caselli

Oficial de Cartório Policial – Polícia Civil do Estado do Rio de Janeiro. Formado em Direito pela Universidade Estácio de Sá (2007), com especialização na área de cibercrimes. Responsável técnico do GOP (Grupo de Operações em Portais) da DRCI (Delegacia de Repressão a Crimes de Informática), setor designado ao desenvolvimento de novas metodologias e investigações de maior complexidade no cenário virtual. Perito nomeado pelo TRT 1ª Região. Professor da CINPOL (Coordenadoria de Inteligência da Polícia Civil do Estado do Rio de Janeiro) na cadeira Crimes Cibernéticos.

Sumário

1. Introdução ao Tema Inteligência Digital

A ideia, quando pensamos o conceito de inteligência digital (ID), foi de construir, criticamente, um conceito viável e perceptível a todos os profissionais envolvidos, e listar os tipos de uso e sua abrangência, enfocando-os no seu ambiente de trabalho e, principalmente, como isso pode auxiliar os profissionais no processo de elaboração de conhecimentos.

Não se trata de inovar, mas de sermos, enquanto profissionais em busca de conhecimentos, maleáveis frente ao universo de informações existentes no mundo, sabendo, sobretudo, como buscá-las e utilizá-las regularmente, seja na atividade de inteligência, produzindo conhecimentos, seja na investigação criminal, coletando evidências que auxiliem na elucidação de fatos e autores de crimes, seja – ainda – nos processos judiciais, formatando indícios/provas que podem influenciar na avaliação do contexto probatório do caso em julgamento.

Conceitos

Quando falamos de Internet já pensamos em um mundo virtual com vastos e incontáveis dados e informações, organizados ou não, que estão disponíveis e podem ser utilizados a favor ou contra as pessoas; tudo, é claro, dependerá do ponto de vista.

Da mesma forma, esses inúmeros dados e informações, na maioria das vezes sequer catalogados, estão lá disponíveis e não são usados pelos operadores de segurança pública, mais especificamente os de Inteligência e de Investigação Policial/Criminal. De outra parte, os operadores do Direito também ignoram a maioria das informações, seja para auxiliar uma acusação, seja para auxiliar a absolvição ou improcedência em um processo penal ou cível, respectivamente. Se avaliarmos a questão dos processos trabalhistas, muitas evidências que podem justificar uma demissão por justa causa podem ser coletadas no ambiente de rede, seja esta privada ou pública.

Mesmo um processo de investigação policial coordenado e baseado em fases (planejamento, coleta de dados, análise de dados e elaboração de relatório), ou um processo de produção de conhecimentos de inteligência elaborado dentro do "ciclo do processo de conhecimento" (planejamento, reunião, análise e síntese, interpretação, formalização e difusão), pode, por algum desconhecimento do investigador ou do analista, pecar pela falta de amplitude na coleta e busca do dado, gerando conhecimentos incompletos e/ou com conclusões precipitadas e imprecisas, o que pode ocasionar erros nos processos decisivos de direção de uma investigação policial ou das decisões dos gestores de Segurança Pública.

Aí está o processo de **inteligência digital**, com método prospectivo de pesquisa e análise dos dados contidos, por exemplo, na web, principalmente em fontes abertas, não deixando de considerar os ambientes restritos e as técnicas especiais baseadas em Tecnologia de Informação e Comunicação (TIC).

O que ocorre, na prática, a exemplo de quando surge o nome de alguém para aprimoramento dos dados, é o agente policial acessar imediatamente o banco de dados oficial de seu Estado para verificar o que lá contém, muitas vezes esquecendo-se de pesquisar na web, em fontes abertas, cujo conteúdo pode ser bastante aproveitado para compreensão do "alvo" de sua pesquisa.

Portanto, o agente poderá encontrar ali valiosas informações (i. e., uma foto mais atual) que podem auxiliá-lo melhor no seu intento, que, em geral, é produzir conhecimentos, podendo fazê-lo, portanto, sem maiores riscos (no exemplo da foto encontrada na web, ela evita o risco de ter-se que expedir uma Ordem de Busca[1] – OB – para o setor operacional visando fotografar o alvo).

Não existe na doutrina de inteligência ou policial um conceito específico para o termo "Inteligência Digital".

Assim, poderíamos defini-la como: um processo baseado na utilização de todos os meios tecnológicos, digitais, telemáticos e de interceptação de sinais, com a finalidade de obter dados e analisá-los, propiciando a produção de conhecimentos e/ou provas a respeito de assuntos de interesse da inteligência de segurança pública e, especificamente, da prática de delitos sob investigação policial ou, ainda, a responsabilidade penal de seus autores.

Uma vez definida a inteligência digital sob uma perspectiva ampla, há necessidade de se averiguar qual sua abrangência.

Abrangência da Inteligência Digital (ID)

Os conhecimentos delineados previamente – e que você leu – podem dar um direcionamento dos tipos de uso, ou seja, o aproveitamento que pode ter a ID.

Assim, o foco principal da ID é auxiliar na produção de conhecimentos, facilitando sua concepção e seu aprimoramento, principalmente com base em fontes abertas, porém não se esquecendo das principais fontes restritas existentes, tanto na web quanto nos bancos de dados oficiais, seja de governos, seja de polícias civis e militares.

A investigação criminal e a formação de provas também seguem o mesmo raciocínio, conforme avaliação que faremos no decorrer desta obra.

---

[1] Ordem de Busca é um documento interno das Agências de Inteligência, elaborado pelo setor de análise para o setor de operações, que visa buscar uma informação não disponível ao analista.

De outra parte, a ID também pode se basear em processos específicos, fundamentados no uso da Tecnologia da Informação (TI), disponibilizada para a área de segurança pública, tais como: interceptações telefônica, telemática e de informática, de e-mails ou de aplicações específicas, também a ambiental (ótica e acústica), além dos aspectos relacionados à vigilância eletrônica de alvos e/ou suspeitos.

Portanto, o que está disponível em diversas fontes pode ser analisado, interpretado e suas frações significativas podem compor um amplo conhecimento a respeito de uma situação específica ou de algo mais complexo e que envolva grandes decisões políticas e/ou estratégicas. Estamos nos referindo, portanto, à produção de conhecimentos em nível tático e em nível estratégico, respectivamente.

Fontes de coleta e busca em meio digital

O que se preconiza, neste momento, é trazer uma conceituação a respeito de fontes, classificá-las e enumerá-las, baseando-as principalmente nos meios digitais, seja banco de dados restrito, seja ambiente de redes abertas, principalmente a Internet.

Conceito de fonte

Pode-se definir **fonte** como qualquer dado ou conhecimento que interesse ao profissional de inteligência ou de investigação para a produção de conhecimentos e ou provas admitidas em direito, tanto em processos cíveis quanto em processos penais, e, ainda, em processos trabalhistas e administrativos (relativos a servidores públicos, federais, estaduais e municipais).

O conceito envolve, portanto, outros termos e suas derivações conceituais[2]:

---

[2] Procuraremos adotar aspectos conceituais da **Doutrina Nacional de Inteligência de Segurança Pública**, pois se aplicam à atividade de inteligência policial e às ferramentas que são utilizadas na investigação criminal. Ademais, são conceitos aceitos nacionalmente e derivados de uma doutrina aprovada pelo Sistema Brasileiro de Inteligência e pelos Chefes de Organismos de Inteligência de todo o Brasil.

Dado: segundo a Doutrina Nacional de Inteligência de Segurança Pública (DNISP[3]) "é toda e qualquer representação de fato, situação, comunicação, notícia, documento, extrato de documento, fotografia, gravação, relato, denúncia, dentre outros, ainda não submetida, pelo profissional de ISP, à metodologia de Produção de Conhecimento".

Conhecimento: a DNISP o define como "o resultado final – expresso por escrito ou oralmente pelo profissional de ISP – da utilização da metodologia de Produção de Conhecimento sobre dados e/ou conhecimentos anteriores".[4]

Produção de conhecimentos: a mesma DNISP define produção de conhecimento como "a característica da ISP que a qualifica como uma atividade de Inteligência, na medida em que coleta e busca dados e, por meio de metodologia específica, transforma-os em conhecimento preciso, com a finalidade de assessorar os usuários no processo decisório."[5]

De outro lado, as fontes de dados da inteligência de Segurança Pública são os meios pelos quais se permite o acesso a dados disponíveis em bancos de dados, restritos ou não, ou na Internet sobre determinado indivíduo, fato, ocorrência, local (ambiente operacional) etc.

Nesse contexto, podemos checar várias fontes disponíveis na Internet que podem auxiliar na produção do conhecimento, desde a aquisição de dados estatísticos no site do IBGE até informações sobre endereços, mandados de prisão e fotografias de foragidos.

Classificação das fontes

Uma vez apresentado o conceito de fontes e aquilo que lhe é correlato, há necessidade de trazer à nota a classificação das fontes.

---

[3] Ministério da Justiça – Secretaria Nacional de Segurança Pública. **Doutrina Nacional de Inteligência de Segurança Pública.** Revisão das Normas Metodológicas: Renato de Araújo Cardoso e Emerson Wendt. 3 ed. Brasília: Coordenadoria-Geral de Inteligência, 2010. A DNISP foi atualizada, porém não está disponível para referência.

[4] Idem.

[5] Ibidem.

A DNISP traz uma classificação bastante singela das fontes para a atividade de Inteligência de Segurança Pública (ISP). Dispõe a doutrina de ISP que são duas as naturezas de fontes: abertas e fechadas.

As chamadas **fontes abertas** são aquelas de livre acesso[6], sem obstáculos à obtenção de dados e conhecimentos.

Já as **fontes fechadas** são aquelas cujos dados são protegidos ou negados[7]. O dado protegido é aquele que necessita de credenciamento para acesso. O dado negado é aquele que necessita de uma operação de busca para sua obtenção.

Enumeração das principais fontes de coleta e busca através dos meios digitais

São dois os meios de obtenção de dados, humanos e eletrônicos, enumerados pela Doutrina Nacional de Inteligência de Segurança Pública. No primeiro, o foco central é o homem. No segundo, o uso de equipamentos eletrônicos ou sistemas informatizados é o seu principal vetor, subdividindo-se em:

a) **Inteligência de sinais:** caracteriza-se pela interceptação e análise de comunicações, telecomunicações, telemática, radares, telemetria, dentre outros.

b) **Inteligência de imagens:** envolve a obtenção e o processamento de imagens por meio de fotografias, satélites, sensores infravermelho, dentre outros.

c) **Inteligência de dados:** envolve a obtenção de dados por meio de dispositivos ou sistemas de informática. Implica, ainda, no processamento de grandes volumes de dados, cuja complexidade para análise exige metodologia especializada.

---

[6] Ibidem, p. 15.

[7] Idem.

A doutrina clássica costuma apresentar a seguinte classificação:

- Na **Inteligência Humana** (INT HUM ou HUMINT) o foco da obtenção de dados e/ou conhecimentos é o homem. O homem, por natureza, é produtor de informações (no sentido genérico, pois não houve tratamento ainda pelo profissional habilitado para tal). Também pode ser tido como um animal de hábitos. Se assim o é, tudo o que faz, diz, deixa de fazer, executa, publica etc. é sinal que "deixa rastros", os quais podem ser recuperados e enumerados, mesmo que parcialmente, quando se torna alvo do profissional de Inteligência Policial ou de investigação criminal. Essa informação pode ser encontrada facilmente em redes sociais ou em páginas disponíveis na Internet. O analista não necessita mais de vários dias para conseguir um dado útil. Basta apenas um simples acesso à web! Quem nunca postou alguma informação, algum dado ou fotografia na web? Para ser bem-sucedido, o profissional responsável pela coleta deve compreender um dos processos mais complexos da gestão de ativos – a natureza humana. Entender as pessoas com todas as complexidades, semelhanças e diferenças, é fundamental para obter o melhor resultado. A HUMINT será bem trabalhada no decorrer da obra, demonstrando a sua utilidade em buscar a informação disponível, por exemplo, no Facebook, redundando em casos de sucesso utilizados por diversas instituições policiais.

- Na **Inteligência Eletrônica** (INTEL) o foco central é o equipamento. Desse modo, de acordo com o tipo de equipamento, temos a Inteligência de Sinais, a Inteligência de Imagens e a Inteligência de Dados. O ser humano não sobrevive mais sem comunicação. Você não consegue mais chegar em seu ambiente de trabalho e não ter acesso às máquinas, não ler seus e-mails etc. Imagine a situação: chegar ao trabalho e não existir acesso à rede, o fax está estragado, não há telefone etc. Como seria seu dia? Por isso, a leitura desses dados, sejam sinais eletrônicos, sejam imagens, vídeos ou dados derivados do meio eletrônico e digital, é extremamente importante para o profissional responsável pela análise de determinado caso.

- **Inteligência de Sinais** (SIGINT) é responsável pela interceptação e pré-análise de comunicações, radares, telemetria etc., pela transcrição de informações obtidas em línguas estrangeiras, pela decodificação de mensagens criptografadas, pelo processamento de imagens digitais e outras funções. Quanto mais seguro um sistema, melhor tende a ser seu aproveitamento. Caso use uma comunicação restrita a poucos e com criptografia, a dificuldade de rastreamento desses dados é maior, significando que operadores de inteligência e de investigação têm sempre de estar atentos aos processos evolutivos das comunicações. Modelos de comunicação criptografada, simétrica ou assimétrica, são tidos como seguros, porém não superados frente aos processos de interceptação. Porém, a dificuldade aumenta. Problemas como não divulgação da chave criptográfica para os órgãos que realizam a interceptação, bem como a liberação de equipamentos e softwares sem exigência prévia do depósito da chave, são comuns. No aspecto da interceptação telefônica, a inteligência de sinais é feita por equipamentos como o Sistema Guardião[8], utilizado em grande parte das instituições policiais e do Ministério Público na realização dos procedimentos de interceptação telefônica e de Internet. É um dos meios mais úteis na obtenção de dados, fornecendo perspectivas novas e diferentes sobre inteligência para os gestores e tomadores de decisão.

- **Inteligência de Imagens** (IMINT) envolve a coleta e o processamento de imagens obtidas através de fotografias, satélites, radares e sensores infravermelhos. Seja através de uma vigilância a pé, veicular ou eletrônica, seja por meio da Internet, seja por meio de equipamentos radares, qualquer imagem ou vídeo obtido auxilia na produção de um conhecimento. Afinal, "uma imagem vale mais que mil palavras", não é? O Google Street View e os sites de mapas e imagens são formas pelas quais essa inteligência de imagens pode ser explorada. Em várias cidades brasileiras e do mundo não há mais a necessidade de se deslocar para obter uma imagem de determinado local. Basta acessar uma infinidade de sites disponíveis e obtê-la rapidamente[9].

---

[8] O Sistema Guardião é desenvolvido pela empresa Dígitro, de Santa Catarina (www.digitro.com.br).

[9] O Google Street View é um projeto da empresa Google. Abordaremos a questão prática dos mapas em tópico específico. Acompanhe mais à frente nesta obra.

- **Inteligência de Dados** envolve a captura de dados pela interceptação de sistemas de informática, telecomunicações e telemática. No Brasil, a partir da Lei 9.296/96[10], tornou-se possível processar e promover os processos de interceptação telefônica e telemática, o que gerou um grande avanço nos mecanismos de combate ao crime organizado. Assim, dados telefônicos e da interceptação telefônica têm auxiliado as polícias judiciárias de todo o país na formação da prova, seja durante uma investigação, seja para formar prova de uma circunstância anterior (i. e., em casos de homicídios, para estabelecer a localização de um telefone e o usuário no local do crime ou de "desova" do corpo).

Os dados telemáticos são transmitidos de alguma forma, seja por cabeamentos, seja por sinal *wireless*, por exemplo. Embora possa ser relatada uma miscelânea de situações de irregularidades na formatação da rede de Internet no Brasil e no mundo, ela é bastante nova e tende a ser regulamentada, tanto por leis quanto por decretos. Recentemente, foi aprovada a Lei nº 12.965/2014, o Marco Civil da Internet, normatizando os direitos e as garantias dos usuários, a liberdade de expressão, a neutralidade da rede e a guarda e o registro de dados de conexão e de acesso dos usuários. Tal legislação suprimiu uma lacuna normativa no Brasil quanto aos provedores (de conexão e de aplicação), que não eram obrigados a guardar registros de conexão e de acesso de seus usuários.

Porém, nada impede que você chegue em Copacabana (Rio de Janeiro – RJ) ou no Parque da Redenção (Porto Alegre – RS), ligue seu laptop, conecte-se à rede wi-fi, crie um e-mail ou cadastre uma página web com conteúdo criminoso usando as ferramentas certas e saia ileso. A formatação da Internet assim facilita, e mesmo controles não são suficientes para auxiliar na identificação da autoria de determinados atos danosos.

Obs.: A obtenção de produção de conhecimentos através da inteligência sobre dados foi acrescentada na DNISP, mas pode ser tida como SIGINT (sinais) porque também não deixa de sê-lo.[11]

---

[10] Brasil. **Lei 9.296, de 24 de julho de 1996.** Regulamenta o inciso XII, parte final, do art. 5º da Constituição Federal. Disponível em: <http://www.planalto.gov.br/ccivil_03/Leis/L9296.htm>. Acesso em: 10 jan. 2017.

[11] Idem nota 1.

Concluindo, são essas as fontes de obtenção de dados à Inteligência Digital:

- **Internet**, sendo ampla a possibilidade de coleta de dados sobre pessoas, objetos, coisas, lugares, através de textos, comentários, imagens e vídeos. Exemplos claros disso são as diversas aplicações usadas em dispositivos móveis e as redes sociais na Internet, nas quais as pessoas deixam não só imagens e vídeos atualizados, mas também comentários sobre seu endereço pessoal e profissional, telefone, e-mail, relações familiares etc.

- **Bancos de dados**, privados e/ou públicos, restritos ou não, cujos elementos são importantes às correlações de análise. A mineração desses dados – *data mining* – pode trazer informações importantes ao analista que talvez não estejam disponíveis em outros ambientes ou são de difícil acesso[12].

Proposta de classificação de fontes

Embora a DNISP classifique as fontes como abertas ou fechadas, de acordo com a sua natureza, optamos por um processo de classificação que entendemos mais adequado e usual às atividades de inteligência e investigação criminal.

Assim, para uma melhor compreensão, preferimos dividi-las em **fontes de conteúdo fechado e aberto**.

Serão apresentadas e explicadas, primeiramente, as fontes de conteúdo fechado, com ênfase naquelas que permitem ao policial/agente de inteligência acessar os bancos de dados criminais. Posteriormente, faremos um estudo mais aprofundado das fontes abertas, pois, apesar de estarem disponíveis ao acesso de todos, são raramente utilizadas, principalmente por integrantes da atividade de inteligência, eis que entendem que caso um dado não seja sigiloso não deveria ser objeto de análise.

---

[12] Vide o Anexo II referente às funcionalidades de uma ferramenta *online* de *data mining*, o Touchgraph. Outra ferramenta de *data mining* que funciona instalada no computador é o Maltego, de fácil utilização (disponível em: <https://www.paterva.com/web6/products/maltego.php>. Acesso em: 12 set. 2016).

Fontes fechadas

Para termos acesso aos dados em fontes fechadas necessitamos de autorização especial para tal, pois o dado disponível é de caráter restrito a entidades públicas e/ou privadas. Portanto, a obtenção de dados e conhecimentos depende de algum tipo de autorização e há um obstáculo à sua obtenção.

Para esse tipo de acesso o agente irá necessitar de:

a) **Autorização Judicial** – Informações referentes a sigilo telefônico, bancário e fiscal, interceptação telefônica e ambiental.

   A quebra de sigilo tem sido ferramenta bastante útil na apuração de infrações penais, pois demonstra a rede de contatos e a movimentação financeira de determinado investigado. Normalmente, a quebra de sigilo telefônico é a mais utilizada nas investigações em nível federal ou estadual; entretanto, percebemos um incremento na utilização de quebra de sigilo bancário e fiscal, pois a repressão correta ao crime de uma forma geral só pode ser feita se houver um ataque financeiro ao criminoso e/ou à organização.

   Ao obter essa informação sobre a movimentação financeira, origens do capital, negócios realizados, condição econômica e lucros auferidos, a persecução penal mostra-se eficiente, pois o confisco de bens e valores provoca a destruição econômica e estrutural da organização criminosa.

   Já a captação e a interceptação ambiental também funcionam como fonte de busca, pois obtêm sinais eletromagnéticos, óticos e acústicos de determinado fato ou pessoa.

Celso Ferro[13] acrescenta a importância dessa ferramenta ao falar que:

> *Trata-se de uma evolução da metodologia investigativa e provoca mudanças procedimentais e de doutrina no trabalho policial. É necessário o aperfeiçoamento constante e capacitação dos agentes e delegados na condução das operações técnicas, quando se utilizam microfones, microcâmeras, fotografias camufladas, gravações,*

[13] FERRO, Celso Moreira Junior. **A Inteligência e a Gestão da Informação Policial**: Conceitos, Técnicas, Tecnologias Definidos pela Experiência Profissional e Acadêmica. 1 ed. Brasília: Fortium, 2008. p. 153.

sistemas de vigilância, rastreamento de sinais, etc. Eletrônica e Tecnologia da Informação estão associadas, tornando-se imprescindível que o organismo policial estruture setor especializado para gerenciar e assessorar no suporte operacional às unidades policiais incumbidas da investigação criminal.

O acesso a esse tipo de fonte está afeto apenas à persecução penal, dependendo, para tanto, de autorização judicial. Não se pode, no entanto, olvidar de seu uso para fins de Inteligência Policial.

Há outras fontes de dados que poderiam ser agregadas - é o caso, por exemplo, dos dados dos censos realizados pelo IBGE, onde são obtidas informações sobre a quantidade de pessoas na residência, imóveis, patrimônio etc. Entretanto, esses dados são acobertados pela Lei nº 5.534, de 14 de novembro de 1968[14], regulamentada pelo Decreto nº 73.177/73[15], o qual garante a confidencialidade das informações, garantindo seu uso apenas para os fins previstos em lei, bem como a proibição da utilização dessas informações em certidão, processo administrativo, fiscal ou judicial.

Em que pesem as opiniões de que essa lei não foi recepcionada pela Constituição Federal, até o presente momento inexiste qualquer pronunciamento do Supremo Tribunal Federal sobre o assunto. Assim, apesar dessas informações individuais serem de grande importância na produção do conhecimento, só devem ser utilizadas para fins estatísticos e jamais com outro fim. Entretanto, nada obsta que essas informações sejam fornecidas mediante autorização judicial.

b) **Restrição de acesso** - Em regra, por login e senha, quando, para ter acesso a determinada fonte deve haver autorização a ser dada pelo órgão ou empresa a qual esteja subordinado. É o caso de acesso restrito ao banco de dados de jornais, empresas e do setor público.

---

[14] Dispõe sobre a obrigatoriedade de prestação de informações estatísticas e dá outras providências. Disponível em: <http://www.planalto.gov.br/ccivil_03/leis/L5534.htm>. Acesso em: 21 set. 2016.

[15] Regulamenta a Lei nº 5.534, de 14 de novembro de 1968, modificada pela Lei nº 5.878, de 11 de maio de 1973, de que dispõe sobre a obrigatoriedade da prestação de informações necessárias ao Plano Nacional de Estatísticas Básicas e ao Plano Geral de Informações Estatísticas e Geográficas. Disponível em: <http://www.planalto.gov.br/ccivil_03/decreto/Antigos/D73177.htm>. Acesso em: 21 set. 2016.

Vejamos alguns bancos de dados, principalmente de caráter nacional, que são fundamentais e diuturnamente utilizados nas investigações criminais.

INFOSEG

O Decreto de 26 de setembro de 1995[16] é tido como uma das primeiras tentativas para a unificação de informações criminais de todos os estados da federação, criando o Programa de Integração de Informações Criminais. Seu banco de dados era composto pelos cadastros nacionais de informações criminais, mandados de prisão, armas de fogo e veículos furtados e roubados.

A Rede INFOSEG, que é a mais conhecida de todas, tem como função precípua a integração das informações de Segurança Pública, Justiça e Cidadania. Ela teve início apenas com quatro estados da federação (RS, SC, PR e MS) em meados de 1996. Seu acesso era exclusivo aos integrantes das Polícias Civis. A grande dificuldade era o acesso desses dados por parte de integrantes das polícias militares e de órgãos das Secretarias de Segurança Pública. Isso na prática inviabilizava o princípio da oportunidade na atividade policial.

No ano 2000, com o lançamento do Plano Nacional de Segurança Pública, houve essa preocupação com a construção de uma base de dados de um cadastro criminal unificado, estendendo esses dados para todos os estados da federação.

Sua plataforma inicial só permitia o acesso por intranet, sendo reestruturada para possibilitar consulta via Internet, desde que o usuário estivesse previamente cadastrado e com permissão para tal.

O Decreto nº 6.138/2007[17] instituiu o INFOSEG junto ao Ministério da Justiça para a integração nacional de informações relacionadas à segurança pública, identificação civil e criminal, controle e fiscalização. Além de informações

[16] Cria o Programa de Integração das Informações Criminais. Disponível em: <http://www.planalto.gov.br/ccivil_03/DNN/Anterior%20a%202000/1995/Dnn3362.htm>. Acesso em: 10 jan. 2017.

[17] Institui, no âmbito do Ministério da Justiça, a Rede de Integração Nacional de Informações de Segurança Pública, Justiça e Fiscalização - Rede Infoseg, e dá outras providências. Disponível em: <http://www.planalto.gov.br/ccivil_03/_ato2007-2010/2007/decreto/D6138.htm>. Acesso em: 10 jan. 2017.

sobre inquéritos, mandados de prisão, armas, veículos, processos judiciais, população carcerária, cadastros de pessoa física e jurídica, passaportes, carteiras de habilitação, a rede poderá(ia) agregar outras informações referentes à inteligência, justiça, identificação civil e criminal e defesa civil.

Em 2013 possuía mais de 120 mil usuários cadastrados de duzentos órgãos dos diversos níveis de governo, permitindo a consulta, em todos os estados, de indivíduos, processos, armas de fogo, veículos, condutores e mandados de prisão[18].

Apesar da política severa de segurança a respeito do cadastramento de usuários, isso não evitou a venda de senhas de acesso em feiras livres, com indivíduos estranhos à atividade acessando e bisbilhotando informações de terceiros. Milhares de usuários tiveram suas senhas de acesso canceladas. Foi criada uma nova política de acesso, exigindo-se – a partir de então – o cadastro prévio de computadores.

O acesso ao INFOSEG permite agilidade na busca das informações, pois, antes, uma simples fotografia de uma CNH ou um endereço de determinado condutor demoraria diversos dias para ter retorno mediante ofício ou Pedido de Busca. Hoje, com acesso à Internet, essa informação é imediata. Isso é uma forma de tornar o princípio da oportunidade eficiente na atividade de inteligência e na investigação criminal.

Algumas consultas indevidas ou a deficiência da alimentação do banco de dados tem gerado ações judiciais com pedidos de indenização por danos morais.

O Tribunal Regional Federal da 2ª Região, ao se manifestar sobre pedido de indenização por anotação criminal no INFOSEG ao julgar Apelação Cível, entendeu não ser cabível nenhuma indenização, relatando que:

> *Como a rede INFOSEG é apenas um meio de acesso àquelas bases que são mantidas e atualizadas exclusivamente pelos respectivos entes federados, é de se concluir que a União Federal possui meios para incluir/excluir as anotações relativas ao Autor, conforme bem decidiu o magistrado de Piso. Indenização por dano moral incabível, vez que não restou demonstrado, nem comprovado, de que*

[18] INFOSEG.

forma a honra, a dignidade ou a imagem do Autor tenham ficado efetivamente afetadas junto à sociedade.[19]

Em contrapartida, outros Tribunais têm decidido favoravelmente às indenizações por danos morais por conta de erros de cadastramento do INFOSEG[20].

Outrossim, a jurisprudência do STF tem admitido o INFOSEG como parâmetro para reconhecimento de antecedentes criminais[21].

A consulta ao INFOSEG não é o meio adequado para obtenção de endereço em demandas na esfera cível.[22]

Há uma tendência de reconhecimento da responsabilidade dos setores responsáveis pelo cadastramento errôneo de indivíduos no INFOSEG, não sendo, entretanto, nada atribuído aos policiais que efetuam a prisão com base nessas informações.

Por vezes, em ações de natureza cível que buscavam endereços de devedor através da busca no INFOSEG, juízes e tribunais têm rechaçado essa possibilidade, argumentando que sua utilização para esse fim seria medida excepcional, só podendo ser admitida quando fossem esgotadas todas as possibilidades ao alcance do credor[23].

---

[19] Tribunal Regional Federal da 2ª Região. AC - APELAÇÃO CIVEL – 480404. **Processo:** 2003.51.10.001727-6 UF: RJ Órgão Julgador: SEXTA TURMA ESPECIALIZADA. Relator Desembargador Federal FREDERICO GUEIROS. Data Decisão: 21/03/2011.

[20] Duas decisões podem ser mencionadas:

TJBA –s. Apelação Cível nº 24.70-5/2009 – Relator Des. Antônio Pessoa Cardoso. A honra da autora foi ferida na medida em que o crime indicado nos cadastros da Secretaria de Segurança Pública não foi aquele realmente cometido e com a manutenção das anotações após a solicitação da modificação pelo Promotor de Justiça, para crime de menor potencial ofensivo. Valor arbitrado de forma adequada.

TJSP – Apelação nº 934.557.5/5-00 – Juiz de 1º Grau Randolfo Ferraz de Campos. No mérito, ao contrário do alegado pela apelante, restou comprovada a falha da Administração, qual seja, deixar de atualizar a Rede INFOSEG, o que ensejou a prisão indevida do autor, que já havia cumprido o mandado de prisão há quatro anos, e, no entanto, ficou em aberto, restando, por conseguinte, caracterizado o nexo de causalidade entre o evento danoso e a omissão do Estado. Assim, na verdade, o que acarretou o dano moral ao autor, injustamente privado da sua liberdade, fora a falha e a omissão da Administração ao deixar de atualizar os registros do INFOSEG, e não a conduta dos policiais rodoviários federais, que, de fato, agiram no estrito cumprimento do dever legal.

[21] STF. **HC nº 87.571-MT.** Relator: Min. Gilmar Mendes. 11 de abril de 2006. MS 26593/DF. Rel. Min. Carlos Britto.

[22] TJ-MG AI 10024140936360001. Rel. Luciano Pinto. Julgado em 25 ago. 2015. No mesmo sentido: TJ-DF. AGI 20150020076349.

[23] Nesse sentido: TJMG Agravo de Instrumento nº 1.0024.09.574938-9/001, Rel. Des. Mota e Silva, 01 de dezembro de 2009; AgI nº 1.0024.08.273692-7/001, Rel. Des. Alberto Aluízio Pacheco de Andrade, publicado em 14 de abril de 2010; e, STJ- RESP. 328862, 3ª Turma, Relator para o acórdão Min. Nancy Andrighi, em 24 de junho de 2002.

Apesar das evoluções que o INFOSEG trouxe até hoje, a ferramenta necessita de regulamentação no sentido de obrigar a todos os entes da federação a enviar, periodicamente, informações a fim de que a consulta se torne mais confiável. Hoje, enquanto alguns estados alimentam constantemente o sistema, outros passam anos sem enviar qualquer tipo de informação, o que torna os dados não tão confiáveis.

Este dever de alimentação já é obrigatório na lei que criou o SINESP.

SINIVEM

O SINIVEM (Sistema Nacional de Monitoramento de Veículos em Movimento) é uma ferramenta capaz de monitorar as passagens de veículos, identificando e armazenando dados de automóveis que trafegam em diversas regiões do país. É um poderoso software que fotografa e interpreta as placas de veículos, confrontando-as com os dados constantes no Departamento Nacional de Trânsito (DENATRAN). Assim, permite a quem tenha acesso ao sistema saber, em tempo real, se aquele veículo tem alguma restrição ou se passou em alguma câmera instalada nas fronteiras.

É de grande importância para a área de fronteiras, auxiliando na prevenção e repressão dos delitos cometidos em estradas brasileiras, principalmente contrabando, descaminho, roubo e furto de veículos e cargas, tráfico de drogas e de armas.

Em funcionamento desde o ano de 2003, é fruto de convênio celebrado com o Ministério da Justiça, através da Secretaria Nacional de Segurança Pública (SENASP) e a Federação Nacional das Empresas de Seguros Privados e Capitalização (FENASEG).

O sistema SINIVEM é resultado de convênio entre a União (por meio do Ministério da Justiça, mais especificamente pela Secretaria Nacional de Segurança Pública) e a FENASEG, constituindo-se, portanto, de documento que contém a chancela do Poder Público[24].

Os tribunais brasileiros já vêm reconhecendo a importância do SINIVEM como instrumento relevante na comprovação de fraudes e de crime de des-

[24] TJ-SP. Apelação nº 0005740-16.2012.8.26.0196. Rel. Cristina Zucchi. Julgado em 01 jul. 2015.

caminho. Ao analisar *habeas corpus* para verificar a legalidade da prisão em flagrante de integrante de grupo criminoso que levava veículo para a Bolívia, o Tribunal de Justiça do Acre denegou o pedido, admitindo o SINIVEM como meio de prova para comprovar o deslocamento do automóvel por dois estados da federação, sendo isso imprescindível para a efetivação do flagrante[25].

Em sede de Agravo em Recurso Especial no Superior Tribunal de Justiça, o relator, ao analisar a pena de perdimento de veículo, negou provimento, mencionando:

> *Registre-se, nesse particular, que não se está a presumir o ilícito somente pelas passagens no sistema SINIVEM, ao contrário, o ilícito está comprovado. As passagens apenas reforçam a convicção de que a sua utilização não esta restrita só a este caso.* In casu, *rever tal entendimento, com o objetivo de acolher a pretensão recursal, no sentido de afastar a pena de perdimento do veículo apreendido, demandaria necessário revolvimento de matéria fática, o que é inviável em sede de recurso especial, à luz do óbice contido na Súmula nº 07 desta Corte".*[26]

Há uma percentagem de 95% de LAP (Leitura Automática de Placas) no reconhecimento dos caracteres de veículos que passam pela faixa de rolamento[27]. São dados muito úteis na segurança pública e na atividade de inteligência.

A ferramenta já vem sendo utilizada por policiais em abordagens de veículos nas regiões de fronteira. Foi o que aconteceu na cidade de Primavera do Leste (MT), onde policiais rodoviários federais, ao abordarem um veículo e indagarem sobre origem e destino, notaram que as informações advindas do condutor eram bem confusas. Ao consultarem o SINIVEM, obtiveram a informação de que o veículo havia passado por um local negado pelos ocupantes do veículo, motivo pelo qual resolveram fazer uma busca veicular, encontrando oito tabletes de pasta base de cocaína[28].

---

[25] TJAC - *Habeas Corpus* nº 2009.005261-1, Epitaciolândia, Rel. Des. Arquilau Melo - 14 de janeiro de 2010.

[26] STJ - AGRAVO EM RECURSO ESPECIAL: AREsp 436400 PR 2013/0388015-1. Rel. Min. Regina Helena Costa. Julgado em 09 out. 2014.

[27] SINIVEM.

[28] Sindicato dos Policiais Rodoviários Federais no Estado de Mato Grosso. Disponível em: <http://www.sinprfmt.com.br/conteudo.php?cid=2646&sid=44>. Acesso em: 19 fev. 2013.

SINESP

O SINESP (Sistema Nacional de Informações de Segurança Pública, Prisionais e sobre Drogas) foi instituído pela Lei nº 12.681, de 04 de julho de 2012. Dentre os principais objetivos, podemos citar a necessidade de integração, sistematização e atualização de banco de dados de informações relativas à Segurança Pública, ao Sistema Prisional, à Execução Penal e ao Tráfico de Drogas.

Integram o sistema o Poder Executivo da União, dos Estados e do Distrito Federal (facultando ainda a participação dos municípios), o Poder Judiciário, o Ministério Público e a Defensoria Pública. Os dados do SINESP devem ser fornecidos e atualizados por seus integrantes. Em caso de não fornecimento de informações, o integrante do sistema não poderá receber recursos nem celebrar convênios para o financiamento de programas e projetos relacionados com a segurança pública e o sistema prisional, dentre eles o PRONASCI e o FUNAPEN.

O SINESP, em constante evolução, é uma ferramenta de consulta na repressão à criminalidade, contendo informações sobre ocorrências criminais registradas, registros de arma de fogo, entrada e saída de estrangeiros, pessoas desaparecidas, execução penal e sistema prisional, além de condenações, penas, mandados e contramandados de prisão, juntamente com dados sobre a repressão ao crack e demais drogas ilícitas.

A consulta será permitida apenas para integrantes do sistema, com nível de acesso diferente para cada usuário.

Já o SINESP Cidadão[29] é uma aplicação para celulares e *smartphones* que permite acesso direto pelo cidadão aos serviços da Secretaria Nacional de Segurança Pública do Ministério da Justiça, através de dois módulos: consulta de veículos e consulta de mandados de prisão. Destaque para a consulta de veículos, gerenciado pela Secretaria Nacional de Segurança Pública, que possibilita a qualquer pessoa, através do site ou de aplicativos móveis, saber, pela placa, se determinado veículo é produto de clonagem, roubo ou furto no país. Essa consulta permite uma busca dentro da base

[29] Disponível em: <https://www.sinesp.gov.br/sinesp-cidadao>. Acesso em: 12 set. 2016.

do DENATRAN. Com isso, poderemos ter o cidadão auxiliando cada vez mais na segurança pública de sua comunidade.

A iniciativa é de suma importância para o correto enfrentamento da criminalidade em ações preventivas e repressivas, dando um real diagnóstico do crime em todo o país. Hoje, nem mesmo as ocorrências envolvendo o número de homicídios do país são corretas. Dependendo do Estado, o homicídio é computado como: morte a esclarecer, encontro de cadáver, chacina, morte violenta etc.

Com o SINESP, a padronização dos procedimentos deverá ser obrigatória, a fim de que os dados estatísticos estabeleçam a real situação da Segurança Pública e possibilitem a aplicação correta de recursos, auxiliando na repressão uniforme da criminalidade por todos os entes da federação.[30]

Reforça-se a importância do sistema, pois obriga a cada ente federativo alimentar periodicamente o sistema, garantindo uma informação mais segura e confiável.

INFOPEN

O Sistema Integrado de Informações Penitenciárias (INFOPEN) permite a integração de todos os órgãos do sistema prisional do Brasil junto ao Departamento Penitenciário Federal do Ministério da Justiça.

Com o INFOPEN é possível ter informações confiáveis sobre a real situação do preso e do sistema prisional. Ao fazer a consulta, será possível checar o cadastro dos presos, dos estabelecimentos prisionais, dos servidores, dos advogados e dos visitantes.

Ao acessar o portal do Ministério da Justiça, nas URLs http://goo.gl/spasr e http://goo.gl/A1aBJy, é possível checar informações sobre relatórios estatísticos do sistema prisional de cada estado da federação, ferramenta importante para análise estratégica de enfrentamento da violência e evolução de vagas no sistema carcerário brasileiro.

---

[30] Os dados estatísticos já estão disponíveis através da URL https://www.sinesp.gov.br/estatisticas-publicas (acesso em: 12 set. 2016), sendo possível acompanhar dados de todos os municípios brasileiros sobre estupros, furtos e roubos de veículos, latrocínios, lesões corporais seguidas de morte e homicídios.

O link principal de acesso ao InfoPen é http://www.infopen.gov.br/, que redireciona ao InfoPen Gestão e ao InfoPen Estatística. O InfoPen Gestão é, logicamente, de acesso restrito a usuários previamente cadastrados e autorizados.

CNIS

O CNIS é uma base de dados criada a partir do Decreto nº 97.936, de 1989, passando a ter essa denominação com a Lei nº 8.212, de 1991.

O CNIS (Cadastro Nacional de Informações Sociais) é um excelente banco de dados que permite acesso ao cadastro de trabalhadores, empregadores, vínculos empregatícios, remunerações, além de uma infinidade de utilidades para consulta.

O CNIS possui como fontes de informações:

- **PIS** - Programa de Integração Social.
- **FGTS** - Fundo de Garantia do Tempo de Serviço.
- **PASEP** - Programa de Formação do Patrimônio do Servidor Público.
- **CCI** - Cadastro de Contribuintes Individuais.
- **Base de Recolhimentos do Contribuinte Individual.**
- **Base de Arrecadação Previdenciária.**
- **CEI** - Cadastro Específico do INSS.
- **RAIS** - Relação Anual de Informações Sociais.
- **CGC** - Cadastro Geral de Contribuintes.
- **CAGED** - Cadastro Geral de Empregados e Desempregados[31].

Os dados do Cadastro Nacional de Informações Sociais (CNIS) não se apresentam, por si sós, revestidos de força probatória suficiente para a expedição de decreto condenatório, tendo em vista que não estão imunes a erros

[31] DATAPREV. Disponível em: <https://www5.dataprev.gov.br/cnisinternet/faces/pages/index.xhtml>. Acesso em: 10 jan. 2017.

decorrentes de falha humana quando de sua inserção no banco respectivo. Se as informações constantes do CNIS forem corroboradas por outros elementos probatórios que evidenciem a prática do fato delituoso, torna-se inevitável a condenação.[32]

É, portanto, ferramenta interessante na produção de conhecimento, pois mantém informações confiáveis sobre a vida dos trabalhadores e ainda impede fraudes à Previdência devido ao cruzamento de dados com diversos órgãos governamentais. Facilita, ainda, na fiscalização e arrecadação, por possuir os dados cadastrais de pessoas jurídicas e de estabelecimentos empregadores reconhecidos pela Previdência Social.

Banco de dados estaduais

Diversos outros bancos de dados fechados de nível estadual estão disponíveis para acesso mediante consulta via intranet, fornecendo auxílio às polícias judiciárias e militares em dados estatísticos, consultas de boletins de ocorrência, divulgação de relação de indivíduos procurados, dentre várias outras opções.

É o caso do sistema Consultas Integradas no Rio Grande do Sul - www.consultasintegradas.rs.gov.br –, cujo acesso só funciona em rede específica da Secretaria de Segurança Pública, da Brigada Militar e da Polícia Civil, sendo o acesso web liberado em situações especiais individuais ou através de convênio com outras instituições. Nele é possível acessar informações de todas as bases de dados de órgãos subordinados à Secretaria de Segurança Pública.

Outro exemplo de uma poderosa ferramenta para consulta são os bancos de dados das delegacias eletrônicas. Esse recurso é um serviço para registrar ocorrências pela Internet e dar mais comodidade aos registros de ocorrências de menor gravidade. Em sua grande maioria, só registram e validam ocorrências de perda ou extravio de documentos, placas de veículos, celulares e desaparecimento de pessoas ocorrido na circunscrição do Estado. Quando a ocorrência envolver crimes cometidos com violência, a vítima deverá procurar a unidade policial mais próxima para lavrar o boletim.

---

[32] TRF 2ª Região. Apelação Criminal 4647-RJ. Rel. Des. Fed. Maria Helena Cisne. Julgado em 03 maio 2006.

Algumas delegacias permitem ainda o registro de furto, crimes contra a honra e a realização de denúncia anônima. Outras prestam serviços de utilidade ao cidadão, disponibilizando uma aba para localizar documentos e pessoas encontradas, procurados etc.

A criação dessas delegacias virtuais tem diminuído as filas e o registro de Boletins de Ocorrências físicos em delegacias distritais. Conforme retratado no site de notícias G1, do Globo, os registros do Paraná têm diminuído, em média, 30%. Nos últimos 12 meses, foram registradas mais de 111 mil ocorrências[33].

Vários estados já criaram suas Delegacias Eletrônicas:

- AC – http://www.delegaciaonline.ac.gov.br/
- AL – http://www.delegaciainterativa.al.gov.br/
- AM – http://www.delegaciainterativa.am.gov.br/delegacialnterativa/
- AP – http://www.policiacivil.ap.gov.br/index.php?option=com_content&view=article&id=156&Itemid=137
- BA – https://www.delegaciadigital.ssp.ba.gov.br/
- CE – http://www.delegaciaeletronica.ce.gov.br/beo/
- DF – http://delegaciaeletronica.pcdf.df.gov.br
- ES – http://delegaciaonline.sesp.es.gov.br/
- GO – http://www.policiacivil.go.gov.br/delegacia-virtual
- MA – http://www.delegaciaonline.ma.gov.br/
- MT – http://portal.seguranca.mt.gov.br/delegacia-web/pages/home.seam
- MS – http://devir.pc.ms.gov.br/#
- PA – http://www.delegaciavirtual.pa.gov.br/

[33] G1. **Registros pela internet diminui 30% do movimento nas delegacias do PR.** (*sic*) Disponível em: <http://g1.globo.com/parana/noticia/2012/09/registros-pela-internet-diminui-30-do-movimento-nas-delegacias-do-pr.html>. Publicado em 04/09/2012 às 12h46 e atualizado em 04/09/2012 às 13h19. Acesso em: 10 jan. 2017.

- PB – http://www.delegaciaonline.pb.gov.br/DelegaciaOnline/
- PE – http://servicos.sds.pe.gov.br/delegacia/
- PI – http://dv.pc.pi.gov.br/
- PR – http://www.delegaciaeletronica.pr.gov.br/
- RJ – https://dedic.pcivil.rj.gov.br/
- RN – http://www3.defesasocial.rn.gov.br/BoletimCidadao/index.jsf
- RO – http://www.pc.ro.gov.br/delegacia-interativa
- RS – https://www.delegaciaonline.rs.gov.br/dolpublico/index.jsp
- SC – http://sistemas.sc.gov.br/bocidadao/
- SE – http://www.delegaciainterativa.se.gov.br/
- SP – http://www.ssp.sp.gov.br/bo/
- TO – https://www2.ssp.to.gov.br/delegaciavirtual

Banco de dados de concessionárias de serviços públicos

Na iniciativa privada, especialmente nas concessionárias de serviços públicos delegados, existem excelentes fontes de consulta que fornecem informações de milhares de indivíduos, chegando, em determinadas situações, a possuir mais detalhes do que os órgãos de Segurança Pública, principalmente com uma confiabilidade maior por causa de sua atualização permanente. Alguns disponibilizam acesso somente mediante convênios com órgãos públicos:

Concessionárias de Distribuição de Energia Elétrica[34]:

- **Acre** – Companhia de Eletricidade do Acre (ELETROACRE).
- **Alagoas** – Companhia Energética de Alagoas (CEAL).
- **Amazonas** – Amazonas Distribuidora de Energia S/A (AmE).

[34] Agência Nacional de Energia Elétrica. Disponível em: <http://www.aneel.gov.br/area.cfm?idArea=41>. Acesso em: 10 jan. 2017.

- **Amapá** – Companhia de Eletricidade do Amapá (CEA).
- **Bahia** – Companhia de Eletricidade do Estado da Bahia (COELBA).
- **Ceará** – Companhia Energética do Ceará (COELCE).
- **Distrito Federal** – CEB Distribuição S/A (CEB-DIS).
- **Espírito Santo** – Espírito Santo Centrais Elétricas S/A (ESCELSA) e Empresa Luz e Força Santa Maria S/A (ELFSM).
- **Goiás** – Celg Distribuição S.A. (CELG-D) e Companhia Hidroelétrica São Patrício (CHESP).
- **Maranhão** – Companhia Energética do Maranhão (CEMAR).
- **Mato Grosso** – Centrais Elétricas Matogrossenses S/A (CEMAT).
- **Mato Grosso do Sul** – Empresa Energética de Mato Grosso do Sul S/A (ENERSUL).
- **Minas Gerais** – CEMIG Distribuição S/A (CEMIG-D), Departamento Municipal de Eletricidade de Poços de Caldas (DMEPC) e Energisa Minas Gerais Distribuidora de Energia S/A (EMG).
- **Pará** – Centrais Elétricas do Pará S/A (CELPA).
- **Paraíba** – Energisa Borborema Distribuidora de Energia S/A (EBO) e Energia Paraíba Distribuidora de Energia (EPB).
- **Paraná** – Companhia Campolarguense de Energia (COCEL), Companhia Força e Luz do Oeste (CFLO), Copel Distribuição S/A (COPEL-DIS) e Força e Luz Coronel Vivida Ltda. (FORCEL).
- **Pernambuco** – Companhia Energética de Pernambuco (CELPE).
- **Piauí** – Companhia Energética do Piauí (CEPISA).
- **Rio de Janeiro** – Ampla Energia e Serviços S/A (AMPLA), Boa Vista Energia S/A, Energisa Nova Friburgo Distribuidora de Energia S/A (ENF) e Light Serviços de Eletricidade S/A.

- **Rio Grande do Norte** – Companhia Energética do Rio Grande do Norte (COSERN).
- **Rio Grande do Sul** – AES SUL Distribuidora Gaúcha de Energia S/A, Companhia Estadual de Distribuição de Energia Elétrica (CEEE-D), Rio Grande Energia S/A (RGE) e Departamento Municipal de Energia de Ijuí (DEMEI).
- **Rondônia** – Centrais Elétricas de Rondônia S/A (CERON).
- **Roraima** – Boa Vista Energia S/A.
- **Santa Catarina** – Celesc Distribuição S/A (CELESC-DIS), Cooperativa Aliança (COOPERALIANÇA), Empresa Força e Luz João Cesa Ltda. (EFLJC), Empresa Força e Luz Urussanga Ltda. (EFLUL) e Iguaçu Distribuidora de Energia Elétrica Ltda. (IENERGIA).
- **São Paulo** – Caiuá Distribuição de Energia S/A (CAIUÁ-D), Centrais Elétricas do Pará S/A (CELPA), Centrais Elétricas Matogrossenses S/A (CEMAT), Companhia Jaguari de Energia (CJE), Companhia Luz e Força Mococa (CLFM), Companhia Luz e Força Santa Cruz (CLFSC), Companhia Nacional de Energia Elétrica (CNEE), Companhia Paulista de Energia Elétrica (CPEE), Companhia Paulista de Força e Luz (CPFL-Paulista), Companhia Piratininga de Força e Luz (CPFL- Piratininga), Companhia Sul Paulista de Energia (CSPE), Elektro Eletricidade e Serviços S/A, Eletropaulo Metropolitana Eletricidade de São Paulo S/A, Empresa de Distribuição de Energia Vale Paranapanema S/A (EDEVP), Empresa Elétrica Bragantina S/A (EEB) e Iguaçu Distribuidora de Energia Elétrica Ltda. (IENERGIA).
- **Sergipe** – Companhia Sul Sergipana de Eletricidade (SULGIPE) e Energisa Sergipe Distribuidora de Energia S/A (ESSE).
- **Tocantins** – Companhia de Energia Elétrica do Estado do Tocantins (CELTINS).

Em setembro de 2012, conforme notícia veiculada pelo site Estadão, em uma evidente falha de segurança, milhões de dados de usuários da Eletropaulo ficaram expostos. Isso representa uma clara evidência da existência e importância desses dados cadastrais, por exemplo, no contexto de uma investigação policial[35].

Há diversas companhias de água e esgoto dos estados com informações de milhões de cadastros de contribuintes. A CORSAN-RS abastece, por exemplo, mais de sete milhões de contribuintes, o que equivale a dois terços da população do estado do RS.

É importante ressaltar que esses dados podem ser obtidos desde que haja convênio com os órgãos de Segurança Pública. Há, ainda, as companhias municipais com bancos de dados que podem ser acessados desde que haja autorização e/ou convênios firmados.

As principais companhias estaduais são:

- **Acre** – Companhia de Saneamento do Acre (SANACRE).
- **Alagoas** – Companhia de Saneamento de Alagoas (CASAL).
- **Amapá** – Companhia de Água e Esgoto do Amapá (CAESA).
- **Amazonas** – COSAMA – Companhia de Saneamento do Amazonas.
- **Bahia** – Empresa Baiana de Águas e Saneamento S/A (EMBASA).
- **Ceará** – Companhia de Água e Esgoto do Ceará (CAGECE).
- **Distrito Federal** – Companhia de Saneamento Ambiental do Distrito Federal (CAESB).
- **Espírito Santo** – Companhia Espírito Santense de Saneamento (CESAN).
- **Goiás** – Saneamento de Goiás S/A (SANEAGO).
- **Maranhão** – Companhia de Saneamento Ambiental do Maranhão (CAEMA).

[35] FORDELONE, Yolanda. Dados de 6,4 milhões de clientes são expostos no site da Eletropaulo. **Estadão**. 06 de setembro de 2012. Disponível em: <http://blogs.estadao.com.br/radar-tecnologico/2012/09/06/dados-de-64-milhoes-de-clientes-sao-expostos-no-site-da-eletropaulo/. Acesso em 10 jan. 2017.

- **Mato Grosso** – SANEMAT – Companhia Estadual de Saneamento do Estado de Mato Grosso.
- **Mato Grosso do Sul** – Empresa de Saneamento de Mato Grosso do Sul (SANESUL).
- **Minas Gerais** – Companhia de Saneamento de Minas Gerais (COPASA).
- **Pará** – Companhia de Saneamento do Pará (COSANPA).
- **Paraíba** – Companhia de Água e Esgotos da Paraíba (CAGEPA).
- **Paraná** – Companhia de Saneamento do Paraná (SANEPAR).
- **Pernambuco** – Companhia Pernambucana de Saneamento (COMPESA).
- **Piauí** – Águas e Esgotos do Piauí S/A (AGESPISA).
- **Rio de Janeiro** – Companhia Estadual de Águas e Esgotos (CEDAE).
- **Rio Grande do Norte** – Companhia de Águas e Esgotos do Rio Grande do Norte (CAERN).
- **Rio Grande do Sul** – Companhia Riograndense de Saneamento (CORSAN).
- **Rondônia** – Companhia de Águas e Esgotos de Rondônia (CAERD).
- **Roraima** – Companhia de Águas e Esgotos de Roraima (CAER).
- **Santa Catarina** – Companhia Catarinense de Águas e Saneamento (CASAN).
- **São Paulo** – Companhia de Saneamento Básico do Estado de São Paulo (SABESP).
- **Sergipe** – Companhia de Saneamento de Sergipe (DESO).
- **Tocantins** – Companhia de Saneamento do Tocantins (SANEATINS).

Essas informações devem estar disponibilizadas através de convênios de cooperação técnica, onde os órgãos estabelecem obrigações recíprocas para o credenciamento de servidores, tipo de acesso/conexão a ser estabelecido (por exemplo, conexão VPN ou *web service*) e aplicativos para o acesso *on-line* aos seus bancos de dados. Devem, ainda, ser estabelecidas responsabilidades financeiras para a sua implementação e o setor que deverá ficar responsável por sua gestão.

Outras fontes fechadas

CEMI

É o Cadastro de Estações Móveis Impedidas. Este banco de dados é restrito às operadoras de telefonia. Ele contém dados atualizados de todos os aparelhos de telefonia celular que foram produtos de roubo, furto ou perda. Assim, caso um indivíduo seja vítima de um desses delitos, deverá procurar as prestadoras de telefonia, juntando boletim de ocorrência e solicitando o bloqueio do IMEI (*International Mobile Equipment Identity* – Identificação Internacional de Equipamento Móvel) do aparelho. Quando procede dessa forma, o usuário impede que o aparelho celular seja utilizado por um terceiro.

Conforme o art. 8º, inciso VII, alínea a da Resolução nº 477 de 07 de agosto de 2007 da Anatel (Agência Nacional de Telecomunicações), constitui dever do usuário de SMP (Serviço Móvel Pessoal) comunicar à operadora de serviços de telefonia móvel o roubo, furto ou extravio de aparelhos de telefone celular.

Considerando-se que tanto as operadoras quanto suas revendedoras autorizadas têm acesso *on-line* à relação dos aparelhos cadastrados no CEMI, é de se conceder a indenização pelos danos materiais decorrentes da habilitação do aparelho celular com registro de impedimento, bem como pelos danos morais decorrentes do constrangimento sofrido na tentativa de efetuar nova habilitação em outra operadora.[36]

---

[36] TJ-MG. Proc. 200000041316350001 MG 2.0000.00.413163-5/000(1). Rel. Domingos Coelho. Julgado em 26 nov. 2003.

Algumas entidades já ingressaram com ações civis públicas visando garantir que os consumidores tenham acesso a esse tipo de informação para coibir a venda de aparelhos telefônicos produtos de crime.

Foi o que ocorreu em Ação Civil Pública intentada na Seção Judiciária da Justiça Federal do Rio Grande do Sul pela Associação Nacional de Defesa e Informação do Consumidor (ANDICOM) em desfavor da Agência Nacional de Telecomunicações (ANATEL) e da Associação Brasileira de Recursos em Telecomunicações (ABR Telecom), visando dar publicidade aos IMEIs bloqueados pelas operadoras.

Em síntese, a parte autora alegou que o acesso a esse cadastro facilitaria operações policiais no sentido de localizar celulares produtos de roubo, furto ou perda e facilitar sua devolução ao proprietário-vítima.

Em decisão de mérito, o poder judiciário assim se manifestou[37]:

> *Forçoso se concluir diante disso que resta evidenciada a necessidade social de informar os consumidores, tornando públicos os dados constantes do CEMI, como forma de combater os crimes e as vendas ilegais de celulares, em conjunto com outras medidas, vindo ao encontro do interesse público que torna legítima a pretensão deduzida.*
>
> *Por outro lado, importante que se refira que a publicidade do Cadastro de Estações Impedidas (CEMI) não importa em qualquer prejuízo à sociedade, às empresas e à Associação/ré. Ao contrário, os benefícios são significativos para os consumidores e para o Estado, que contará com mais um meio de combate ao crime e à venda ilegal de aparelho, que, além de prejudicar os consumidores, traz grande prejuízo à economia nacional.*
>
> *O fato de os referidos dados serem acessíveis à autoridade policial, através de simples requerimento, não invalida a necessidade de sua publicização, dando acesso aos consumidores, a fim de evitar a habilitação de celulares roubados, furtados, ou mesmo clonados, dando conhecimento ao consumidor da origem ilícita do aparelho que pretende adquirir.*
>
> *Ante o exposto, julgo procedente a presente ação civil pública, para determinar às rés que tomem as providências necessárias para tornar pública e de fácil acesso a toda a população brasileira a relação de número dos seriais bloqueados dos aparelhos celulares junto às operadoras de telefonia móvel de todo o Brasil.*

---

[37] Justiça Federal do Rio Grande do Sul. Ação Civil Pública do Código de Defesa do Consumidor Nº 5028201-56.2010.404.7100. Juiz Federal Altair Antonio Gregorio. 03 de novembro de 2012.

É possível a consulta sobre a situação do aparelho celular para saber se ele é produto de perda, furto ou roubo através do endereço http://www.consultaaparelhoimpedido.com.br. Quando um usuário solicita o bloqueio do aparelho telefônico, a inclusão será feita em até 72 horas. A consulta só é permitida a usuários que estejam utilizando protocolos de internet disponibilizados pelo Brasil.

O Projeto de Lei nº 1.261/2007, que tramitou na Câmara dos Deputados, tentou, em vão, fazer esse controle e impor obrigações às operadoras de telefonia, ao obrigá-las a consultarem o CEMI antes da habilitação do aparelho celular. Entretanto, tal proposição foi arquivada. Atualmente, o PL 990/2015 propõe alteração na Lei nº 4.117, de 27 de agosto de 1962, para coibir o crime de clonagem do número de identificação de celulares bloqueados por perda, roubo, furto ou extravio.[38]

SERASA

Imenso banco de dados de consulta que contém as mais diversas informações sobre consumidores, empresas e grupos econômicos. Permite consultas detalhadas a pessoas físicas e jurídicas, dados de cadastros, pendências financeiras e protestos estaduais, porém mediante o pagamento mensal pelas consultas.[39]

SPC BRASIL

Permite uma análise completa de dados de pessoas físicas e jurídicas, dados cadastrais e uma infinidade de outros dados[40]. Os acessos são restritos a associados e, portanto, dependem de pagamento.

Fontes abertas

A fonte aberta é considerada fonte de inteligência graças às evoluções tecnológicas e, principalmente, à Internet.

[38] É possível o acompanhamento da proposição através da URL <http://www2.camara.leg.br/proposicoesWeb/fichadetramitacao?idProposicao=1197735> (acesso em: 12 set. 2016). Junto a ele foi apensado o PL 2.708/2015.

[39] Disponível através da URL <http://www.serasaexperian.com.br/>. Acesso em: 12 set. 2016.

[40] Em vários Estados há convênios entre os órgãos policiais e os serviços de proteção ao crédito, que disponibilizam as informações destes aos agentes de segurança, propiciando melhores dados, ou seja, informações mais atualizadas. Disponível através das URLs <https://servicos.spc.org.br/> e <https://www.spcbrasil.org.br/>. Acesso em: 12 set. 2016.

São as informações disponíveis ao público e que não exigem nenhuma espécie de restrição ao seu acesso. São também conhecidas como *open source intelligence* (Inteligência de Fontes Abertas), ou seja, uma forma de coletar, selecionar e adquirir informações que possam ser úteis à produção do conhecimento. Podem ser obtidas através da leitura de jornais, periódicos, pesquisas de cunho acadêmico, livros, revistas e principalmente através da Internet.

É muito importante não confundir fontes abertas de inteligência com softwares de fontes abertas, sendo este um produto com arquitetura aberta passível de modificação. Isso causa bastante confusão na hora de utilização de motores de busca, como o Google, pois ao digitar apenas "open source" encontram-se muitas informações a respeito do Linux.

Aberto, para a atividade de inteligência, é a informação acessível à comunidade (de inteligência). Assim, qualquer pessoa pode obter informação sem nenhuma privacidade ou restrição e sem a necessidade de ser integrante de determinado grupo específico, podendo acessar, direta ou indiretamente, bancos de dados oficiais ou não.

Podem ser classificadas como:

a) **Comunicação** – Tudo o que for obtido através de jornais, rádios, revistas, televisão.

b) **Domínio Público** – São as informações obtidas através de dados demográficos, relatórios de governo, contas públicas, orçamento, convênios, licitações.

c) **Georreferenciamento** – Informações obtidas através de softwares, imagens de satélite, mapas, informações geográficas da região.

d) **Web** – Informações disponíveis, motores de pesquisa, redes sociais, aplicativos de envio de mensagens de áudio e vídeo, sites de notícias, blogs, e-mail, vídeos, sites de bate-papo e de conteúdo web, bancos de dados, fóruns de discussão, documentos, transmissão de TV e rádio de agências jornalísticas e diversos tipos de organizações.

e) **Acadêmicas** - São obtidas através de artigo científico, teses, pesquisas, pareceres de especialistas sobre o assunto.

f) **Softwares** - Programas e ferramentas gratuitos utilizados no aperfeiçoamento da busca.

Sobre o uso dessas fontes abertas, o site Observatório da Imprensa publicou que:

> *O National Intelligence Estimate (NIE), relatório que reúne dados fornecidos pelas 16 agências de inteligência dos EUA, foi divulgado na semana passada. Além de minimizar o perigo nuclear iraniano, levantando novas questões sobre a política antiterrorismo do governo Bush, o documento revelou também que as agências de inteligência têm usado fontes mais simples e acessíveis ao público para pesquisar informações sobre armas nucleares no Irã - entre elas a Internet, jornais e relatórios não governamentais.*[41]

Alguns analistas da atividade de inteligência criticam o uso dessas informações acessíveis por considerarem que um dado, quando não é sigiloso, não é confiável e, portanto, não merece ser lido. Talvez seja radicalizar o assunto. É, segundo nosso entender, a paixão pelo "ultrassecreto", ou simplesmente "secreto", que faz com que haja perda de informação útil disponível.

Robert Steele, diretor executivo da oss.net, é um crítico da atividade de inteligência sem uso de fontes abertas, citando como exemplo, em matéria publicada no site da Forbes, o fracasso da inteligência nos ataques de 11 de setembro, enfatizando que o único avião que não atingiu sua meta foi aquele onde os cidadãos informados foram capazes de intervir diretamente.

> *A nossa Segurança Nacional está quebrada. 500 bilhões por ano para o Departamento de Defesa e 50 bilhões para a comunidade de inteligência falharam diante de alguns cidadãos corajosos armados apenas com telefones celulares*[42].

---

[41] **Observatório de Imprensa.** Relatório de inteligência confia em fontes abertas. Disponível em: <www.observatoriodaimprensa.com.br/news/view/relatorio_de_inteligencia_confia_em_fontes_abertas >. 2010. Ano 15 - nº 463.

[42] STEELE, Robert David. **Open Source Intelligence.**

Steele ainda faz pesadas críticas a essa "inteligência à moda antiga", citando como exemplo o exercício do Burundi, tarefa esta que seria a reunião de informações durante o menor tempo possível sobre aquele país. A CIA trouxe apenas um PowerPoint (.ppt) com alguns dados sobre a região, enquanto Steele trouxe à tona coberturas jornalísticas, acadêmicas, político-militares, informações tribais da região e ainda diversas fotos de satélite recentes[43].

Em que pese tal posicionamento, a atividade de inteligência e de investigação criminal não pode ficar acanhada diante da nova realidade. Não deve mais persistir a ideia de se restringir apenas à busca de um dado negado[44] através de operações de inteligência e/ou investigativas. Devemos lembrar sempre que o profissional de inteligência e de segurança pública não deve ser a única fonte autorizada na busca de informações.

As informações trafegam rapidamente no ambiente web, devendo o analista estar atento no desempenho do seu mister, não podendo, jamais, desprezá-las. Com a sua utilização evitam-se riscos na busca da informação, garantindo menor custo e maior agilidade. É bom lembrar que grande parte das respostas aos questionamentos dos gestores já se encontra disponível, sem a necessidade de utilização de técnicas outras da atividade de inteligência.

Diante disso, fazemos um questionamento: será que vale a pena o analista de inteligência ficar de fora desse novo contexto na era da informação? O que se tem a perder com isso?

Há vários julgados dos tribunais pátrios citando fontes abertas como forma de consulta.[45]

---

[43] SHACHTMAN, Noah. **How to Restore Spies Credibility:** Go Open Source. Disponível em: <http://www.wired.com/dangerroom/2007/12/how-to-restore/>. Acesso em: 10 jan. 2017.

[44] Dado negado é um dado não disponível ao profissional da atividade de inteligência, sendo que depende ou de outra Agência de Inteligência ou de um acesso disponibilizado com uso de ordem judicial e/ou do administrador do banco de dados.

[45] STF, Inq. 35633-PR; STJ, RECURSO ORDINARIO EM HABEAS CORPUS: RHC 47486 PA 2014/0102638-6; HABEAS CORPUS: HC 332637 PR 2015/0195915-6.

TRE-RJ, RECURSO NA REPRESENTAÇÃO NQ 3782-90.2014.6.19.0000

TJ-RJ, Apelação nº 0328465-50.2014.8.19.0001.

TJ-MS, Apelação Cível: AC 6424 MS 2012.006424-5.

Não podemos negar que informações provenientes de fontes abertas são de extrema importância para subsidiar a produção do conhecimento. O que dizer das fotografias de catástrofes naturais como tsunamis, deslizamentos de terra no Rio de Janeiro e terremotos ocorridos pelo planeta, disponibilizadas pelas redes sociais? A quantidade de informações sobre mortos, sobreviventes, comunidades isoladas e diversos dados postados através de fotografias enviadas por mensagens multimídia (MMS) e SMS (*Short Message Service*) foi de grande importância para dar uma real dimensão da situação e subsidiar a tomada de decisões por parte dos respectivos entes governamentais. Exemplo claro dessa importância diz respeito à "tragédia de Santa Maria (RS)", onde inúmeras fotos e outros dados foram postados no Facebook e usados pela Polícia Civil do RS para incrementar a investigação policial e ditar questionamentos quando da tomada dos depoimentos.

E o que dizer das revoltas pós-eleição no Irã? Milhares de vídeos foram enviados mostrando a população na rua protestando em razão de fraudes nas eleições.

Um site bastante interessante é o Wikileaks, organização de mídia sem fins lucrativos que possui diversos servidores espalhados pelo planeta com a função de divulgar documentos confidenciais de diversos governos. As informações são repassadas por anônimos e, após uma minuciosa análise através de um jornalismo investigativo, são divulgadas.

O Wikileaks já divulgou diversos filmes de ataques das forças americanas no Afeganistão, informações sobre a prisão de Guantánamo e vazou milhares de dados que eram tidos como confidenciais.

Os estragos advindos dessas publicações têm sido imensos, abalando relações entre chefes de Estado. Outro aspecto é a perseguição que seu seu fundador, Julian Assange, sofre. O ciberativista foi preso na Inglaterra por acusação de crimes sexuais. Após o governo britânico conceder sua extradição para a Suécia, Assange refugiou-se e obteve asilo político na embaixada do Equador. O governo local ameaçou invadir a embaixada equatoriana e não tem permitido que ele saia da embaixada para o aeroporto.

No ano de 2013, Edward Snowden vazou documentos secretos do governo americano sobre o monitoramento global de telecomunicações, com a revelação da existência de programas capazes de fazer a vigilância em massa de qualquer cidadão do planeta. Após fugir para Hong Kong, teve concedido asilo político pelo governo russo e lá se encontra desde então.

É fundamental lembrar, ainda, que a informação vista na Internet trafega por um canal só, enquanto cada polícia possui seu banco de dados. Na atividade de inteligência e/ou investigação policial procuramos encontrar respostas para questionamentos que possam surgir na elaboração de determinada tarefa, sendo que muitas respostas já estão disponíveis, pelo menos em parte, no ambiente web, desde que o analista saiba como buscá-las.

Acrescente-se, por oportuno, que as informações retiradas de fontes da web não podem ser analisadas como uma verdade absoluta, sob pena do analista incorrer em erro. A Internet possui ainda muito "lixo" e informações falsas que necessitam ser confrontadas com outras fontes para se ter a certeza de que o material coletado poderá compor um relatório de inteligência, por exemplo.

Discorrendo sobre a matéria, Leonardo Singer acrescenta[46]:

> *A inundação de dados gerada pela democratização da informação e pela popularização das tecnologias da comunicação aumentou a carga sobre decisores bem como impôs entraves ao uso de fontes abertas: a quantidade exagerada e a eventual qualidade duvidosa da informação, além da falta de confiança na fonte, que está sujeita a medidas ativas de contraespionagem. Aparentemente, uma solução passível para este problema seria a seleção acurada de profissionais com perfil para a coleta e análise de fontes abertas, além de uma criação de uma doutrina especial para o exercício da função destes profissionais.*

Não poderemos jamais abdicar de valiosas informações disponíveis a todos e muitas vezes utilizadas apenas por grupos criminosos no planejamento de suas ações.

---

[46] AFONSO, Leonardo Singer. Fontes Abertas e Inteligência de Estado. **Revista Brasileira de Inteligência.** Brasília: Abin, v. 2, n. 2, abr. 2006. p. 49-62.

Criação e atuação de agências com base em fontes abertas

O governo americano criou o DNI *Open Source Center* (Centro de Fontes Abertas), fato ocorrido no ano de 2005, após sugestão da Comissão de Inteligência do Senado Americano e motivado pelos ataques de 11 de setembro de 2001. Este órgão é responsável por fornecer materiais de fontes abertas para mais de 15 mil integrantes da comunidade de inteligência, reunindo informações de Internet, bancos, imprensa, rádio, televisão, vídeos, dados geoespaciais, fotos e imagens comerciais.

O FBIS (*Federal Broadcast Information Service*) foi quem antecedeu esse órgão. Criado na época da Segunda Guerra Mundial, teve atuação considerável na Guerra Fria. Sua principal função era coletar informações transmitidas, principalmente via rádio, sobre forças militares, economia, meio ambiente, sociedade e política.

A Austrália criou no ano de 2001 a NOSIC (*National Open Source Intelligence Centre*), agência para monitoramento, pesquisa e análise de informações disponíveis. Nela, apesar de existir o acompanhamento de questões internacionais, há a preocupação com as questões nacionais e regionais.

No Brasil, o assunto ainda necessita de amadurecimento. Existem apenas iniciativas isoladas na utilização dessas ferramentas de busca, principalmente das fontes abertas, o que ainda é muito pouco. Urge copiarmos rapidamente esses procedimentos que vêm dando certo, bem como avançarmos mais na criação de mecanismos, na capacitação de servidores e em softwares capazes de aperfeiçoar nosso trabalho.

Talvez a criação de uma comunidade nos moldes da *Open Source* da CIA, partilhando da mesma informação disponível na web, facilitasse o trabalho de análise. Precisamos amadurecer urgentemente essa ideia de utilizar, sim, as fontes abertas, pois a inteligência e a investigação policial têm o dever de estar adequadas a essa nova era do tráfego de informações.

Barreiras ao uso de fontes abertas

O idioma é uma das grandes barreiras ao uso correto das fontes abertas. Normalmente, o operador costuma utilizar dicionários *on-line* ou ferramentas congêneres para a leitura de determinada informação, não levando em conta os regionalismos e as peculiaridades de cada localidade.

O analista precisa compreender as conversações sobre os fatos mais comentados naquela área, entender os dialetos e as gírias com suas interferências causadas em discursos e textos. Deverá traduzi-los, atentando não apenas para os fatos, mas para os assuntos subentendidos naquela pesquisa.

O conhecimento da língua estrangeira é de fundamental importância para o sucesso da busca, devendo ser um conhecimento proficiente a fim de que a coleta, a pesquisa e a análise sejam produtivas.

Outro aspecto que pode ser mencionado é a não capacitação do operador no trato com a ferramenta de busca e o manuseio de fontes abertas. As academias de polícia ainda não institucionalizaram essa disciplina, fator este que seria importante para que o profissional utilizasse tal ferramenta desde o início.

Algumas ferramentas podem ser encontradas na web para auxiliar na busca de documentos em outros idiomas; entretanto, o analista deve ficar atento, pois a maioria delas faz uma tradução literal da expressão e não atenta para os regionalismos peculiares de cada região. Podemos citar:[47]

- **Tradutor do Google** – http://translate.google.com/. Esta ferramenta pode estar sempre à disposição do analista. É um aplicativo que pode ser carregado em celulares e tablets.
- **Free Translation** – http://www.freetranslation.com/.
- **Bing** – http://br.bing.com/translator/.
- **Babylon** – http://dicionario.babylon.com/.

De outra parte, uma das barreiras ao uso das fontes abertas é a discussão de sua validade jurídica. Debateremos esse contexto em outro capítulo deste livro.

---

[47] Existem vários outros tradutores disponíveis, inclusive pagos, também com "memórias de tradução" (CAT – *Computer-Assistance Translation*). Dentre eles destacam-se: WordFast (https://www.wordfast.net/); ÔmegaT (http://www.omegat.org/br/omegat.html); WordLingo (http://www.worldlingo.com/); iTranslate4 (http://itranslate4.eu/en/); SystraNet (http://www.systranet.com/pt/translate); e MyMemory (http://mymemory.translated.net/).

O Brasil e as fontes abertas

Percebemos ainda um preconceito no que tange à utilização de fontes abertas. Por outro lado, já é comum, por parte de instituições não policiais, obter informações em sites de relacionamentos na web antes de contratar alguém, ou ainda com nossos Tribunais admitindo as redes sociais como meio de prova. Com relação ao primeiro caso, as empresas nominam essa pesquisa como "uma forma inteligente de contratar".

A juíza da 5ª Vara Cível da comarca de Rio Branco-AC negou a gratuidade da justiça em razão de fotos postadas pelos requerentes no Facebook, contrapondo a alegação de carência financeira da inicial.[48]

No mesmo sentido, um magistrado decidiu por negar os benefícios da gratuidade ao afirmar:

> *Ao analisar as redes sociais, especialmente o Facebook, observo claramente que a promovida alterou a verdade dos fatos para intentar a isenção do pagamento das custas processuais, quando na verdade tem perfeitas condições para o pagamento, isso partindo do pressuposto que uma pessoa, ao divulgar a presença no "showzão de Jorge e Mateus com os friends" na vaquejada de Currais Novos, não está preocupada com o sustento da família conforme alegou na contestação. Do mesmo modo, a "prainha show", bem como os momentos felizes, E CAROS, assistindo aos jogos da Copa do Mundo Fifa 2014, dão conta que tem perfeitas condições de arcar com as custas processuais.*[49]

No caso do site de relacionamento, o TJ-RS, ao analisar o agravo nº 70015426174, da Comarca de Esteio – RS, negou a gratuidade da Justiça a um casal, utilizando como meio probatório fotos do Orkut do casal nas cidades de Veneza e Paris. Um dos trechos do acórdão cita que:

> *Constante petição acostada nos autos por parte da agravada, verifica-se que a situação financeira dos agravantes, ao contrário do que foi amplamente deduzido em sede de agravo de instrumento, embargos de declaração não é verdadeira. Isso*

---

[48] Juíza investiga Facebook e nega pedido de jovens por defensor no AC. G1, 02 maio 2015. Disponível em: <http://g1.globo.com/ac/acre/noticia/2015/05/juiza-investiga-facebook-e-nega-pedido-de-jovens-por-defensor-no-ac.html>. Acesso em: 12 set. 2016.

[49] TJ-RN. Comarca de Cruzeta. Vara Única. Proc. nº 0100473-82.2013.8.20.0138. Juiz Marcos Vinicius Pereira Junior. Julgado em 05 out. 2014.

> *porque, quem passa por dificuldades financeiras, evidentemente não tem condições de efetuar viagens ao velho continente anualmente, consoante demonstram as fotos obtidas no site www.orkut.com referente à página da agravante – de se notar fotos dos agravantes em cidades como Veneza, em julho de 2005 e 2006, e Paris em junho de 2005.*[50]

O Tribunal Superior do Trabalho também, em decisão da 2ª Turma[51], ao analisar o processo no âmbito do pagamento de custas processuais, negou gratuidade ao afirmar que:

> *A reclamada, quando da impugnação do pedido, e com base nas informações extraídas da página do reclamante na INTERNET (ORKUT), alegou que o autor não pode ser considerado necessitado na acepção do termo na lei, pois, além do exercício da advocacia, é proprietário de um restaurante especializado em comida árabe e, ainda, trabalha na área de exportação.*

O site Conjur cita um artigo interessante que versa sobre a utilização do Orkut para localizar devedor de pensão. O advogado, diante da negativa do oficial de justiça em encontrar o devedor de alimentos no valor de mais de seis mil reais, peticionou ao juiz alegando que[52]:

> *... Assim, investigando por outros meios, descobriu-se que é o requerido detentor de uma página no site Orkut, bem como que é usuário do chat MSN, do site Hotmail, conforme documentos. De tal sorte, em homenagem aos princípios da efetividade da Justiça e da razoável duração do processo, e levando-se em consideração que o presente processo arrasta-se desde janeiro de 2005, requer-se, alternativamente, as seguintes providências: – sejam os sites Orkut (Google – www.orkut.com) e Hotmail (Microsoft – www.hotmal.com) oficiados para que informem os dados cadastrais do requerido, bem como noticie o número do IP utilizado para acesso aos sites em questão e de qual endereço se originam.*

---

[50] Tribunal de Justiça do Rio Grande do Sul. Agravo Interno nº 70015426174. 17ª Câmara Cível. Relator Desembargadora Elaine Harzheim Macedo.

[51] Tribunal Superior do Trabalho. Processo: AIRR - 170040-58.2005.5.12.0041 Data de Julgamento: 22/04/2009, Relator Ministro: Vantuil Abdala, 2ª Turma, Data de Publicação: DEJT 26/06/2009.

[52] PINHO, Débora. **Consultor Jurídico.** Advogado usa Orkut para localizar devedor de pensão. Publicado em 16 de agosto de 2008.

Os aplicativos de envio de texto, imagens e vídeos também têm sido utilizados como ferramenta para dar maior agilidade na publicidade dos atos. Em Tucuruí-PA, o juiz, ao intimar o réu com residência no Suriname, ordenou o uso do aplicativo WhatsApp para dar ciência da decisão[53]. Em Presidente Médici-RO, ao despachar em ação de cumprimento de sentença, o magistrado determinou que a autora fosse intimada pelo meio menos oneroso e rápido, indicando e-mail, telefone e o WhatsApp.[54]

Há vários outros casos em que a justiça vem se utilizando de dados coletados para balizar suas decisões:

- **Assédio sexual e uso de aplicativo** - Não se olvida que o WhatsApp é uma ferramenta que possibilita a comunicação rápida, mas também apresenta alto nível de informalidade nos diálogos, o que se revela pelo uso de linguagem coloquial e de emoticons, sendo certo que o referido aplicativo transmite mais do que informações: ele transmite emoções. Assim, embora relativamente útil, qualquer usuário do WhatsApp possui plena consciência de que o aplicativo definitivamente não é a melhor forma para se manter uma comunicação estritamente formal e profissional, notadamente diante da suspeita de assédio sexual.[55]
- **Justa causa e conversa por aplicativo** - A demissão de uma empregada por justa causa em razão de haver criado um grupo de trabalho no WhatsApp no qual se referia a outra empregada e a um diretor executivo de forma pejorativa foi convertida, tendo a empresa sido obrigada a entregar o Termo de Rescisão de Contrato de Trabalho. Na decisão, a magistrada ressaltou que "a reclamante, enquanto gerente da empresa, não tinha direito ou obrigação de censurar o teor das conversas havidas dentro do grupo pelo celular, dado o próprio caráter privado da troca de informações em questão e do direito à livre manifestação de pensamento assegurado também pela Carta Constitucional".[56]

---

[53] Justiça do Trabalho de Tucuruí-PA. Processo 0002736-51.2013.5.08.0110. Juiz Ney Maranhão.

[54] Juizado Cível de Presidente Médici-RO. Proc. 1000137-07.2013.8.22.0006. Juiz João Valério Silva Neto. 16 out. 2014.

[55] TRT-3 - RECURSO ORDINÁRIO TRABALHISTA: RO 01582201401003006 0001582-11.2014.5.03.0010. Des. Rel. João Bosco Pinto Lara. 16 dez. 2015).

[56] TRT10 - 2ª Vara do Trabalho de Taguatinga-DF, Proc. 0000351-66.2014.5.10.0102. Rosarita Machado de Barros de Caron).

- **Pensão alimentícia e conversa em aplicativo** - A justiça paulista reconheceu como indício de paternidade as conversas trocadas no WhatsApp, determinando o pagamento de pensão alimentícia para cobrir as despesas no período de gestação.[57]

- **Amizade em rede social e contradita de testemunha** - Amizade entre a autora e a testemunha na rede social Facebook que não é suficiente para afastar o compromisso, ainda mais quando a contradita foi feita tão somente depois de tomado o compromisso e depoimento da testemunha.[58]

- **Conversa privada de rede social juntada em processo administrativo disciplinar** - Não há ilegalidade de prova colhida em processo administrativo consubstanciada em postagens de grupo fechado em site de relacionamento. No caso, se um integrante do grupo concatenou o material extraído do sítio eletrônico e o enviou, sob forma de denúncia, não há ilicitude na prova.[59]

O Plano de Ação Nacional sobre Governo Aberto foi uma das primeiras iniciativas do poder público instituído através de decreto presidencial datado de 15 de setembro de 2011 visando promover ações e medidas que se destinam ao incremento da transparência e do acesso à informação pública.

Visando incrementar este processo, o Ministério do Planejamento coordenou a criação do Portal Brasileiro de Dados Abertos, página hospedada em www.dados.gov.br, sendo parte da INDA (Infraestrutura Nacional de Dados Abertos)[60]. Tal iniciativa visa a melhoria contínua na publicação de dados abertos com esteio nas melhores práticas adotadas dentro e fora do Brasil.

Nesse portal são divulgados dados sobre saúde, transporte, segurança pública, educação, processo eleitoral, gastos governamentais etc. Também são

---

[57] TJ-SP. Comarca de São Paulo. Fórum Central Cível. 5ª Vara de Família e Sucessões. Juiz Andre Salomon Tudisco. 06 out. 2014)

[58] TJ-RS - Recurso Cível: 71005380621. Primeira Turma Recursal Cível. Rel. Pedro Luiz Pozza. Julgado em 24 mar. 2015)

[59] TJ-RJ - RECURSO INOMINADO: RI 02539109620138190000. PRIMEIRA TURMA RECURSAL FAZENDÁRIA. Relator: Juiz Luiz Fernando de Andrade Pinto. 24. out. 2014.

[60] INDA foi criada pela Instrução Normativa nº 4, de 12 de abril de 2012, da Secretaria de Logística e Tecnologia do Ministério do Planejamento, Orçamento e Gestão.

demonstradas iniciativas de dados abertos disponibilizadas por governos estaduais e municipais. Ao acessar os dados no site (http://dados.gov.br/dataset), várias opções e formatos estão disponíveis para consulta e análise quanto aos dados fornecidos por órgãos setoriais do governo federal.

Na lista de aplicativos (http://www.dados.gov.br/aplicativos/), são catalogadas diversas ferramentas desenvolvidas a partir de dados abertos e disponibilizados no portal. Há, por exemplo, aplicativos sobre reputação de empresas, reclamações de consumidores em Procons, aeroportos etc.

2. O Crime e as Fontes Abertas

Os criminosos estão utilizando essas informações para praticar delitos, pois aproveitam fotografias da vítima e de parentes, telefones, locais frequentados e hábitos como fontes de informação para auxiliar na prática delitiva. É o caso do Facebook Check-ins[1], ferramenta integrante da rede social que permite ao usuário divulgar o local exato em que se encontra(va).[2]

Com a popularização desses sites – mídias sociais –, os frequentadores passaram a postar fotografias, vídeos, informações pessoais, endereços e números de telefone – dados estes bastante úteis e facilitadores para qualquer ação criminosa.

Como forma de criticar e até alertar para os perigos da exposição na web, um grupo de holandeses criou o site Please Rob Me[3], indicando quando uma pessoa se encontra em casa ou não com base em informações do Twitter e do Foursquare.

O site do Please Rob Me é bastante fácil de usar e também pode ser usado para acompanhar deslocamentos de eventual pessoa em investigação/

---

[1] O Facebook é o principal site de relacionamento mundial. Possui mais de 1 bilhão de usuários em todo mundo, sendo que o Brasil já possui mais de cinquenta milhões de usuários. Muitas informações sobre o Facebook Check-ins podem ser acessadas através do endereço https://www.facebook.com/nomedousuario/map.

[2] Vide capítulo específico sobre as funcionalidades do Facebook.

[3] O site Please Rob Me pode ser acessado através do endereço http://pleaserobme.com/.

análise. Portanto, aqui fica uma importante análise: se uma informação disponibilizada na web pode ser útil aos criminosos, também pode ser útil à polícia em uma investigação criminal.

Assim, para "usar" o Please Rob Me basta digitar o usuário (*username*) do Twitter em análise e clicar em "Find!". É possível verificar automaticamente todos os *feeds* do Twitter de sua localização.

Clicando no link (encurtado), logo após a cidade de localização informada no *feed* relacionado ao Twitter, o analista da informação será direcionado à página do aplicativo utilizado pelo usuário para mostrar a sua localização (por exemplo, o Foursquare).

Esta última ferramenta, que facilita a obtenção de informações de localização – Foursquare[4] –, promete localizar o usuário e os seus amigos, quando conectados, disponibilizando *on-line* tal informação. Quando o usuário marca os locais que costuma frequentar, ou seja, faz o *check-in*, caso a ferramenta esteja integrada ao Twitter, essa informação passa a estar disponível para todos, inclusive para criminosos, que irão saber se o usuário está na sua residência ou não.

Assim, percebe-se o uso massivo das informações disponibilizadas na web, que, mesmo estando em sites diferentes, uma vez reunidas, podem dar inúmeras dicas sobre os usuários. O criminoso usa, por exemplo, tais dados para formatar documentos falsos, criar cadastros falsos em lojas virtuais, realizar compras etc. Foi o que ocorreu no caso do sequestrador preso em Santa Catarina no ano de 2014. Segundo ele mesmo relatou à imprensa, coletou todos os dados no Facebook e em menos de dez dias arquitetou o plano do sequestro.[5]

Nos próximos tópicos e capítulos vamos conhecer inúmeras ferramentas à disposição dos analistas e que podem ser úteis ao desenvolvimento de trabalhos e, por que não, à utilização de cunho pessoal.

---

[4] Aplicativo gratuito com mais de cinquenta milhões de usuários (agosto de 2012) que disponibiliza informações sobre os locais visitados pelo usuário. Normalmente é utilizado para compartilhar com outros usuários os locais visitados. Pode ser acessado através do endereço www.foursquare.com.

[5] Sequestrador diz ter planejado crime com informações de rede social. G1 SC, 04 jun. 2014. Disponível em: <http://goo.gl/XXfuhv>. Acesso em: 12 set. 2016.

Sites de relacionamento e prisão

Como referido no tópico anterior, vários sites de relacionamento são bem úteis como fontes abertas, trazendo muitas informações sobre o investigado, desde os hábitos até ambientes que frequenta, passando por relatos de viagens e de encontros, o que facilita bastante o trabalho de coleta e análise dos dados.

Uma pesquisa realizada no ano de 2014 sobre o uso de mídias sociais por órgãos de aplicação da lei mostrou que 73% dos órgãos de investigação utilizam as redes sociais para solucionar os delitos de forma mais célere, com 25% dos policiais acessando-as diariamente para auxílio do seu trabalho. O estudo denota ainda que 71% dos profissionais que atuam com essa forma de coleta aprendem sozinhos, em detrimento de 19% que são capacitados para tal.[6]

O uso de redes sociais e informações disponibilizadas na Internet pode auxiliar nos seguintes aspectos:

a) **Localização de foragidos:** mesmo após o cometimento de uma infração, o criminoso utiliza-se das redes sociais para manter contato com o seu círculo de relacionamento ou até mesmo para se vangloriar de sua ação.

b) **Identificar testemunhas e suspeitos:** ao postar e compartilhar imagens do local de um crime, a polícia consegue informações úteis que podem identificar suspeitos e testemunhas que presenciaram o ato.

c) **Redes de relacionamentos da vítima e do criminoso:** várias informações poderão estar disponíveis: familiares, relacionamentos amorosos, amizades, hábitos, locais em que frequentou com os *check-ins* disponíveis, negócios realizados, etc.

d) **Coletar evidências digitais:** o cometimento de crimes na Internet deixa um monte de evidências que devem ser recolhidas de maneira rápida e eficaz para que seja comprovada a materialidade delitiva.

---

[6] LeixsNexis. Social Media Use in Law Enforcement: crime prevention and investigative activities continues to drive usage. Nov. 2014.

e) **Prestação de serviços à comunidade:** informando áreas de risco, fornecendo dados sobre índices de criminalidade de uma região, avisos sobre vias interditadas e desastres naturais, etc.

f) **Torcidas organizadas e integrantes de gangues:** a polícia deve atuar, principalmente nas redes sociais, na identificação de integrantes desses grupos bem como antecipar-se em locais de confronto entre grupos rivais marcados pela Internet.

A polícia, apesar de algumas iniciativas ainda tímidas, também passou a utilizar a busca de informações disponíveis na rede, logrando êxito. A seguir citamos alguns casos práticos de sua utilização em prol da atividade de segurança pública:

- **Assaltante preso no México por causa de informações postadas no Facebook** – Neste caso, a prisão foi bem-sucedida porque o criminoso adicionou como amigo um integrante do Departamento de Defesa norte-americano[7].

- **Um dos cem criminosos mais procurados da Itália foi preso em Isola Capo Rizzuto graças a seu "amor" pelo Facebook** – A polícia rastreou o chefe mafioso Pasquale "Scarface" Manfredi, de 33 anos, porque o líder da organização calabresa 'Ndrangheta' se conectava ao site de rede social com muita frequência. Dessa forma, eles puderam rastrear sua conexão de Internet até seu esconderijo[8]. Em uma situação similar, no ano de 2012, a polícia piauiense conseguiu localizar e prender um casal acusado de estelionato. O curioso é que a mulher criou uma conta no Facebook e postou várias informações, inclusive o local de seu trabalho e de residência.

---

7 **BBC Brasil.** México prende fugitivo exibicionista graças ao Facebook. Atualizada em 14 de outubro de 2009. Disponível em: <http://www.bbc.co.uk/portuguese/noticias/2009/10/091008_mexico_facebook_dg.shtml>. Acesso em: 09 fev. 2016.

8 JACOBSSON, Sarah. **PC World**. 5 histórias de criminosos capturados graças a seu 'amor' por redes sociais. PC World/EUA, 22 mar. 2010. Disponível em: <http://idgnow.com.br/internet/2010/03/22/5-historias-de-criminosos-capturados-gracas-a-seu-amor-por-redes-sociais/#&panel1-1>. Acesso em: 12 set. 2016.

- **Pêsames antes da hora** – Robert Powell foi preso pelo assassinato do seu amigo ao postar frases no Myspace com mensagens de "Descanse em paz" antes de o fato ter chegado ao conhecimento da polícia[9].

- **Lugar certo e sabido** – Cris Crego, foragido por prática de roubo em Nova Iorque no ano de 2009, foi preso, no estado de Indiana, após postar no Facebook e no Myspace sua residência, local de trabalho (Body Art Ink), bem como o horário em que trabalhava[10].

- **Help find Jim Gray** – Jim desapareceu ao navegar em alto-mar e nunca mais foi encontrado, apesar dos esforços da guarda costeira americana. A Amazon utilizou o S3 Storage Service e o Mechanical Turk para processar milhares de fotos de satélite disponíveis da região do desparecimento do veleiro. Essa iniciativa envolveu milhares de pessoas na web à procura do veleiro. Nessa busca foram utilizadas mais de 560 mil imagens de satélites, disponíveis em três satélites[11]. Apesar de não ter logrado êxito, serve como um excelente exemplo de fonte de buscas com a utilização da Internet.

- **Homicida e Orkut no Piauí** – A polícia piauiense, em investigações ocorridas no sul do Estado para solucionar crimes por encomenda, passou a procurar os envolvidos e indiciados. Após várias tentativas frustradas para prender um dos executores do grupo, recebeu uma denúncia sobre o possível local em que sua noiva frequentava um curso superior. O primeiro passo foi acessar o Google, tomar o endereço da universidade e localizar seu respectivo site. Depois, em busca pelas comunidades no Orkut, localizou-se a página da noiva do foragido com várias informações, inclusive com recados (*scraps*) sobre o dia em que houve o casamento. O próximo passo foi verificar os cartórios de registro de pessoas e encontrar a documentação. Assim, com base nas informações coletadas, a prisão foi realizada com sucesso.

---

[9] Idem.

[10] Ibidem.

[11] Help Find Jim. Disponível em: <http://www.helpfindjim.com/>. Acesso em 16 set. 2012.

- **Foto no Orkut e sucesso na operação** – No ano de 2008, a polícia piauiense estava prestes a deflagrar uma operação para coibir a venda de medicamentos não autorizados. Após um dos alvos ser avisado que seria preso, desligou o telefone. A polícia tinha em mãos fotografia do veículo do foragido postada em site de relacionamento. Após o confronto de dados da última estação rádio base (ERB), o veículo do procurado foi localizado na garagem de um hotel. A prisão foi realizada, culminando com êxito da operação.

- **Maconha e Google Earth** – A polícia suíça apreendeu 1,2 tonelada de maconha com o auxílio do software de imagens Google Earth. A investigação resultou na prisão de 16 pessoas e na localização da plantação, medindo aproximadamente 7.500 metros quadrados, que estava camuflada em uma plantação de cereais[12].

- **Sequestro e Google Street View** – Com o auxílio do Google Street View (visão de rua), ferramenta agregada ao Google Maps, a polícia do estado de Massachusetts (Estados Unidos) conseguiu solucionar o rapto de uma criança, efetuado pela avó. Para tal, usou as coordenadas do celular utilizado para o contato, colocando os dados na ferramenta e conseguindo localizar um prédio nas proximidades. Após a devida checagem, a menina foi encontrada e liberada[13]. No Rio Grande do Sul, embora não noticiado na imprensa, já foram utilizadas informações do Google Street View. Em uma investigação, durante interceptação telefônica, os alvos falavam em praticar um furto de veículo em determinado local, dando as suas características. Visualizando o Street View, os policiais depararam com o veículo citado nas interceptações, facilitando a vigilância sobre o local e o planejamento das ações policiais.

- **Sequestrada pede socorro pelo Facebook** – Nos Estados Unidos, uma mulher que estava sequestrada com seu filho na cidade de Salt Lake City pediu ajuda pelo Facebook e conseguiu ser libertada[14].

---

[12] **Folha de São Paulo.** Suíça usa Google Earth para descobrir plantação de maconha. Publicada em 29 de janeiro de 2009. Disponível em: <http://www1.folha.uol.com.br/folha/informatica/ult124u495969.shtml>. Acesso em: 09 fev. 2016..

[13] **INFO.** MORAES, Maurício. Google Street View ajuda a resolver sequestro. Google Discovery, 08 jan. 2009. Disponível em: <http://googlediscovery.com/2009/01/08/google-street-view-ajuda-a-resolver-sequestro/>. Acesso em: 12 set. 2016.

[14] **G1.** Polícia salva sequestrada que pediu socorro pelo Facebook nos EUA. Publicada em 27 de dezembro de 2011. Disponível em: <http://g1.globo.com/mundo/noticia/2011/12/policia-salva-sequestrada-que-pediu-socorro-pelo-facebook-nos-eua.html>. Acesso em: 09 fev. 2016.

- **Imagens de furto divulgadas em redes sociais** – Após ter seu estabelecimento arrombado, um comerciante divulgou as fotografias do criminoso no Facebook, que, após vários compartilhamentos, culminaram com a identificação do envolvido no crime.[15]
- **Assalto esclarecido após postagem no Facebook** – Uma quadrilha foi presa na cidade do Recife no ano de 2013 após praticar um roubo em uma pizzaria. A polícia chegou até os indivíduos após um deles postar uma fotografia na rede social afirmando que dinheiro fazia sorrir.[16]
- **Acusado de homicídio preso após postagem em rede social** – No ano de 2015, a Polícia Civil do Distrito Federal efetuou a prisão de um homem acusado da prática de homicídio no ano de 2013 na cidade de Goiânia-GO. A prisão ocorreu após o foragido postar informações de que estava internado em um hospital após acidente de trânsito ocorrido no DF.[17]
- **Ameaça de ataque ao teatro Longacre, Estados Unidos** – A polícia de Nova Iorque reforçou a segurança do teatro após ameça de ataque postada no Twitter. Após isso, a polícia reforçou o perímetro de onde haveria o espetáculo e identificou o responsável pela postagem criminosa.[18]
- **Polícia de Frankfurt, Alemanha, resolve crime após compartilhamento de vídeo** – Após a morte de um homem em frente a uma boate, policiais postaram o vídeo com as imagens de CFTV do local a fim de encontrar testemunhas. A ação foi exitosa, culminando com a prisão dos envolvidos.

---

[15] Autor de furtos é preso pela polícia após mobilização nas redes sociais. Portal Morada. Disponível em: <http://portalmorada.com.br/noticias/policia/autor-de-furtos-e-preso-pela-policia-apos-mobilizacao-nas-redes-sociais:54939>. Acesso em: 12 set. 2016.

[16] Assaltante é preso em Jardim São Paulo após postagem no Facebook. BOL vídeo, 27 nov. 2013. Disponível em: <http://videos.bol.uol.com.br/video/assaltante-e-preso-em-jardim-sao-paulo-apos-postagem-no-facebook-04020C983860DCB94326>. Acesso em: 12 set. 2016.

[17] Polícia monitora rede social e prende homicida. O Popular, 15 maio 2015. Disponível em: <http://www.opopular.com.br/editorias/cidades/pol%C3%ADcia-monitora-rede-social-e-prende-homicida-1.851714>. Acesso em: 12 set. 2016.

[18] Police identify Twitter user accused of making threat. Leigh Remizowski. CNN, 09 ago. 2012. Disponível em: <http://edition.cnn.com/2012/08/08/justice/new-york-twitter-threat/index.html?iref=allsearch>. Acesso em: 12 set. 2016.

Princípio da publicidade e informação disponível

A Administração Pública tem por dever dar conhecimento de todos os seus atos praticados. O art. 5, XXXIII da Constituição Federal, dentre vários outros diplomas, assegura que:

> *todos têm o direito a receber dos órgãos públicos informações de seu interesse particular, ou de interesse coletivo ou geral, que serão prestadas no prazo da lei, sob pena de responsabilidade, ressalvadas aquelas cujo sigilo seja imprescindível à segurança da sociedade e do Estado.*

Assim, percebemos que a regra geral é dar publicidade aos atos administrativos. Para isso, vários órgãos e entidades criaram Portais de Transparência com a finalidade de divulgar os gastos públicos e viabilizar o controle dos atos praticados pela Administração Pública. Há ainda a possibilidade de realizar a consulta de dados de servidores públicos federais por vários parâmetros de pesquisa.

O acesso à informação pública é uma tendência que vem sendo aplicada em vários países do mundo através da Lei da Informação. Em novembro de 2011 o Brasil aprovou a Lei nº 12.527, regulamentando o Art. 5º, inciso XIV, Art. 37, § 3º, inciso II e no Art. 216, § 2º da Constituição Federal, criando vários mecanismos a fim de garantir o acesso à informação pública e proteger informações imprescindíveis à segurança do Estado e da sociedade.

Os procedimentos dispostos na lei da informação devem ser seguidos pela União, pelos Estados, pelo Distrito Federal e pelos municípios, incluindo ainda o Poder Judiciário, o Legislativo, o Ministério Público e os Tribunais de Contas.

O Art. 8º da referida Lei elenca uma série de informações que devem estar disponíveis nos sítios eletrônicos independentemente de requerimento da parte interessada. Dentre as quais: registro das competências e estrutura organizacional, repasses ou transferências de recursos financeiros, despesas, informações concernentes a procedimentos licitatórios com editais e resultados e dados gerais para o acompanhamento de programas, ações, projetos e obras de órgãos de entidades.

O Decreto nº 7.724, de 16 de maio de 2012, ao regulamentar a lei de informação, determinou ainda que devem ser disponibilizados a remuneração e o subsídio recebidos por ocupante de cargo, posto, graduação, função e emprego público, incluindo auxílios, ajudas de custo, jetons e quaisquer outras vantagens pecuniárias, bem como proventos de aposentadoria e pensões, de maneira individualizada, conforme ato do Ministério do Planejamento, Orçamento e Gestão.

Vale ressaltar que essa disposição do Decreto em divulgar remuneração de servidores tem gerado ações judiciais proibindo a sua divulgação. Os magistrados, ao analisarem em sede de liminar o pedido feito por servidores, alegam que o decreto inovou ao regulamentar a lei de informação, pois em nenhum momento ela determinou esse tipo de divulgação, fugindo, portanto, à sua função apenas de regulamentar.

Os sítios eletrônicos devem ser mantidos atualizados e conter ferramentas de busca a fim de facilitar a realização da pesquisa. As informações encontradas podem ser gravadas em diversos formatos de modo a facilitar sua análise.

No site Acesso à Informação (http://www.acessoainformacao.gov.br/), do governo federal brasileiro, é possível fazer busca e acompanhar os pedidos, além de todas as orientações necessárias à busca dos dados. O site possibilita, ainda, através do e-Sic (Sistema Eletrônico de Informações ao Cidadão), o encaminhamento direto de Pedido de Informação a todo órgão ou entidade do Poder Executivo Federal. Somente em 2015 foram mais de 100 mil pedidos de informações feitos e atendidos pelos diversos órgãos federais.

Através da Internet, é possível fazer o pedido, acompanhar o prazo pelo número de protocolo gerado eletronicamente, entrar com recursos e receber respostas via e-mail.

Há vários sites para consulta. O Portal da Transparência do Governo Federal (www.portaldatransparencia.gov.br) é, sem sombra de dúvidas, o maior de todos, contando atualmente com 2.094.620.248[19] informações registradas, dentre as quais despesas, receitas, empresas sancionadas e relação de ser-

---

[19] Brasil. **Portal da Transparência do Governo Federal.** Disponível em: <http://www.portaldatransparencia.gov.br/sobre/Origem.asp>. Acesso em: 09 fev. 2016.

vidores, aumentando, em comparação com o início de 2013, em mais de meio bilhão de registros de dados.

O sítio da transparência foi criado pelo Decreto nº 5.482, de 30 de junho de 2005, ficando a Controladoria-Geral da União, órgão do Sistema de Controle Interno do Poder Executivo Federal, incumbida de gerenciar as informações do Portal.

A Portaria Interministerial nº 140, de 16 de março de 2006, disciplina a divulgação de dados e informações pela Administração Federal. Nela, há a determinação de manter nos sites dos órgãos e entidades um tópico, denominado "Transparência Pública", com a finalidade de facilitar a divulgação.

Essa ferramenta é de grande importância na busca de informações sobre transferências de recursos, gastos diretos do Governo Federal, execução orçamentária, convênios, receitas previstas, situação de cada servidor do governo federal, dentre uma infinidade de outras que podem ser acessadas. Antes, uma simples informação dependia de um ofício que poderia demorar meses para ser respondido. Hoje, um simples acesso possibilita a resposta de imediato e a otimização de tempo na pesquisa.

Além disso, o portal dá a oportunidade da realização de um cadastro prévio, a fim de que o pesquisador possa receber informações sobre liberações de convênios de um município mediante um alerta via e-mail. É semelhante à ferramenta "alertas" do Google, que possibilita economia de tempo, ou seja, em vez de ficar procurando um termo repetidas vezes, faz-se um cadastro da palavra-chave a ser pesquisada e toda a informação é encaminhada diretamente para o e-mail do interessado.

3. A Internet como Fonte Aberta para Produção de Conhecimentos

O objetivo deste capítulo é conhecer, ao menos de maneira resumida e objetiva, o histórico da Internet e a importância dela para a atualidade. O objetivo é, principalmente, trazer ao leitor o conhecimento de como saber acessar as fontes abertas na web, conhecer os principais sistemas de busca existentes, como eles funcionam e as ferramentas que auxiliam nesse processo.

A Internet como ferramenta de busca

A Internet é uma rede de computadores interligados mundialmente, capaz de eliminar distâncias. É a informação a apenas um clique de distância!

A Guerra Fria foi o impulso para o início da Internet. Na época, os Estados Unidos pensaram em como colocar vários servidores no ar em pontos espalhados pelo planeta, pois, caso um fosse destruído, os outros não seriam afetados. A grande utilidade disso é que as informações tidas como estratégicas não precisariam ficar armazenadas num ponto só. Após, a Internet passou a ter uso acadêmico – as universidades eram interligadas para a troca de dados dentro do país.

Desde a sua criação, jamais se imaginou que a Internet se tornaria esse conglomerado de redes em escala mundial. De acordo com a Internet World Stats, em dezembro de 2011 chegamos ao impressionante volume de 2,267 bilhões de pessoas com acesso à Internet, sendo que no Brasil, comparativamente, em 2011 estávamos com 88,494 milhões de usuários e no final de 2015 estávamos com 117.653.652, ou seja, 57,6% dos brasileiros com acesso à Internet[1]. Mundialmente, em novembro de 2015 atingiu-se a marca de 46,4% da população mundial interconectada, ou seja, 3.366.261.156 pessoas.

Isso significa muita informação trafegando, e-mails, inúmeras notícias postadas, fotografias e uma variedade de informações circulando que poderiam ser de grande utilidade na produção do conhecimento e na tomada de decisões governamentais, além de esclarecer vários delitos. Essa visão, claro, é diferente daquela de quando a Internet começou a ser implementada no Brasil, em meados de 1991, com a transmissão de alguns pacotes TCP/IP para os Estados Unidos, o que foi considerado uma revolução na época.

A evolução na comunicação contribuiu para essa celeridade de o dado chegar aonde deve chegar. A Internet auxiliou bastante nesse processo, muito embora no princípio a organização dessas informações fosse um caos, o equivalente a uma biblioteca desorganizada. O acesso à informação era privilégio de poucos especialistas que a compartilhavam, principalmente por meio de correio eletrônico, *usenet news* e FTP. Normalmente, quando se buscava algo, as respostas vinham confusas, desorganizadas e sem nexo.

Assim, embora de forma rudimentar, a www contribuiu consideravelmente para a explosão da quantidade de informações disponíveis na rede. Por isso sempre havia tentativa de reorganizá-las e classificá-las para maximizar seu uso.

Pouco tempo atrás a Internet não possibilitava nenhuma pesquisa, pois as informações eram desorganizadas, postadas em milhares de links soltos, não sendo possível achar determinado assunto de forma mais precisa, em face da existência de milhões de informações já disponíveis. Na verdade, não havia nenhuma maneira de pesquisa na web.

---

[1] Internet World Stats. Disponível em: <http://www.internetworldstats.com/stats.htm>. Acesso em: 12 jun. 2016.

A ideia precursora da busca surgiu através de David Filo e Jerry Yang, dois estudantes da Universidade de Stanford, nos Estados Unidos, após disputarem um concurso sobre a Liga de Basquete Universitária. Os futuros fundadores da Yahoo! vasculharam uma infinidade de sites sobre informações de esportes, onde compilaram dados sobre uma infinidade de resultados e terminaram por ganhar o concurso. A partir de então, eles desenvolveram essa ideia, percebendo uma excelente oportunidade de ganhar dinheiro e conseguindo criar o primeiro site de buscas capaz de filtrar as pesquisas e trazer resultados mais precisos.

O sucesso foi imediato. O número de pessoas que procuravam informações nesse mecanismo de busca crescia assustadoramente, e isso se refletia em custos para a empresa. Para mantê-la era necessário ganhar dinheiro com a Internet, o que até aquele momento ninguém havia descoberto como fazer. É nesse ponto que entra a publicidade. Algumas empresas passaram a pagar anúncios em *banners* na página do Yahoo! e tiveram retorno. Isso passou a dar lucros milionários e fortaleceu bastante a ferramenta de busca.

Na década de 90 surgiram outros buscadores, como o Infoseek, o Altavista e o Excite, sendo este último um avanço, pois, em vez de páginas compiladas, como o Yahoo! dispunha, o site era um buscador no qual o usuário digitava um termo e automaticamente a busca era feita dentro de páginas que continham aquela expressão.

Em meados de 1998, a Google Inc. foi fundada, revolucionando os sites de buscas e modificando a forma de pesquisar na web. Os buscadores até então disponíveis traziam como resultados, na maioria das vezes, sites inúteis e de conteúdo ruim. Para solucionar esse problema, os fundadores da Google Sergey Brin e Larry Page criaram um site que priorizava a busca pela quantidade de links que o termo buscado possuía, ou seja: se determinada palavra estivesse por mais vezes em determinado site, este seria colocado como prioridade, passando a trazer dados úteis. Essa forma de fazer busca trazia resultados bem mais precisos. Foi uma revolução na Internet, que tornou a Google a maior empresa do setor. A busca passou a ser novamente atrativa.

Portanto, com a chegada da Internet, as notícias são repassadas instantaneamente, ficando disponíveis a todos. Essa moderna tecnologia nos dá uma ferramenta poderosa para conduzir o analista no seu trabalho. É certo que, além de muita informação, existe muito "lixo eletrônico" na rede, o que poderá causar dificuldades na hora da busca do dado. Para isso, o dado deve ser confrontado sempre com outros dados disponíveis.

Essa rede de computadores possibilita ao usuário acesso a informações públicas e por vezes de cunho militar, com banco de dados, livros e equipamentos, coletando proveitoso conhecimento ainda sobre indivíduos e organizações.

Principais sistemas de busca existentes

Antes de citar os buscadores existentes na web, é importante referir o que é, como funcionam e um pouco do histórico deles.

Conceito:

> *Um* ***motor de busca, motor de pesquisa*** *ou* ***máquina de busca*** *é um sistema de software projetado para encontrar informações armazenadas em um sistema computacional a partir de palavras-chave indicadas pelo utilizador, reduzindo o tempo necessário para encontrar informações*[2].
>
> *Um motor de busca é um programa feito para auxiliar a procura de informações armazenadas na rede mundial (WWW), dentro de uma rede corporativa ou de um computador pessoal. Ele permite que uma pessoa solicite conteúdo de acordo com um critério específico (tipicamente contendo uma dada palavra ou frase) e responde com uma lista de referências que combinam com tal critério, ou seja, é uma espécie de catálogo mágico. Mas, diferentemente dos livros de referências comuns, nos quais está acessível a informação que alguém organizou e registrou, o catálogo do motor de busca está em branco, como um livro vazio. Ao se realizar uma consulta, a lista de ocorrências de assuntos é criada em poucos segundos por meio de um conjunto de softwares de computadores, conhecidos como*

[2] **Wikipédia.** Motor de Busca. Disponível em: <http://pt.wikipedia.org/wiki/Motor_de_busca>. Acesso em: 09 fev. 2016.

> *spiders, que vasculham toda a Web em busca de ocorrências de um determinado assunto em uma página. Ao encontrar uma página com muitos links, os spiders embrenham-se por eles, conseguindo, inclusive, vasculhar os diretórios internos – aqueles que tenham permissão de leitura para usuários – dos sites nos quais estão trabalhando.*[3]

Os primeiros buscadores (como o Yahoo!) tinham como base a indexação de páginas através da sua categorização. Posteriormente, surgiram as chamadas "metabuscas".

Uma geração mais recente de motores de busca – como a do Google – utiliza várias tecnologias, como a procura por palavras-chave diretamente nas páginas e o uso de referências externas espalhadas pela web, ou seja, fazem uso de pequenos programas de varredura conhecidos como "agentes buscadores", *spiders* (aranhas, em inglês), ou ainda *webcrawlers*. Os buscadores mais modernos permitem até a tradução direta de páginas, porém de forma básica ou errada.

O Google, por exemplo, além de fazer a busca pela Internet, oferece também o recurso de efetuar a busca somente dentro de um site específico. Aliás, o Google tem várias outras opções de busca, algumas das quais vamos tratar mais adiante. O importante a saber sobre o Google é que o seu

> *agente, o "googlebot", varre a Internet diariamente, adicionando e removendo páginas em sua base de dados e dando uma pontuação a cada uma, de acordo principalmente com a quantidade de referências feitas a ela por outras páginas. Assim, quanto mais referências independentes a ela uma página tiver, mais importante ela será considerada pelo Google, e mais perto do topo da lista de resultados ela estará. Isso garante que os primeiros valores retornados por sua busca sejam das páginas mais "bem cotadas" dentre todas as que contêm as palavras que você procurou.*[4]

---

[3] Idem.

[4] OLIVEIRA. Breno Guimarães de. **Google:** Ferramentas de ataque (e defesa) a sistemas. Disponível em: <https://securityinformationnews.files.wordpress.com/2014/02/gris-2005-a-001.pdf>. Acesso em: 12 set. 2016.

Antes, porém, é interessante demonstrar o surgimento dos mecanismos de busca e o período[5]:

Ano	Ferramenta	Evento
1993	Wandex	Lançamento
1993	Aliweb	Lançamento
1994	WebCrawler	Lançamento
	Infoseek	Lançamento
	Lycos	Lançamento
1995	AltaVista	Lançamento (parte do DEC)
1995	Sapo.pt	Lançamento
	Excite	Lançamento
1996	Dogpile	Lançamento
	Inktomi	Fundado
	Ask Jeeves	Fundado
1997	Northern Light	Lançamento
1998	Google	Lançamento
1999	AlltheWeb	Lançamento
1999	Baidu	Fundado
2000	Singingfish	Lançamento
2000	Teoma	Fundado
2000	Vivisimo	Fundado
2003	Objects Search	Lançamento
2004	Yahoo! Search	Lançamento final (primeiros resultados originais)
2004	MSN Search	Lançamento beta
2005	MSN Search	Lançamento final
2005	Bupor	Lançamento
2006	Quaero	Fundado
2007	Ask.com	Fundado
2007	AMGEM Force (16 languages)	Fundado
2008	DuckDuckgo	Lançado
2009	Buscador.com.br	Fundado
2009	Bing	Fundado
2009	YouNinja.net	Fundado
2009	CooBi	Lançado
2013	Qwant	Lançado

5 Idem.

Buscadores diferenciados

Quando se usava o Bing & Google e fazia a pesquisa, o site propunha e retornava pesquisa quanto ao assunto em duas janelas internas. Essa proposta não teve muita utilização e o site foi retirado de atividade.

O Ecosia é uma proposta entre dois dos maiores serviços de busca na web, Bing e Yahoo!, que se uniram à ONG WWF. Funciona dessa maneira: a cada pesquisa realizada gratuitamente no ecosia.org, cerca de $2m^2$ de florestas tropicais são salvas e 80% da renda vai para a WWF.

Já o site **Eco4Planet** (http://eco4planet.com/) é um portal de "eco-tecnologia", como se autodenomina, oferecendo buscas via Google™ CSE. Além disso, oferece conteúdo e ferramentas para compartilhamento de informações ligadas à sustentabilidade e ao meio ambiente, como blog (http://eco4planet.com/blog/) e Twitter (http://twitter.com/eco4planet).

Seu maior diferencial é a atuação direta através do plantio de árvores com base no número de visitas recebidas e a possibilidade de uso em tema preto, que pode economizar até 20% da energia consumida pelo monitor se comparado ao tradicional fundo branco.

Sites mais acessados no mundo e no Brasil

Os sites mais acessados do mundo são o Google, o Facebook e o YouTube, conforme estatísticas do site Alexa.com (http://www.alexa.com). No Brasil, os sites mais acessados são Google (Brasil e .com), Facebook, YouTube, UOL, Globo, Live (MSN e Bing), Yahoo! e Mercado Livre[6].

Percebe-se, de acordo com o ranking de sites, que há prevalência dos buscadores e das redes sociais dentre as aplicações mais acessadas no mundo. Para conferir a situação atual, inclusive do Brasil, basta acessar a URL http://www.alexa.com/topsites/countries/BR. Dentre os usuários brasileiros, em relação aos buscadores, o Google tem a preferência, sendo seguido por Yahoo! e Bing. Já em relação às redes sociais, continua a preferência por Facebook e Twitter.

---

[6] Dados sobre os sites com mais acessos no mundo podem ser encontrados no link http://www.alexa.com/topsites (último acesso: 12 jan. 2016). Existem complementos do Alexa para navegadores.

Integração de buscadores e buscadores por país

Para quem não quer usar cada buscador individualizado, o 20Search é uma excelente ferramenta de busca, já que não temos mais o Bing & Google. Ao digitar o parâmetro a ser pesquisado, a busca é feita em vinte grandes mecanismos de busca, fazendo com que a pesquisa fique completa. O endereço do site é http://20search.com/.

Pelo Colossus, em http://searchenginecolossus.com/, é possível verificar quais as ferramentas de buscas por país.

Outro motor de busca, indicado por entidades ativistas de proteção de dados, é o DuckDuckGo (https://duckduckgo.com/), que é baseado em Paoli, Pensilvânia, e tem a particularidade de utilizar informações de origem *crowdsourcing* para melhorar a relevância dos resultados, sendo também considerado um motor de busca híbrido. É importante por ter como "filosofia" de pesquisa a privacidade do usuário e não registrar suas informações.

O Zuula permite obter resultados de busca nas principais ferramentas disponíveis. Para cada busca é possível definir preferências e em que ordem os resultados serão apresentados. Disponível em: <http://www.zuula.com/>.

Dentre outros buscadores podemos citar:

- **Zapmeta:** http://www.zapmeta.com/
- **Dogpile:** http://www.dogpile.com/
- **Sputtr:** http://www.sputtr.com/
- **Polymeta:** http://www.polymeta.com/

Como pesquisar na web e acessar as fontes abertas na web

O grande desafio é como buscar essas informações, pois as possibilidades são infinitas em face da grande quantidade de páginas disponíveis com fontes abertas por todo mundo. Alguns países, como EUA, Canadá, Austrália, já se encontram mais adiantados nessa seara, criando agências para tal, com sites de acesso exclusivo aos integrantes da comunidade de inteligência e com desenvolvimento de softwares para facilitar essa busca.

Técnicas de busca

É sempre bom lembrar que a Internet não é local para iniciantes, devendo o analista ser habilidoso e estar atento para os riscos que a sua pesquisa poderá causar, pois, ao acessar determinado conteúdo, poderá deixar sua marca, com informações sobre o IP[7] (Protocolo de Internet), *cookies*[8], histórico de visitas e muito mais, fazendo com que o investigado possa saber se determinada instituição policial está consultando sua página. Além do mais, poderá instalar softwares maliciosos na sua máquina ou permitir acessos não autorizados.

Assim, ao começar uma pesquisa, o usuário deverá utilizar máquinas com a devida proteção, incluindo antivírus atualizado e *firewalls*, a fim de evitar invasões.

A qualidade da pesquisa dependerá da utilização de ferramentas adequadas e de sites úteis. O termo a ser pesquisado deverá ser bastante específico, levando, assim, a uma resposta mais refinada. Essa procura não consiste apenas em habilidades para navegar na web e consultar bancos de dados. Requer, para tanto, compreensão sobre o assunto a ser pesquisado e, principalmente, habilidade para utilizar os mecanismos de busca.

O Google é um dos sites mais utilizados para fazer pesquisas, entretanto outros buscadores jamais deverão ser desprezados, pois eles podem ter o dado procurado, ou seja, cada um poderá ser usado em uma situação específica. O analista, ao fazer a pesquisa, deverá estar atento para a utilização de palavras-chave como, por exemplo, "Inteligência Policial" em vez de "o que devo saber sobre os conceitos de Inteligência Policial". Sua utilização é importante para demonstrar os resultados relevantes.

---

[7] É o número atribuído quando alguém se conecta à Internet através de um computador ou dispositivo móvel, permanecendo até a desconexão. Pode ser fixo ou variável.

[8] São arquivos que o site visitado põe na máquina do usuário que o visita pela primeira vez, possibilitando ter conhecimento da quantidade de vezes que o site é visitado pelo usuário.

A utilização de aspas entre o termo pesquisado poderá refinar a busca, trazendo apenas a resposta específica. O uso de expressões "and", "near", "or" e "not" são facilitadores. Alguns sites disponibilizam a função *cache*, que permite verificar a última versão daquele site. É útil quando o site já não mais estiver no ar. Alguns sites, como o www.archive.org, permitem o acesso a diversas fotografias da página em períodos distintos.

Outras aplicações também permitem visualizar a versão de uma página na Internet:

- **Cached Pages:** http://www.cachedpages.com/.
- **Archived is:** https://archive.is/. Permite ao usuário salvar o texto e uma cópia gráfica da página em um determinado momento.
- **Screenshots:** http://www.screenshots.com/.

Sendo direcionada dessa forma, a pesquisa se encaminhará para uma grande probabilidade de êxito. Caso a resposta traga diversas páginas relevantes, o analista deverá refinar ainda mais a pesquisa para encontrar o melhor resultado, procurando por datas específicas, locais, hora, formato do arquivo, linguagem nativa etc. Em não logrando êxito, determina-se a mudança da palavra-chave ou a inversão desta.

É importante que esses resultados de pesquisa sejam salvos após a sua devida coleta. Deve-se, para tanto, ficar atento para não violar os direitos autorais da página. Assim, as fontes deverão ser citadas e colocadas nos relatórios produzidos a partir daquele dado.

Dicas de busca específicas para o Google[9]

O Google, principal ferramenta de pesquisa utilizada no Brasil e no mundo, tem uma complexidade muito maior do que aparenta sua simples página inicial. O repertório de opções para refinamento de uma busca é infinito e pode ser resumido conforme faremos a seguir:

[9] Baseado em:
Google. **Por dentro da pesquisa.** Disponível em: <http://www.google.com/intl/pt-BR_ALL/insidesearch/>. Acesso em: 10 jan. 2017.
FREITAS, Ladislau. **20 Dicas para você detonar no Google.** Disponível em: < http://www.superdownloads.com.br/materias/20-dicas-detonar-no-google.html>. Acesso em: 10 jan. 2017.

Opção "Estou com sorte"

Embora pouco utilizado, por ser o "segundo" botão de pesquisa abaixo da caixa de pesquisa do Google, esta ferramenta é muito útil. Quando o usuário acessa a página principal do Google (www.google.com ou www.google.com.br) existem dois botões: "Pesquisa Google" e "Estou com sorte". O normal é digitar o que se quer pesquisar e, em seguida, pressionar [Enter], sendo que o Google executa automaticamente o primeiro botão, ou seja, "Pesquisa Google". Isso faz com que o recurso "Estou com sorte" passe despercebido para muitos usuários. Este recurso redireciona o navegador do usuário automaticamente à primeira página encontrada na pesquisa e, em combinação com outras *tags* (veja os próximos recursos de pesquisa úteis), este recurso torna-se muito útil, levando-o exatamente ao site que deseja sem que para isso você tenha que ler páginas e mais páginas de resultado de pesquisa.

Experimente digitar na pesquisa: "Inteligência Policial" e em seguida pressionar o botão "Estou com sorte".

Detalhe: se estiver usando o "Chrome" como navegador, talvez não consiga clicar nesta opção, já que o navegador do Google dá preferência para a ferramenta "Suggest", que lista automaticamente algumas sugestões de pesquisa. Para usuários do Internet Explorer, basta clicar fora da caixa de pesquisa e clicar no botão mencionado.

Opção usando aspas duplas ""

Embora muitos usuários não tenham percebido, o fato de usar ou não aspas duplas (" ") em uma pesquisa do Google faz muita diferença. Se o usuário tem interesse em encontrar "crimes cibernéticos no Brasil", o Google irá mostrar somente páginas que contenham exatamente esta sequência de palavras. Porém, se o usuário digitar crimes cibernéticos no Brasil, sem as aspas, o Google irá mostrar os sites que apresentam todas as palavras digitadas, independentemente se elas estão na sequência digitada ou não. Nesta situação, retornarão mais opções, incluindo sites que contêm toda a frase pesquisada ou apenas palavras espalhadas pela página.

Assim, caso o usuário deseje um resultado mais preciso, que lhe possibilite encontrar a frase do jeito que digitou, é fundamental que as use entre aspas duplas. Essa pesquisa deve ser bastante utilizada quando da busca por nomes completos.

Opção para forçar o Google a incluir um termo na pesquisa (operador "+")

Algumas palavras, por vezes, são ignoradas pelo mecanismo de busca do Google. Isso acontece porque o Google utiliza o conceito de *stop words*, que são palavras que o mecanismo ignora por serem irrelevantes à maioria das pesquisas. Por exemplo, em *homicídio de trânsito* a palavra "de" é normalmente ignorada (exceto se a frase inteira estiver entre aspas duplas). Porém, usar aspas duplas pode não trazer exatamente o resultado que o usuário deseje.

Assim, existe outra maneira de fazer com que o Google inclua uma palavra digitada na pesquisa. Para que isso aconteça, o usuário deve acrescentar como prefixo o sinal "+". Tal uso obriga o mecanismo a encontrar determinado termo. O sinal "+" também serve para fazer com que o Google não procure por similares. Outro detalhe importante: o usuário não deve colocar o sinal de + seguido de espaço. O sinal deve ficar "colado" na palavra desejada.

Opção para forçar o Google a excluir um termo da pesquisa (operador "-")

Se o usuário deseja procurar, por exemplo, por "Inteligência Policial", mas quer evitar os resultados que tenham relação com a inteligência militar, basta digitar: Inteligência +Policial -militar.

Opção para forçar a inclusão de similares (operador "~")

Ao usar o operador "~" como prefixo para seus termos de pesquisa, o usuário está informando ao Google que ele está autorizado a exibir como resultado termos similares ao que foi digitado. Por exemplo, "crime ~cibernético" – além do termo em questão, busca termos como "virtual", "informático" etc.

É importante observar que esta opção de uso com o "~" parece funcionar melhor para termos em inglês.

Opção um ou outro, mas não ambos (operador "|" - *pipe*)

O operador "|" (barra vertical ou *pipe*) funciona como um operador lógico "OU". Então, o *pipe* pode ser substituído por "ou" que o resultado é o mesmo.

Este operador faz com que o Google devolva resultados relacionados a um termo de pesquisa ou outro, mas não ambos em um mesmo local. Por exemplo, o termo de pesquisa Polícia Civil | Federal retorna resultados sobre Polícia Civil e Polícia Federal, mas não retorna páginas onde existam essas duas palavras simultaneamente.

Adicionalmente, o usuário pode incluir mais termos nesse tipo de pesquisa, bem como outros referenciais. Por exemplo: "Polícia Civil | Federal -Rodoviária -Militar".

Opção para trabalhar com intervalos numéricos (operador "..")

É normal precisarmos delimitar tempos em nossas pesquisas. Assim, caso o usuário queira saber, por exemplo, informações sobre guerras ocorridas entre os anos de 1970 e 1990, basta digitar "guerra 1970..1990". Quer saber sobre inovações tecnológicas ocorridas entre 1960 e 2012? Digite "inovações tecnológicas 1960..2012".

O Google também apresenta, em "Mais ferramentas" ou "Ferramentas de pesquisa", possibilidades de limitar a pesquisa por datas específicas. Previamente, já dispõe de pesquisas do tema nas últimas 24 horas, última semana, último mês e último ano. Por último, em intervalo personalizado.

Opção para trabalhar com curingas (operador "*")

O operador "*", em um termo de pesquisa que estiver entre aspas, funciona como o caractere curinga. Por exemplo, digamos que o usuário não se lembre do nome completo de determinada pessoa, no caso Delegado Emerson Wendt. Se ele digitar "Delegado * Wendt" no Google, o mecanismo de busca irá substituir o * por qualquer palavra que exista entre "Delegado" e "Wendt". Neste caso, a palavra Emerson.

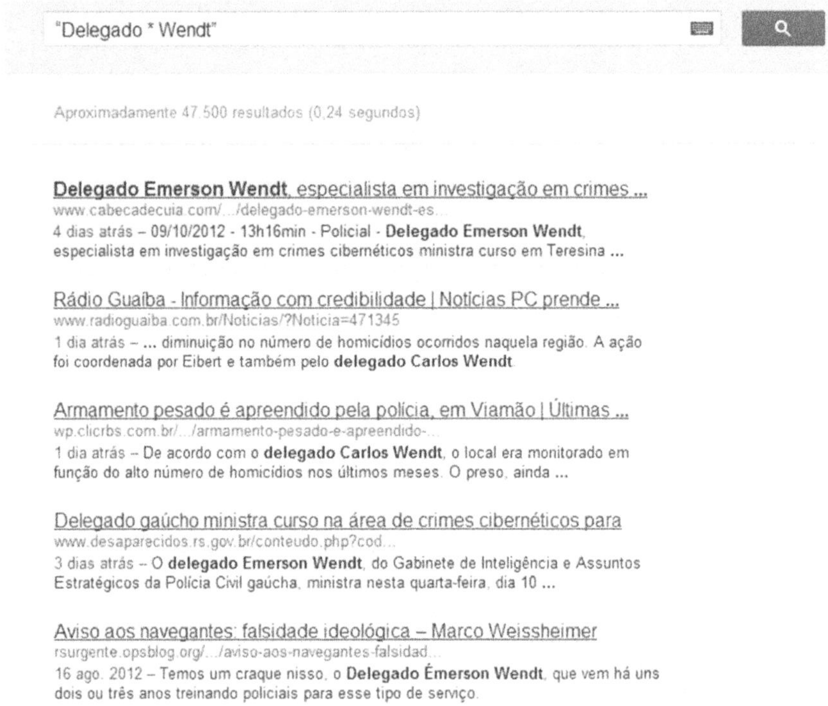

Figura 1. Pesquisa coringa no Google

Opção para modificar o número de resultados por página de pesquisa

O usuário não precisa ir ao formulário de pesquisa avançado para modificar o número de resultados por página que o mecanismo de busca do Google retorna. Basta fazer a pesquisa normalmente e, após o Google exibir o resultado, acrescentar "&num=x" no final da *string* URL no navegador, onde "x" é o número desejado por página.

Opção para especificar tipo de arquivo para os resultados

O usuário também pode filtrar os resultados obtidos por tipo de arquivo. Por exemplo, se a procura for por "Inteligência Policial" e a opção for por resultados que estiverem no formato PDF, basta usar o operador de pesquisa "filetype:". No exemplo, "Inteligência Policial" filetype:pdf. Ou, se a opção for por apresentações com o tema, a pesquisa ficaria "Inteligência Policial" filetype:ppt ou "Inteligência Policial" filetype:pptx ou "Inteligência Policial" filetype:odp.

Opção por pesquisa em um site específico

Opção bastante interessante é a de receber os resultados de pesquisa provenientes de um único site. Para isso, o usuário deve utilizar o operador "site:". No exemplo anterior, "Inteligência Policial" site:pc.rs.gov.br ou "Inteligência Policial" site:inteligenciapolicial.com.br.

Obs.: neste caso, dispensam-se as informações "https" e "www".

Opção de pesquisa em um tipo específico de domínio

Além da pesquisa em determinado site, conforme item anterior, o usuário pode delimitar que a pesquisa se estenda a determinados tipos de domínio, ou seja, a todos os domínios comerciais (.com ou .com.br) ou a todos os domínios militares (.mil ou .mil.br). Assim, seguindo no exemplo anterior, caso o usuário queira procurar por "Inteligência Policial" somente em sites governamentais brasileiros (.gov.br), deve acrescentar ao final site:gov.br, ficando "Inteligência Policial" site:gov.br.

Opção de procura por termo desejado somente no endereço (URL)

O usuário pode fazer com que o Google busque apenas no endereço (URL do domínio) para procurar por um determinado termo. No exemplo, "allinurl:inteligenciapolicial" irá retornar somente sites que contenham a expressão "Inteligência Policial" em suas URLs.

Opção de pesquisa segura *SafeSearch*

O Google dispõe de um mecanismo de segurança que pode filtrar automaticamente conteúdo pornográfico ou sexualmente explícito. Basta incluir, ao final da URL de pesquisa, a *string* "&safe=active".

Opção de busca por sites semelhantes

O usuário pode procurar por sites parecidos com algum outro que já conhece. Por exemplo, para procurar por sites semelhantes ao www.inteligenciapolicial.com.br, digite related:www.inteligenciapolicial.com.br.

Outro site, o similarsites.com, também oferece tal funcionalidade, estipulando um percentual de proximidade dos assuntos. Assim, na pesquisa sobre os sites similares ao inteligenciapolicial.com.br (http://br.similarsites.com/site/inteligenciapolicial.com.br), temos:

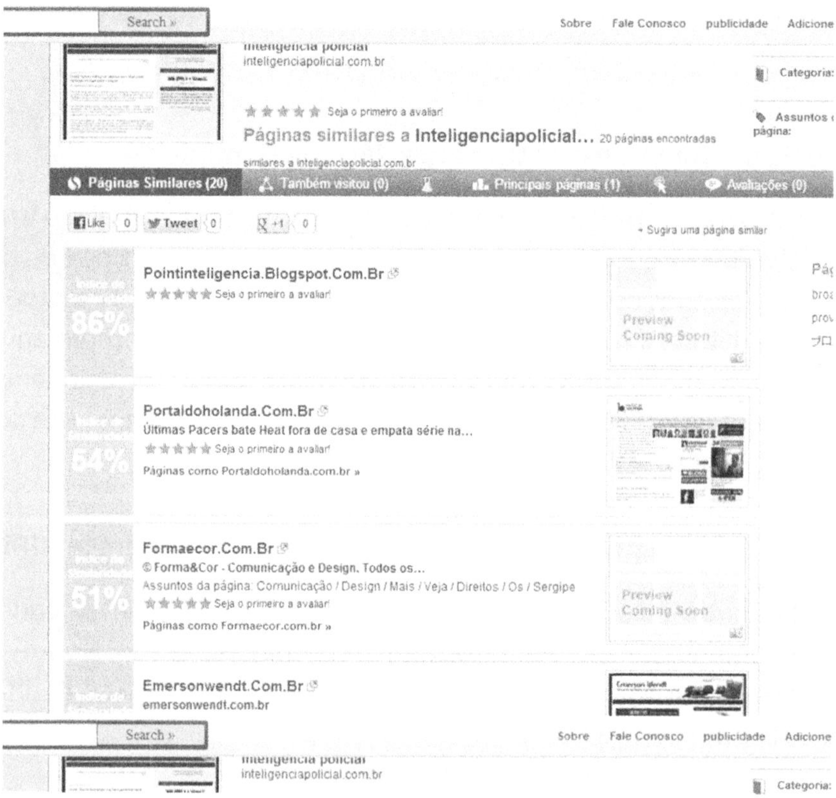

Figura 2. Pesquisa de sites similares – SimilarSites.com

Opção de busca por sites que têm link para um site específico

O usuário também pode tentar descobrir quais são os sites que possuem link para o site pesquisado usando o operador "link:". Por exemplo, para saber quais são os sites que têm link para o site www.inteligenciapolicial.com.br, basta digitar "link:www.inteligenciapolicial.com.br".

Opção para buscar somente nos campos de título de uma página

Se o usuário se interessar apenas pelo que está escrito no título de uma página, deve utilizar o operador "allintitle:". Por exemplo: "allintitle:inteligenciapolicial".

Opção para buscar somente no texto de uma página

Se o que o usuário está procurando está no texto de uma página, deve utilizar o operador "allintext:". Por exemplo: "allintext:inteligenciapolicial".

Opção para pesquisar dentro do *cache* do Google

Esta opção é bastante desconhecida dos usuários em geral. Porém, o Google normalmente armazena uma versão do site em um *cache* particular, de modo que o usuário pode consultá-lo se o site procurado estiver fora do ar. Para fazer isso, deve ser utilizado o operador "cache:". Por exemplo: "cache:www.planalto.gov.br".

Esta opção é possível porque o Google tira uma "foto" de cada página examinada enquanto elas são carregadas e guarda-as na memória para o caso de alguma não estar disponível. Se o usuário clicar nos links da versão em *cache*, também poderá ver as páginas como elas estavam da última vez que foram carregadas. Esse serviço é útil se a página não estiver disponível no momento da busca, mas a versão em *cache* da página pode não ser a mais atualizada.

Quando a página armazenada é mostrada, ela terá um cabeçalho, que servirá como um lembrete de que esta é uma página armazenada e não a página em si. Os termos que coincidem com sua busca estão destacados na versão armazenada, para que você identifique mais facilmente por que essa página é relevante.

É importante observar que o link "cached" (memorizado) não existirá para os sites que não foram indexados e também para os sites cujos donos pediram para remover o conteúdo memorizado.

Opção de busca por filmes ou músicas

O Google tem a possibilidade de realizar buscas específicas por filmes ou músicas. Exemplos:

- movie:operação policial
- music:coração de estudante

Opção calculadora

O Google também pode ser usado como uma calculadora. Pode ser curioso, mas basta experimentar digitando, por exemplo:

- 12 + 12 (12 mais 12)
- 12 - 14 (12 menos 14)
- 5 * 5 (5 vezes 5)
- 2 ^ 3 (2 elevado a 3)
- 5 sqrt 2 (raiz quadrada de 2)

Opção definição

Se o usuário não sabe o que significa algo ou alguma coisa, basta utilizar o operador define:oqueprecisosaber. Por exemplo, define:iPad ou define:inteligenciapolicial.

4. Sites de Fontes Abertas Úteis e Indicados

Como referido, há vários sites que podem ser utilizados como fontes de busca, dentre os quais: correios; mapas, que auxiliam desde a localização de endereço para a entrega de uma intimação até o reconhecimento de uma área para a montagem de um plano operacional; protocolo de Internet; sites que possibilitam a localização dos IPs bem como do respectivo provedor; possibilidade de localizar boletins de acidente de trânsito, certidão em cartórios e nos Tribunais; Receita Federal; informações sobre cidades, estados, política e cultura de determinada região; doutrina de inteligência e policial; informações sobre telefonia fixa e móvel etc.

Para uma melhor compreensão, dividiremos o assunto em tópicos que podem auxiliar na pesquisa. Assim, abordaremos as funcionalidades do principal buscador na web, o Google, além de:

- pesquisa e localização de pessoas na web, nas redes sociais, por profissão e cadastros em geral;
- pesquisa relativa a imagens na web, indicando como encontrá-las e como verificar suas propriedades adequadamente;
- pesquisa e monitoramento de redes sociais e páginas na web, com várias dicas de mídias que facilitam o trabalho do analista;

- pesquisa e acompanhamento de informações sobre transportes aéreos, terrestres e marítimos, no Brasil e no mundo;
- pesquisa de endereços, mapas e rotas;
- pesquisa e acesso às câmeras *online*;
- pesquisa sobre veículos, multas, carteira nacional de habilitação e gravame de veículos;
- pesquisas e informações sobre usuários e dados de telefonia fixa e móvel;
- pesquisa e acessos a sites governamentais.

Além disso, serão indicadas várias ferramentas de localização de computadores, dispositivos móveis e aplicativos indispensáveis ao trabalho do investigador.

Google e suas funcionalidades

Além das formas de pesquisa, específicas, citadas no capítulo anterior, o Google possui alguns serviços úteis e auxiliares na coleta de informações pelo analista e investigador. São eles:

a) **Google Imagens** – Permite a pesquisa por imagens na web. Pode ser acessado através de http://www.google.com.br/imghp?hl=pt-br&tab=wi[1]. Nos anexos há um breve tutorial a respeito de sua utilização. A pesquisa pode ser feita também através do site http://www.facesaerch.com/. Todas as imagens disponibilizadas são fornecidas e hospedadas no Google. O Panoramio, adquirido pela Google, hospedado em www.panoramio.com, possibilita compartilhar e explorar diversas fotos postadas pelo planeta. É possível fazer a busca por imagens parecidas no Google Imagens. Pode ser

[1] Vide capítulo específico sobre formas diferenciadas de encontrar imagens, modificações em imagens e máquinas fotográficas perdidas, furtadas ou roubadas com base em imagens.

feito arrastando a imagem para a barra de pesquisas, colando a URL da imagem ou carregando um arquivo salvo no computador. Essa busca também pode ser realizada pelo TinEye, disponível em http://www.tineye.com/.

b) **Tag Galaxy** – Possibilita a busca de imagens por *tag*. Disponível em http://taggalaxy.de/.

c) **Picasa** – Software gratuito, permite organizar e editar os arquivos de fotos *on-line* – www.google.com/picasa. Nele há um recurso que permite organizar as fotos através de reconhecimento facial. A versão 3.5 permite informação sobre a localização de determinada fotografia e, ainda, a varredura daquele rosto na rede social Google+ para reconhecimento de amigos e de contatos. Já o Facebook foi obrigado pela União Europeia a desabilitar a função que permitia o reconhecimento facial, sob a justificativa de que tal medida estaria violando a intimidade e a vida privada dos internautas. A última versão do software permite incluir fotos diretamente na rede social Google+ e compartilhá-las para círculos específicos de amizade. O serviço foi desativado e incorporado ao Google Fotos.

d) **Google Vídeos** – Busca de vídeos na web (https://www.google.com.br/videohp?hl=pt-BR).

e) **Google Books** – Em https://books.google.com/?hl=pt-BR é possível consultar trechos de livros e revistas. Alguns livros são disponibilizados na íntegra quando não mais possuam direitos autorais. Parcerias estão sendo realizadas pelo buscador para ter um acesso maior a diversos acervos.

f) **Google Web** – Pesquisa em bilhões de páginas (www.google.com)[2].

g) **YouTube** – Permite consultar uma infinidade de vídeos postados na web (www.youtube.com).

---

[2] Vide dicas específicas sobre pesquisa no Google no capítulo anterior.

h) **Blogger** – Em https://www.blogger.com é possível encontrar blogs sobre diversos assuntos. As variantes de domínio são o blogspot.com e blogger.com.

i) **Google Alertas** – Permite que você receba as notícias recentes sobre determinado assunto via e-mail. Assim, é possível acompanhar toda e qualquer notícia sobre o tópico selecionado. Pode ser criado através de http://www.google.com.br/alerts. Excelente ferramenta disponibilizada aos analistas que acompanham determinados assuntos, não havendo necessidade de acesso constante ao assunto pesquisado. As respostas são encaminhadas diretamente para o e-mail de quem as solicitou. O uso de alertas possibilita que o pesquisador monitore vários assuntos ao mesmo tempo e otimize os resultados de sua pesquisa. Há outros serviços que possibilitam esse tipo de busca, são eles:

- **TalkWalker** – É uma excelente ferramenta alternativa ao Google para monitorar assuntos de interesse na web. As informações são encaminhadas para o e-mail ou leitor de *feeds* RSS do solicitante. Disponível em: http://www.talkwalker.com/alerts.

  O monitoramento de modificações em *webpages* favoritas do usuário é possível. Para tanto, basta selecionar as páginas que deseja acompanhar e receber o conteúdo personalizado quando modificado. Existem softwares que realizam esse monitoramento, como é o caso do Copernic Tracker, disponível em http://www.copernic.com/en/products/tracker, que possibilita o acompanhamento de modificações de páginas da internet. Várias ferramentas estão disponíveis:

- **Watch That Page** – O acesso é gratuito, basta entrar em http://www.watchthatpage.com/ e fazer seu cadastro.

- **Follow That Page** – Possibilita acesso gratuito por trinta dias em mudanças de páginas, blogs, RSS *feeds* e wikis. Disponível em http://www.infominder.com/webminder/.

- **Change Detection** – O acesso é gratuito em http://www.changedetection.com/. Permite personalizar a pesquisa, informando tudo adicionado e deletado, apenas adicionado ou deletado ou ainda quando houver mudanças consideráveis em uma página.
- **Femtoo** – O acesso é pago. A versão gratuita possui limitações. Disponível em https://onwebchange.com/.

  É de grande valia para quem procura informações na internet receber alertas por e-mail de relevâncias postadas em redes sociais:

- **Twilert** – Disponível em https://www.twilert.com/. O acesso é gratuito por trinta dias. Possibilita o recebimento por e-mail sempre quando nomes, palavras-chave ou *hashtags* são mencionadas no Twitter.
- **Warble Alerts** – Disponível em https://warble.co/. Acesso gratuito, possibilita acompanhar inúmeras menções, frases, palavras e *hashtags* no Twitter.

j) **Google Dashboard** – Fornece dados vinculados à conta de usuário do Google. Disponível em https://www.google.com/dashboard. Esse serviço permite acessar informações sobre conta de e-mail, agenda, alertas criados, dispositivos Android vinculados à conta, Blogger, contatos, documentos do Google, fotos, mapas, aplicativos instalados, Google+, histórico de localização e de pesquisa, sincronização do Chrome, vídeos postados no YouTube, além de várias outras informações úteis.

k) **Google Acadêmico** – Possibilita fazer uma consulta bem abrangente em literatura acadêmica, ajudando a encontrar as pesquisas mais relevantes sobre o tema. A pesquisa pode ser feita somente por resultados em português e por datas, permitindo ainda a criação de alertas sobre o tema. https://scholar.google.com.br/.

l) **Google Trends** – Disponível em https://www.google.com/trends/. Possibilita ao usuário ter ideia dos termos mais pesquisados por região, aplicando diversos filtros, por datas, categorias e assuntos. Se pesquisar, por exemplo, sobre o Brasil no ano de 2015, encontraremos o termo "Facebook" em pesquisas mais comuns[3].

m) **Google Drive** – Serviço gratuito de armazenamento em nuvem com 15 GB de espaço livre, possibilitando o acesso ao conteúdo de qualquer ponto com Internet.

n) **Hangouts** – Possibilita ao usuário um bate-papo por mensagens de texto, áudio ou vídeo. Possibilita a realização de videoconferências.

o) **Google Favoritos** – É um serviço de hospedagem em nuvem de páginas favoritas, permitindo organizar, classificar e colocar notas ou *tags* em cada uma. Nesse sentido, há serviços disponíveis em aplicações de Internet ou extensões que podem ser agregadas ao navegar na web.

Pesquisa e localização de pessoas por aplicações de Internet, cadastros ou profissões

Há uma infinidade de sites disponíveis que permitem consultas sobre pessoas, possibilitando encontrar e-mails, nomes de usuários (*usernames*), blogs, mandados de prisão e contatos em redes de relacionamento social.

A coleta em fontes abertas nas redes sociais pode fornecer ao investigador ou ao profissional de Inteligência de Segurança Pública informações úteis que irão contribuir para a antecipação dos fatos. Deve, portanto, adequar a essas novas tecnologias a forma de investigar e de produzir conhecimentos.

---

[3] Google. **Google Trends.** Disponível em: https://www.google.com/trends/explore#geo=BR&date=1%2F2015%20 12m&cmpt=q&tz=Etc%2FGMT%2B2. Acesso em: 10 fev. 2016.

Ressalte-se, por oportuno, que não basta primeiramente a coleta sem procedimentos e não compreensão da lógica de cada rede social. Além do mais, o processamento manual dessa enxurrada de informações é inviável. É necessário possuir softwares que possibilitem a análise desse conteúdo – caso contrário, informações que poderiam ser úteis, antecipando várias situações críticas, serão ignoradas.

A análise desse conteúdo deve levar em conta o "ruído" de informações, pois parte desses dados é postada de forma incompleta, sem localização ou fora de contexto.

Em eventos críticos, principalmente os relacionados à atividade de segurança pública e de defesa social, os internautas postam rapidamente fotografias e comentários de desastres naturais, acidentes de trânsitos, crimes ocorridos e um monte de informações do dia a dia de cada local.

Maron (2013), em artigo publicado na revista Scientific American, menciona o poder dessas mídias sociais em resposta a desastres naturais quando pontua que:

> *No momento em que o furação Sandy chegou à costa leste o ano passado, a mídia social tornou-se papel integrante na resposta a catástrofes, alcançando áreas onde o serviço de celular não funcionava, enquanto milhões de americanos procuravam manter-se informados no Twitter e no Facebook, localizando entes queridos, notificando autoridades e solicitando ajuda. Remotos são os dias em que a comunicação de desastres era feita apenas por boletins oficiais.*[4]

A utilização de ferramentas que monitorem esse conteúdo permite:

- Antecipar situações que venham a demandar a mobilização de forças de segurança pública.
- Acompanhar notícias relacionadas a grandes eventos ou desastres naturais.

---

[4] MARON, Dina Fine. How Social Media is Changing Disaster Response. **Scientific American**, 07 jun. 2013. Disponível em: <http://www.scientificamerican.com/article/how-social-media-is-changing-disaster-response/>. Acesso em: 13 set. 2016.

- Verificar postagens relacionadas com eventos agendados de gangues ou torcidas organizadas.
- Pronta resposta em situações de emergência ou crises em andamento.
- Informações sobre tráfego, transportes públicos, interdição de vias, clima, tempo, etc.

Tweet Deck (https://tweetdeck.twitter.com/) é uma poderosa ferramenta de rastreamento, engajamento e organização do Twitter. Dentre uma infinidade de funções elencadas, possibilita:

- Construção e organização de múltiplas linhas do tempo personalizadas em uma única interface.
- Criação de tópicos de pesquisa para acompanhamento de assuntos, eventos, usuários, alertas e *hashtags*.
- Manutenção do controle da conta, permitindo aos usuários o compartilhamento da conta sem a disponibilização de senha.

O Hootsuite (https://hootsuite.com/pt/) monitora diversas redes sociais, incluindo Twitter, Facebook, Google+, LinkedIn, Wordpress e Instagram. A versão paga da ferramenta permite outras funcionalidades, dentre as quais uma busca mais direcionada e com a possibilidade de confecção de relatórios mais detalhados.

Localizar pessoas por redes sociais e sites diversos

Por vezes, uma pesquisa nos motores de busca pode não trazer respostas satisfatórias para o que se procura. Dessa maneira, a busca em sites de redes sociais permite localizar as pessoas através de nomes de usuário, e-mail, localização, etc. Vejamos alguns sites uteis:

Facebook

Rede social lançada no ano de 2004 com a ideia inicial de compartilhamento de informações entre estudantes universitários, é o segundo site mais acessado do planeta, ranking liderado pelo Google[5]. Segundo o site socialbakers.com, o Brasil é o segundo país com mais usuários dessa ferramenta, somando mais de 103 milhões deles[6].

É uma ferramenta bastante útil para encontrar pessoas e informações. Basta digitar o nome de quem procura na barra de pesquisas na parte superior da página. Caso necessite, a pesquisa pode ser filtrada por pessoas, páginas, locais, grupos, aplicativos, eventos, resultados da web, publicações de amigos, atualizações públicas e publicações em grupos.

Na hora de realizar a pesquisa é bom ficar atento para a existência de "fakes" (perfis falsos), analisando os dados de determinado perfil como um todo.

Para encontrar algo no Facebook, basta digitar o assunto na barra de pesquisa e observar os resultados com as devidas sugestões. Essa pesquisa permite acesso a informações sobre perfis, pessoas, publicações, fotos, locais, páginas, aplicativos, grupos e eventos do Facebook. Caso queira aplicar filtros e obter melhores resultados na busca, recomenda-se modificar o idioma para a versão em inglês a fim de que o recurso seja habilitado. Se a busca feita de maneira correta não der retorno, talvez seja o caso de o perfil do terceiro ter sido configurado como restrito ou tal perfil não existir. Mais detalhes sobre o assunto no capítulo específico sobre Facebook, mais adiante.

Twitter

Para localizar uma pessoa no Twitter (www.twitter.com) o usuário deve digitar o que procura na caixa de buscas da página. Os resultados serão obtidos do lado direito da página. Assim, com a resposta, deve-se clicar em "ver todos" para acessar todas as informações. Essa busca também pode ser feita também através da aba "#Descobrir" ou, ainda, através da opção

---

[5] Conforme informações do site Alexa.com, com acesso em: 10 fev. 2016.

[6] Internet World Stats. Dados do mês de novembro de 2015. Disponível em: <http://www.internetworldstats.com/south.htm>.

"navegar por categorias", onde haverá a possibilidade de digitar um termo. Serão listadas várias contas no Twitter referentes a ele[7].

O Twitter Alerts são *tweets* publicados por órgãos públicos e enviados aos que sejam cadastrados previamente para receber informações relevantes sobre segurança de um determinado local ou informações sobre evacuação de áreas de risco. Essas notificações podem ser recebidas via mensagem de texto ou via *push*. O cadastro pode ser feito em https://twitter.com/fema/alerts.

MentionMapp, disponível em http://mentionmapp.com/, é uma excelente ferramenta! Para usar, deve-se autorizar o aplicativo a ter acesso aos dados da conta do analista, pesquisar por usuários e visualizar suas conexões, tanto em termos de contatos quanto em termos tuitados. Após a pesquisa por usuário, pode-se clicar sobre as *hashtags* comuns entre os usuários mostrados, buscando outros usuários relacionados.

Hashtagify (http://hashtagify.me/) é uma ótima ferramenta de pesquisa avançada de *hashtags* do Twitter, mostrando o resultado em vários formatos, principalmente em formato de vínculos, mostrando as *hashtags* relacionadas àquela pesquisada e também os principais usuários (chamados influenciadores). Também pode mostrar o resultado em "modo tabela" (popularidade, correlações, tópicos semanais e mensais e sua evolução). Mostra ainda as principais linguagens relacionadas ao termo pesquisado e às variantes da publicação (caixa alta, caixa baixa e mescla entre as opções).

Hashtags.org (https://www.hashtags.org/) permite acesso ao conteúdo do site, que mostra as categorias de *hashtags* e sua popularidade, além de possibilidade de pesquisa pelos termos, verificando-se, gratuitamente, a tendência das últimas 24 horas. Para um tempo maior, há necessidade de cadastro e pagamento (ativação da conta Pro).

---

[7] Vide dicas específicas, no tópico "Pesquisa e monitoramento de redes sociais e páginas na web", sobre como administrar alertas de assuntos no Twitter.

O Twicsy (http://twicsy.com/) também é um excelente buscador de fotos postadas no Twitter. Ao clicar na fotografia encontrada, você obterá informações de quando foi postada, além do link de onde ela se encontra disponível.

De outra parte, ao consultar o Trendsmap (http://trendsmap.com), é possível verificar e acompanhar as tendências do Twitter naquele instante, porém plotadas no mapa mundial, de apenas um país, de uma região ou de cidades específicas. A ferramenta utiliza um grande número de *tweets* e algoritmos para demonstrar o que está sendo mais relevante em determinado local do planeta. Assim, ao consultar o mapa, o analista verá informações do Twitter plotadas (geoposicionadas) no mapa.

A consulta pode ser filtrada pela localização de quem procura as informações, por cidade, região ou país.

O Twitter Fall possibilita a busca de *tweets* em tempo real. A pesquisa pode ser refinada, montando um painel com várias listas e ainda georreferenciando o conteúdo postado. Para ter acesso é necessário uma conta no Twitter e logar em https://twitterfall.com/.

Ao logar com sua conta no Twitter na página http://www.tweetpaths.com/, é possível traçar os *tweets* georreferenciados de um determinado usuário em um mapa através de sua linha no tempo. É possível ainda fazer a consulta simultânea com mais de um usuário.

O One Million Tweet Map, disponível em http://onemilliontweetmap.com/, mapeia os últimos *tweets* geolocalizados. Permite a busca por termos específicos e visualização de mapas de calor da procura solicitada.

O TweetMap ALPHA, disponível em https://worldmap.harvard.edu/tweetmap/, possibilita também essa visualização georreferenciada de *tweets* por assunto.

Wikiworldbook

O Wikiworldbook (http://wikiworldbook.com/) é um grande exemplo dessa versatilidade. O site depende apenas do nome e sobrenome de quem for procurado para fazer uma busca minuciosa em todas as redes sociais (Twitter, Facebook, LinkedIn, Myspace etc.). Aponta, para tanto, probabilidades e regiões sobre o nome pesquisado. Caso o usuário queira, poderá filtrar mais sua pesquisa, para o resultado ser mais preciso. O diferencial dele para com os demais é a busca por todas as redes sociais, dando detalhes a respeito de cada uma delas.

Zabasearch

O Zabasearch (www.zabasearch.com) é também interessante na busca de pessoas. O grande empecilho no seu uso é o fato de só permitir a busca de indivíduos residentes nos Estados Unidos. As informações coletadas são endereços com as respectivas fotos do satélite, números de telefone, aniversário, informações criminais, parentesco etc. Caso queira pagar por uma consulta mais detalhada, mais dados estarão disponíveis.

Spokeo

É uma excelente ferramenta de busca. Pode ser acessada através do site http://www.spokeo.com/. Ao digitar o nome e o sobrenome de alguém para ser localizado, o resultado da pesquisa é demonstrado em um mapa dos Estados Unidos com a localização georreferenciada. Possibilita ainda a pesquisa por e-mail, telefone, nome de usuário e endereço. Infelizmente, o site é restrito a buscas relacionadas aos Estados Unidos. Assim, se sabemos que determinado usuário tem perfil como se fosse dos EUA, a pesquisa é válida! A consulta gratuita tem limitações.

Pipl

O pipl (http://www.pipl.com/) permite a busca por nome, usuário (*username*), e-mail e telefone. Possibilita ainda filtrar a pesquisa dentro da pesquisa, além de trazer informações relacionadas com matérias postadas na web. Também possui a opção de pesquisa avançada, com nome e *username*, delimitando a pesquisa.

Wink People Search

O Wink People Search é um excelente mecanismo de busca que permite encontrar pessoas pelo nome, oferecendo número de telefone, fotos, websites, informações sobre trabalho e escola. Pode ser acessado em http://wink.com/. Assim como o Spokeo, as respostas são relacionadas a cidadãos norte-americanos.

Namechk

Possibilita a consulta por nome de usuário para saber se há disponibilidade para ser criado nas principais redes sociais. Ao digitar o nome, o mecanismo de busca faz uma pesquisa em 159 redes sociais, ajudando a criar um nome de usuário que ainda esteja disponível e seja viável. É acessado através da URL http://namechk.com/.

No mesmo sentido é o Checkusernames, que também permite fazer a consulta de um nome de usuário (*username*) em cerca de 160 redes sociais. É acessado através da URL http://checkusernames.com/.

No mesmo sentido, porém com pesquisa em 550 redes sociais, pesquisas de domínios etc., é o KnowEM (http://knowem.com/). Essa busca por nome de usuário pode ser feita ainda nas seguintes aplicações de internet:

- **User Name Check** – http://www.usernamecheck.com/
- **Name Checkr** – https://www.namecheckr.com/
- **User Sherlock** – http://usersherlock.com/
- **Check User Names** – http://checkusernames.com/
- **Name Check List** – http://www.namechecklist.com/

A busca pode ser direcionada caso você possua apenas a conta de e-mail:

- **Facebook** – Permite que a pesquisa seja feita diretamente em seu buscador e aponte se aquele e-mail tem ou não um perfil vinculado na rede social.
- **Pipl** – https://pipl.com/

- **Find any email** – http://www.findanyemail.net/
- **Email Hippo** – https://tools.verifyemailaddress.io/

AcheCerto

O site http://www.achecerto.com.br/ permite uma busca de pessoas por nomes e telefones em todos os estados da federação. É um domínio nacional com vários canais de conteúdo com acesso liberado para todo tipo de usuário.

Myspace

Já foi a maior rede social do planeta. Fundada em 2003, a rede permite a interação através de fotos, músicas, TV, cinema, jogos etc. É uma rede interessante para encontrar informações úteis. Possibilita checar as informações de usuários sem a necessidade de cadastro na rede.

LinkedIn

Lançada em maio de 2003, conta atualmente com mais de 175 milhões de usuários que compartilham informações, ideias e oportunidades[8]. O Brasil conta com quase dois milhões de usuários[9]. É a principal rede de relacionamento utilizada por profissionais e empresas. Pode ser acessada através de www.linkedin.com.

Criminal Searches

Permite uma busca detalhada de antecedentes criminais de determinada pessoa em todos os estados americanos. Você pode ainda cadastrar o e-mail e receber alertas do nome procurado sempre que houver atualizações. Caso prefira uma consulta mais detalhada, o usuário deverá pagar para receber informações dos últimos endereços, telefone, pessoas de seu relacionamento e até endereços de e-mail utilizados pelo procurado. O site para consulta é http://criminalsearches.com/default.aspx.

---

[8] LinkedIn. Disponível em http://www.linkedin.com/. Acesso em: 10 jan. 2017.

[9] Social Bakers. **Brazil LinkedIn Statistics.** Disponível em: <http://www.socialbakers.com/countries/linked-in-country-detail/brazil>. Acesso em: 10 jan. 2017.

Yasni

No endereço www.yasni.com.br é possível fazer uma busca por nomes ou apelidos e ainda procurar por diferentes critérios, mas principalmente "o que a net sabe sobre você", como informa o site. O Yasni é originário da Alemanha e tem ótimos indexadores.

Ao fazer uma consulta sobre determinado termo é possível monitorar e enviar o resultado diretamente para o e-mail cadastrado. As informações serão remetidas uma vez por semana. A pesquisa pode ser filtrada por vários termos, garantindo melhores resultados (endereços, números de telefone, contatos profissionais, interesses, perfis de redes e de negócios, sites privados, documentos sobre nomes, vídeos e áudios, artigos e opiniões, além de notícias).

Localizar pessoas pela atividade profissional

A Internet oferece uma infinidade de ferramentas para encontrar e localizar profissionais. Em uma investigação, por exemplo, para saber se determinado indivíduo investigado possui ou não registro no conselho de classe, o investigador ou analista teria que expedir algum ofício ou dar um telefonema, ato este que poderia dar publicidade a algo que, por enquanto, deveria ser mantido em sigilo. Assim, há vários sites que disponibilizam essas informações em tempo real e que podem ser consultados com transparência a quem interessar.

Advogados

O site da Ordem dos Advogados do Brasil (OAB) fornece o CNA (Cadastro Nacional de Advogados – disponível em http://cna.oab.org.br/). Nele é possível fazer uma consulta a todos os advogados do Brasil, podendo a pesquisa ser realizada por nome, número e tipo de inscrição, além da seccional. A ferramenta disponibiliza o endereço profissional, o contato telefônico e a fotografia do pesquisado.

Há ainda aplicativos disponíveis para fazer consultas sobre a situação de inscrição do profissional na ordem.

Médicos

Alguns endereços eletrônicos, principalmente os dos Conselhos Regionais de Medicina, disponibilizam pesquisa sobre os médicos em atividade profissional com registro e devidamente credenciados, com informações sobre endereço, fotografia e especialidades. Outros disponibilizam apenas dados básicos como a especialidade.

A página do Conselho Federal de Medicina (http://portal.cfm.org.br/), na aba cidadão, possibilita a pesquisa em todos os Conselhos de Classe dos Estados. Seguem alguns sites dos Conselhos Regionais que disponibilizam esta ferramenta, sendo que alguns apenas consultam o CFM:

- CREMESP – http://www.cremesp.org.br/
- CREMERJ – http://www.cremerj.org.br/
- CRM/MG – http://www.crmmg.org.br/
- CRM/ES – http://www.crmes.org.br/
- CRM/RS – http://www.cremers.org.br/
- CRM/SC – http://www.cremesc.org.br/
- CRM/PR – http://www.crmpr.org.br/
- CRM/DF – http://www.crmdf.org.br/
- CRM/GO – http://www.cremego.cfm.org.br/
- CRM/MT – http://www.crmmt.cfm.org.br/
- CRM/MS – http://www.crmms.org.br/
- CRM/BA – http://www.cremeb.org.br/
- CRM/SE – http://www.cremese.cfm.org.br/
- CRM/AL – http://www.cremal.org.br/

- CRM/PE – http://www.cremepe.org.br/
- CRM/PB – http://www.crmpb.cfm.org.br/
- CRM/RN – http://www.cremern.cfm.org.br/
- CRM/CE – http://www.cremec.com.br/
- CRM/PI – http://www.crmpi.com.br/
- CRM/MA – http://www.crmma.org.br/
- CRM/TO – http://www.crmto.org.br/
- CRM/PA – http://www.cremepa.org.br/
- CRM/AP – http://www.crmap.cfm.org.br/
- CRM/RR – http://www.crmrr.cfm.org.br/
- CRM/AC – http://www.crmac.cfm.org.br/
- CRM/RO – http://www.cremero.org.br/

No site https://maismedicos.saude.gov.br/ é possível fazer a consulta dos médicos que participam do Programa Mais Médicos do governo federal. A busca pode ser feita pelo nome do médico, pela unidade federativa ou pelo município de lotação.

O site do DATASUS, disponível em http://cnes2.datasus.gov.br/, permite acesso ao cadastro nacional de estabelecimentos de saúde. A consulta pode ser feita por vários campos de pesquisa.

Profissionais de contabilidade

No que tange à área de Contabilidade, o sítio do Conselho Federal de Contabilidade, http://www.cfc.org.br/, disponibiliza a consulta cadastral de profissionais e empresas, informando o nome completo, número e tipo de registro, categoria profissional, atual situação do registro e a qual conselho regional está vinculado.

Outras classes

- **Contador** – No site do Conselho Federal de Contabilidade, http://www3.cfc.org.br/SPw/ConsultaNacional/ConsultaCadastralCFC.aspx, é possível consultar o cadastro de profissionais e organizações contábeis.
- **Psicólogos** – http://site.cfp.org.br/. O cadastro nacional de psicólogos pode ser acessado através da URL http://cadastro.cfp.org.br/cfp/. A consulta pode ser feita pelo número de registro, nome, CPF ou região.
- **Odontólogos** – http://cfo.org.br/servicos-e-consultas/profissionais/. A consulta de profissionais registrados no Conselho Federal de Odontologia pode ser feita através do link http://cfo.org.br/servicos-e-consultas/profissionais/. O site ainda permite a consulta a:
    - Entidades cadastradas junto ao Conselho.
    - Faculdades de odontologia por estado.
    - Lista de cursos de especialização.
- **Enfermeiros** – A consulta pode ser feita em alguns sites de conselhos regionais de Enfermagem. Podemos citar como exemplos:
    - MG – http://www.corenmg.gov.br/consulta-profissionais.html
    - RS – http://www.portalcoren-rs.gov.br/index.php?categoria=servicos&pagina=consulta-profissional
    - SP – http://www.coren-sp.gov.br/inscritos
- **Médico Veterinário** – No site do Conselho Federal de Medicina Veterinária é possível buscar profissionais por nome, inscrição, especialidade, tipo de inscrição e situação. Basta acessar a URL http://www.cfmv.gov.br/consulta/. A pesquisa pode ser feita ainda por empresas da área.

Desaparecidos

Alguns sites são excelentes ferramentas para localização de pessoas desaparecidas, funcionando como o cadastro nacional, onde são colocadas fotografias, informações sobre encontrados e estatísticas. Há também um canal para denúncias *on-line*.

O principal deles é o site do Ministério da Justiça (http://portal.mj.gov.br/Desaparecidos/). Nele, há um mapa interativo, bastando clicar em cima do estado desejado para visualizar informações sobre os desaparecidos naquela região. É possível fazer o cadastro de um desaparecimento - entretanto, isso não substitui o Boletim de Ocorrência Policial.

Há ainda o site http://www.pessoasdesaparecidas.org/. Algumas polícias estaduais também disponibilizam páginas com o cadastro de desaparecidos no âmbito estadual, visando uma localização mais rápida e efetiva:

- **GO:** http://www.policiacivil.go.gov.br/pessoas-desaparecidas
- **PR:** http://www.delegaciaeletronica.pr.gov.br/modules/conteudo/conteudo.php?conteudo=12
- **SP:** http://www.ssp.sp.gov.br/servicos/pessoas_desaparecidas.aspx.

As redes sociais e os aplicativos de envio de mensagens de texto e vídeos têm papel de grande relevância na localização de pessoas desaparecidas. A polícia tem feito essa divulgação através dessas ferramentas e tem logrado êxito na localização de desaparecidos.

Consulta a estabelecimentos diversos

Farmácias e drogarias

É possível consultar a autorização de funcionamento desses estabelecimentos pelo site da Anvisa. Basta acessar http://www7.anvisa.gov.br/datavisa/Autorizacao_farmacia/Consulta_Empresa_Drogaria.asp. Serão trazidos como resposta os detalhes da razão social da empresa consultada, responsável legal e técnico por seu funcionamento, autorização, situação cadastral da empresa e atividades desempenhadas.

A Anvisa ainda permite uma infinidade de outras consultas:

- Relação de produtos dispensados de registro antes e depois do sistema Prodir.
- Informações sobre alimentos com o nome da empresa fabricante, números de registro e do processo, além de prazo de validade.
- Acesso às bulas de medicamentos registrados e comercializados no Brasil.
- Situação de documentos.
- Produtos registrados de empresas de medicamento e hemoderivados.
- Cosméticos.
- Informações sobre substâncias psicotrópicas constantes na Portaria SVS/MS nº 344, de 12 de maio de 1998, e de suas atualizações, bem como os medicamentos registrados no Brasil que as contenham.

Postos de combustíveis

A Agência Nacional de Petróleo disponibiliza a consulta ao Posto Web através de http://www.anp.gov.br/postos/consulta.asp. É possível checar se o estabelecimento está ou não com autorização de funcionamento perante a agência reguladora.

No âmbito da fiscalização de postos ou distribuidoras, o site da agência reguladora permite obter informações sobre:

- Ações de fiscalização.
- Distribuidoras autuadas ou interditadas.

- Postos autuados ou interditados.
- Mapa da fiscalização da ANP.
- Publicações sobre fiscalização.

Bancos e outras instituições financeiras

A FEBRABAN disponibiliza uma busca completa por instituições financeiras no Brasil através de http://www.buscabanco.com.br/. A pesquisa pode ser filtrada somente por agências e/ou postos bancários. Na pesquisa por cidade, há uma infinidade de opções de refinamento de pesquisa, sendo que o resultado já é georreferenciado em um mapa.

O Banco Central do Brasil possibilita essa consulta através da URL http://www.bcb.gov.br/?RELINST.

Pesquisa e ferramentas auxiliares relativas a imagens na web

A fotografia digital carrega consigo metadados que podem trazer informações sobre o tipo de equipamento utilizado (fabricante e modelo), coordenadas geográficas, dia e e horário, além de outras informações. É o que nominamos de *exif* da fotografia.

Há uma infinidade de sites ou complementos de navegadores que possibilitam acesso ou análise desses dados.

- **Foto Forensics** – Possibilita, após um *upload* da imagem ou análise da URL contendo a imagem, verificar se houve modificação, como acréscimo de dados etc. Acesso através do link http://fotoforensics.com/. As imagens devem ser carregadas no formato JPEG ou PNG até o limite de 8 MB.

- **Jpegsnoop** – Software que também permite a análise de imagens e seu nível de compressão, com informações detalhadas do arquivo.
- **Google Images** – Ao fazer o *upload* de uma imagem, o Google procura fotos similares. Acesso através deste link: https://www.google.com.br/imghp?hl=pt-BR&tab=wi.
- **TinEye** – Possibilita a busca reversa da imagem pela web. Ao analisar uma imagem, o buscador cria uma espécie de impressão digital do arquivo para fazer uma busca de outras imagens semelhantes já indexadas na internet. Disponível em https://www.tineye.com.

A leitura dos metadados de uma fotografia pode ser feita por diversos sites *on-line*:

- http://www.verexif.com/
- http://regex.info/exif.cgi
- http://exif-viewer.com/
- http://www.pic2map.com/
- http://www.findexif.com/

Além dos sites, uma ferramenta de leitura dos metadados de fotos digitais é o Opanda iExif (http://opanda.com/en/iexif/).

Pesquisa e monitoramento de redes sociais e páginas na web

Hoje em dia é muito importante para os profissionais de mídia, empresários e profissionais da área de segurança pública terem conhecimento do que está sendo postado em redes sociais, principalmente Facebook e Twitter. Por exemplo, é possível, através de ferramentas disponíveis, ter conhecimento sobre venda de drogas, brigas de gangues ou outras atividades criminosas.

De acordo com monitoramento realizado pelo The International Narcotics Control Drugs (INCB), da ONU, farmácias ilegais estariam utilizando redes sociais para negociar remédios controlados e drogas com jovens[10].

A polícia americana também desmantelou uma organização que vendia maconha, mescalina, cogumelos alucinógenos, LSD e outras drogas pela web para mais de três mil usuários[11]. A ousadia da quadrilha era tamanha que o pagamento das drogas era feito por Paypal.

Há várias ferramentas disponíveis na Internet para acompanhamento de redes sociais. Algumas são gratuitas. A opção paga normalmente oferece mais funcionalidades.

- **SocialMention** – É uma ferramenta de pesquisa de mídia social que possibilita acessar as mais diversas informações sobre um termo pesquisado e anexar todas as respostas em um só lugar (http://socialmention.com/#). Permite acompanhar e saber o que estão falando sobre o termo pesquisado monitorando mais de uma centena de redes sociais. Uma grande utilidade dessa ferramenta é a possibilidade de criação de alertas e ser informado sobre atualizações do termo pesquisado.
- **Twilert** – Sua utilização é gratuita por trinta dias. Para criar um alerta para o Twitter, o usuário deve acessar http://www.twilert.com/ e utilizar sua conta do Twitter ou Google para fazer o login. Após isso, basta criar o alerta e o resultado será enviado para o e-mail. Há ainda a opção de filtrar a pesquisar por pessoas, palavras ou localização.

---

[10] JESUS, Aline. **TechTudo.** Mídias sociais estão sendo usadas para vender drogas aos jovens. Publicada em 1º de março de 2012. Disponível em: <http://www.techtudo.com.br/noticias/noticia/2012/03/midias-socias-estao-sendo-usadas-para-vender-drogas-aos-jovens.html>. Acesso em: 02 mar. 2016.

[11] **UOL Notícias.** EUA desmantelam rede online internacional de tráfico que vendia drogas para 3.000 usuários. Publicada em 17 de abril de 2012. Disponível em: <http://tecnologia.uol.com.br/noticias/redacao/2012/04/17/eua-desmatela-rede-online-internacional-de-trafico-que-vendia-drogas-para-3-mil-usuarios.htm>. Acesso em: 02 mar. 2016.

- **Change Detection** – Excelente ferramenta gratuita onde é possível fazer o acompanhamento de mudança de conteúdo de qualquer página da Internet. Ao cadastrar uma página no endereço http://www.changedetection.com/, o usuário receberá notificações por e-mail das modificações e uma lista de edições sobre aquela página. Há, também, a opção de filtrar as alterações por dias, semanas, meses ou apenas RSS[12], ou receber alertas apenas quando forem adicionadas ou removidas determinadas palavras.

- **Watch That Page** – É um serviço gratuito disponibilizado por uma empresa norueguesa que permite o monitoramento de uma infinidade de páginas na web. É interessante para filtrar pesquisa sobre um determinado termo ou pessoa que é colocado na web page. O alerta é enviado para um e-mail ou para uma página desejada com as informações classificadas pelo grau de importância. Permite criar um boletim de informações personalizado com as fontes selecionadas. Pode ser acessado pela URL http://www.watchthatpage.com/.

Há alguns endereços de Internet que também disponibilizam o acompanhamento de sites, porém só disponibilizam um número limitado de consultas, além de outros que só as fornecem de forma paga, mas com excelentes resultados de alertas para as páginas. Podemos citar como exemplo:

- http://www.followthatpage.com/ – Permite acompanhar mudanças em sites, recebendo alertas por e-mail.

- http://www.changedetect.com/ – Similar ao anterior, com mais funcionalidades.

- http://www.infominder.com/webminder/signup.do – A versão gratuita permite o acompanhamento de dez sites e suas modificações.

---

[12] RSS são agregadores de conteúdo que permitem aos usuários da Internet se inscrever em sites que fornecem *feeds*.

Pesquisa de vídeos

Além das pesquisas de vídeos no YouTube, conforme já mencionado, existem várias outras ferramentas a respeito. Destacamos as seguintes:

- **YouTube Data Viewer** – A URL http://www.amnestyusa.org/citizenevidence/ permite a análise de vídeos postados no YouTube. Ao colocar a URL, podemos obter informações sobre o ID do arquivo, data e hora local em que o vídeo foi carregado, além da extração de imagens reversas.
- **Blink** – Ferramenta que permite consultar vídeos em diversos sites. Contém mais de 35 milhões de horas de vídeo disponibilizadas. Pode ser consultado através da URL www.blinkx.com. Nele os usuários podem procurar por conteúdo de vídeo e criar listas pessoais de reprodução.
- **Bing** – Excelente na busca de vídeos. Ao procurar por determinado conteúdo, é possível pré-visualizar apenas passando o mouse sobre ele. Disponível em https://www.bing.com.
- **Vimeo** – Disponível em https://vimeo.com, foi fundado no ano de 2004 por um grupo de cineastas para compartilhamento de conteúdo produzido. Em suas regras de uso, tenta proteger direitos autorais, proíbe a divulgação de material de conteúdo sexual explícito ou pornográfico. Não são permitidos discursos de ódio, assédio, difamação, discriminação, atos ilegais ou violência extrema.

Pesquisa e acompanhamento de informações sobre transportes – aéreo e terrestre

Consultar voos on-line

O site da Infraero (http://www.infraero.gov.br/voos/index.aspx) permite fazer consulta de voos por aeroporto, por companhia aérea e/ou pelo número do voo. Além disso, tem o endereço de todos os aeroportos.

É possível ainda obter informações no site da Infraero sobre a situação dos voos nacionais e internacionais, por aeroporto ou por empresa aérea, naquele momento com dados sobre a quantidade que está ocorrendo nos aeroportos, número de voos atrasados, programados e cancelados.

Na aba "Estatísticas" é possível obter dados, mês a mês, desde 2003, sobre o movimento das aeronaves, passageiros e cargas dos aeroportos administrados pela Infraero[13].

Já o site Flightradar24 mostra um mapa com todos os voos que estão ocorrendo pelo planeta. A ferramenta é atualizada a cada instante e demonstra as especificações de cada aeronave, origem e destino, altitude, velocidade e trajeto de voo. Pode ser acessado através do endereço https://www.flightradar24.com/, possuindo aplicativos para dispositivos Apple (iPhone e iPad), Android e Windows Phone.

O FlightAware (http://pt.flightaware.com/) possibilita o rastreio gratuito do tráfego aéreo privado e comercial, permitindo o acesso sobre voos em tempo real, aeroportos, mapas meteorológicos, além de planos de voos e cartas de navegação.

---

[13] O aplicativo Infraero Voos Online pode ser instalado em celulares e tablets, permitindo que a consulta seja realizada de qualquer local. Além de consultar os horários de partidas e chegadas de voos de cinquenta aeroportos brasileiros, agora é possível saber qual a distância de onde você está até o aeroporto para onde precisa ir e compartilhar as informações do voo por SMS, e-mail, Facebook ou Twitter.

A busca por voos pode ser feita diretamente no Google através de https://www.google.com.br/flights/.

A Agência Nacional de Aviação Civil permite acesso a uma base de dados composta por informações de voos de empresa de transporte aéreo regular com histórico de ocorrências e cancelamentos e as respectivas justificativas. A consulta pode ser realizada através de https://sistemas.anac.gov.br/bav/FormConsultarVraInternet.do, com a base de dados a partir de janeiro de 2010.

O site da ANAC permite a consulta do Registro Aeronáutico Brasileiro (RAB), que, entre outras atribuições, controla marcas de matrícula e nacionalidade, emite certificados de matrícula e de aeronavegabilidade, reconhece direitos reais e de uso, bem como a aquisição de domínio na transferência de propriedade, além do cancelamento de matrículas, registros, inscrições, averbações e fornecimento de certidões. O funcionamento e as atividades do Registro Aeronáutico Brasileiro estão regulamentados pela ANAC. Disponível em http://www2.anac.gov.br/aeronaves/cons_rab.asp.

A consulta sobre licenças e habilitações técnicas pode ser feita pelo código ANAC, CPF ou data de nascimento na URL http://www2.anac.gov.br/consultasdelicencas/consultas2.asp.

Ao efetivar a pesquisa com base na origem e no destino, o site retorna todas as opções de voo, bastando clicar na opção de interesse para ser revelado o mapeamento aéreo correspondente.

A Força Aérea Brasileira disponibiliza informações sobre transporte aéreo no país de autoridades sob o comando da aeronáutica. As informações só serão disponibilizadas no dia útil seguinte ao encerramento do voo. Os dados a serem consultados incluem a autoridade solicitante, trajeto, data, horário de decolagem e de pouso, o motivo da solicitação, além da previsão do número de passageiros.

A consulta pode ser feita através de http://www.fab.mil.br/voos.

A ANAC disponibiliza a relação dos aeródromos públicos e privados na URL http://www.anac.gov.br/assuntos/setor-regulado/aerodromos/cadastro-de-aerodromos.

Consultar transporte marítimo on-line

Marinetraffic é uma ferramenta bem completa de busca que possibilita informações em tempo real sobre a posição de navios de carga e de passageiros, rebocadores, iates etc. Ao clicar sobre o ícone que representa a embarcação, aparecerão informações sobre a bandeira do país, fotografia, velocidade, dimensões, destino e a rota feita. Poderão ser consultados, ainda, os portos, as chegadas e as saídas de embarcações, inclusive as previstas. A consulta está disponível em http://www.marinetraffic.com/.

Também o site Vessel Finder, disponível em https://www.vesselfinder.com/, possibilita o fornecimento, em tempo real, de coordenadas de mais de cem mil navios pelo planeta.

Consultar transporte terrestre interestadual ou internacional

Da mesma forma que as vias aéreas e marítimas, a ANTT (Agência Nacional de Transportes Terrestres), através de consulta na página https://appweb.antt.gov.br/transp/secao_duas_localidades.asp, permite saber quais as linhas e as empresas de transporte rodoviário interestadual, nacional ou internacional que trafegam entre duas localidades do território nacional.

É possível fazer uma consulta sobre se determinada empresa de ônibus interestadual ou internacional passa por uma cidade específica. Pode-se, ainda, consultar pela placa e verificar se determinado veículo faz parte da frota permissionária.

Com relação ao fretamento de ônibus, a consulta de certificado para fretamento poderá ser feita pelo CNPJ da respectiva empresa.

No site www.buscaonibus.com.br é possível localizar qual empresa de ônibus faz a rota entre duas cidades interestaduais, além do preço cobrado pela passagem.

As concessões rodoviárias podem ser acessadas no site da ANTT[14], que administra 21 concessões de rodovias, totalizando 9.969 km. É possível consultar as concessões vigentes e as com contrato encerrado.

As Leis nº 12.619, de abril de 2012, e 13.103, de março de 2015, popularmente conhecidas como "Lei dos Caminhoneiros", ao tratar sobre o exercício da profissão de motorista profissional de transporte de cargas e de passageiros com especial enfoque no regramento da jornada de trabalho e do tempo de direção, tratou sobre os locais de parada e descanso. A ANTT disponibiliza a relação desses locais e seus respectivos mapas em http://www.antt.gov.br/index.php/content/view/41594/Pontos_de_Parada_e_Descanso.html.

A consulta pública de transportador pode ser realizada no site da ANTT por: transportador, localidade ou veículo. Disponível em http://rntrc.antt.gov.br/.

Outras buscas que podem ser realizadas no site da ANTT:

- **Motorista (CPF, CNPJ, prontuário ou nome da empresa):** https://appweb.antt.gov.br/consultaMotorista/
- **Frota (CNPJ ou razão social):** https://appweb1.antt.gov.br/sisfret/consulta.asp
- **Seguro de Responsabilidade Civil (por placa do veículo ou chassi):** https://appweb1.antt.gov.br/srcConsulta/frmConsultarDadosSRC.aspx

Consultar transporte ferroviário e metrô

O site da ANTT fornece uma infinidade de informações sobre o Sistema Ferroviário Nacional, desde o seu histórico até a lista de concessões. Ao clicar sobre determinada concessão, serão fornecidos dados sobre a área de atuação, extensão das linhas etc.

[14] ANTT. Concessões Rodoviárias. Disponível em: <http://www.antt.gov.br/index.php/content/view/5261/Concessoes_Rodoviarias.html>. Acesso em: 13 set. 2016.

A ANTT é responsável, ainda, pela gestão dos serviços de transporte ferroviário em malha ferroviária concedida, entre portos brasileiros e fronteiras nacionais, ou que transportam nos limites de Estado ou território. Ela disponibiliza informações sobre os trens regulares e os turísticos.

O site do metrô de São Paulo (http://www.metro.sp.gov.br/) permite consulta aos trechos de viagens selecionando o local de embarque e desembarque. Possibilita ainda informações mais completas sobre cada estação.

Outras aplicações de Internet relacionadas a metrô possibilitam diversas informações, desde o serviço fornecido até interdições de linhas. Podemos destacar:

- **Rio de Janeiro:** https://www.metrorio.com.br/
- **Fortaleza:** http://www.metrofor.ce.gov.br/
- **Recife:** http://www.cbtu.gov.br/index.php/pt/recife
- **Salvador:** http://www.ccrmetrobahia.com.br/
- **Belo Horizonte:** http://www.metrobh.gov.br/cbtu/final/principal/principal.htm
- **Brasília:** http://www.metro.df.gov.br/

Consultar transporte terrestre municipal

Alguns endereços eletrônicos disponibilizam consultas sobre as rotas praticadas pelos ônibus municipais. A ferramenta é bem útil na realização de um planejamento operacional, podendo saber em quais vias e em que horário circula determinada empresa de ônibus.

Podem ser consultados, ainda, outros sites de referência no assunto:

- **Aracaju** – http://www.smttaju.com.br/
- **Belo Horizonte** – http://servicosbhtrans.pbh.gov.br/bhtrans/e-servicos/index.asp

- **Campo Grande** – http://agetran.ms.gov.br/agetran/
- **Curitiba** – http://www.urbs.curitiba.pr.gov.br/transporte/itinerarios
- **Distrito Federal** – http://www.horarios.dftrans.df.gov.br/
- **Fortaleza** – http://www.fortaleza.ce.gov.br/etufor/itinerarios
- **Florianópolis** – http://www.pmf.sc.gov.br/servicos/index.php?pagina=onibus
- **João Pessoa** – http://www.semobjp.pb.gov.br/itinerarios/
- **Maceió** – http://www.smttmaceio.com.br/portal/servicos/linhas.jsf
- **Natal** – http://www.natal.rn.gov.br/sttu2/paginas/ctd-720.html
- **Porto Alegre** – http://www2.portoalegre.rs.gov.br/eptc/default.php?p_secao=158
- **Recife** – http://200.238.84.28/site/consulta/itinerarios.asp
- **Vitória** – http://sistemas.vitoria.es.gov.br/redeiti/
- **Salvador** – http://www.transalvador.salvador.ba.gov.br/?pagina=onibus/onibus
- **São Paulo** – http://www.sptrans.com.br
- **Teresina** – http://www.setut.com.br/linhas-e-trajetos/

Pesquisas de mapas, endereços e rotas

É comum alguém ser abordado na rua sobre onde fica determinado local. Às vezes, até viaturas policiais perguntam a populares sobre como encontrar determinado endereço. Isso é preocupante, pois, ao atender um chamado através dos números 190, 191, 193 ou 197, os minutos perdidos procurando informação farão diferença no atendimento de quem está precisando de ajuda. Isso poderia ser minimizado se, na delegacia ou no batalhão de polícia militar, a Internet fosse utilizada para orientar melhor a viatura que se encontra na rua.

Para tanto, há uma infinidade de mapas que podem ser consultados de forma gratuita na Internet. Vamos detalhar as funcionalidades de alguns deles. Acompanhe-nos.

Google Street View

O Google Maps[15] disponibiliza um recurso que permite um passeio virtual de 360° em várias cidades do planeta, que é o Google Street View.

Essa funcionalidade permite, a quem consultar o site http://maps.google.com ou baixar o Google Earth, checar a visão com "vista da rua" (*street view*). O mapeamento é feito através de veículos com GPS que possuem oito câmeras e passam a fotografar continuamente todos os locais de determinada cidade. Em locais onde não é possível ter acesso através de veículo, essas fotografias são feitas por ciclistas, através do serviço Google Trike.

Esse serviço foi implantado recentemente no Brasil. Primeiramente, foi/está sendo realizado nos grandes centros, como São Paulo, Rio de Janeiro, Belo Horizonte e cidades-sede da Copa do Mundo de 2014, para posteriormente abranger as demais cidades.

O objetivo é facilitar a vida dos turistas, demonstrando rotas e locais de interesse, possibilitando fazer *tours* virtuais e conhecer determinados lugares sem sair de casa. Beneficia ainda diversas outras atividades, desde empresas que queiram programar um negócio em determinada área a órgãos de segurança pública. Facilita, portanto, a localização de qualquer endereço.

---

[15] O aplicativo para Android Google Maps disponibiliza mapas detalhados com construções em 3D, navegação por voz, informações sobre trânsito e mapas internos de aeroportos e lojas. Há, ainda, a disponibilidade para ver em modo Street View.

O grande problema enfrentado por essa tecnologia são as ações indenizatórias por conta de fotografias retiradas de transeuntes e postadas no serviço. Um dos casos foi o de um transeunte em Belo Horizonte, fotografado quando estava vomitando. Após a publicidade no serviço, gerou uma Ação de Indenização com pedido de R$ 500.000,00 por danos morais. Em sede de medida liminar, a juíza determinou à Google S. A. que promovesse a retirada da imagem do ar no prazo de 48 horas, sob pena de multa diária de R$ 5.000,00[16]. Em primeira instância, a aplicação de Internet foi condenada em R$ 8.000. Em sede de recurso o Tribunal elevou a condenação para o valor de R$ 15 mil.[17]

Sem sombra de dúvidas, com as digitalizações das imagens de cidades brasileiras que são liberadas a cada dia, é a melhor ferramenta gratuita para consultar endereços.[18]

Apontador[19]

Excelente ferramenta que permite a localização de vários endereços pelo Brasil. Conta com mais de sete milhões de locais e serviços para serem acessados e quase vinte milhões de acessos por mês. Disponível em www.apontador.com.br.

Correios

No site dos Correios (www.correios.com.br) o analista pode fazer a busca pelo CEP ou por endereço de determinada localidade. Basta clicar na aba "Buscar CEP" que o usuário poderá fazer uma busca específica por CEP ou endereço; CEP por localidade; endereço por CEP; CEP de logradouro ou de

---

[16] Processo nº 2418522-18.2010.8.13.0024. 35ª Vara Cível da Comarca de Belo Horizonte.

[17] Google é condenado por imagem vexatória no serviço Street View. Conjur. 20 dez. 2015. Disponível em: <http://www.conjur.com.br/2015-dez-20/google-condenado-imagem-vexatoria-servico-street-view>. Acesso em: 13 set. 2016.

[18] Existem aplicativos iOS nos quais é possível descobrir o telefone de determinado local, verificar locais que estão ao seu redor e enviar e compartilhar fotos.

[19] Apontador. Disponível em: <http://dicascidade.com.br/perguntas-frequentes/>. Acesso em: 13 set. 2016.

bairro; faixas de CEP e outras pesquisas. Poderá também, por exemplo, colocar o bairro de determinada cidade e terá como respostas todas as ruas dele com os respectivos CEPs. A ferramenta é bem útil para localizar endereços em todo o Brasil[20].

Show My Street

O site http://showmystreet.com/ utiliza o Google Street View e permite que o usuário digite qualquer endereço e que este seja localizado imediatamente. É necessário que o endereço seja inserido de forma correta. Com a pesquisa, no topo da página, à direita, há amostragem do mapa do local e, no centro, a visualização "real" do local.

Guia Quatro Rodas

Disponível em http://viajeaqui.abril.com.br/tracar-rota, possibilita calcular a distância entre duas cidades. É possível optar pela melhor rota e simular o gasto com combustível. Muito útil para o planejamento operacional.

Caso o usuário queira acessar os mapas de uma cidade, deve clicar em "Guia de Ruas", digitar o endereço que procura que ele será plotado no mapa. Em cidades que ainda não estão georreferenciadas essas informações não serão fornecidas.

DNIT

O site do DNIT (Departamento Nacional de Infraestrutura de Transportes) – http://servicos.dnit.gov.br/condicoes/ – disponibiliza as condições das rodovias federais. Basta clicar sobre o estado no mapa interativo e clicar

---

[20] O app iOS BuscaBrasil é um aplicativo gratuito que permite várias consultas: rastreamento de encomendas, busca de CEPs por endereço, busca de endereço por CEP, Agências e Cálculo de Fretes. O aplicativo Android MSG Correios Rastreamento permite o rastreamento de objetos enviados pelos correios.

sobre o número da BR que irão aparecer informações sobre as condições da pista, sinalização e particularidades de cada trecho.

Caso o usuário queira, poderá acessar http://www.dnit.gov.br/mapas-multimodais/mapas-multimodais e ter acesso a arquivos de mapas rodoviários atualizados de todos os estados brasileiros. Basta fazer *download* e acessar o mapa.

GeoMaps

Excelente banco de dados que possibilita o *download* de mais de oito milhões de mapas. Ele integra dados locais em vários idiomas, coordenadas geográficas e informações dos lugares. O problema da ferramenta é que ela é editada manualmente pelo usuário e poderá conter informações destoantes. Basta acessar http://www.geonames.org/ e colocar o nome do lugar na barra de busca. Recomenda-se fazer a busca por país e depois escolher a cidade. No resultado aparecerá um mapa com os nomes dos bairros plotados.

Há ainda outros sites que podem ser consultados para busca:

- **Guia Mais** - http://mapas.guiamais.com.br/ - Além da pesquisa por endereços e visualização do mapa, permite traçar rotas. Há aplicativo para celulares[21].
- **MapQuest** - http://www.mapquest.com/ - Permite pesquisar os mapas e relacionar serviços na volta.
- **Here** - O Nokia Mapas, antes acessível pelo http://maps.nokia.com, transformou-se em http://here.com. Além da pesquisa por endereços e visualização do mapa, permite traçar rotas. Se o usuário permitir, traça rotas e pesquisas a partir de sua localização. Também é possível, pelo Here, criar mapas com caminhos desconhecidos.

[21] O app iOS GuiaMais permite a localização de empresas, produtos e serviços a partir de um determinado endereço. A procura pode ser feita por cidade ou filtrada pelo bairro, além de possibilitar o compartilhamento da informação em redes sociais. Há, ainda, o aplicativo GuiaMais.com na versão Android.

- **Bing** - http://br.bing.com/maps/ - Ferramenta da Microsoft que permite pesquisa por endereços e rotas.
- **OpenStreetMap** - O OpenStreetMap é desenvolvido por uma comunidade voluntária de mapeadores que contribuem e mantêm atualizados dados sobre estradas, trilhos, cafés, estações ferroviárias e muito mais por todo o mundo. Disponível em http://www.openstreetmap.org/.
- **GPSVisualizer** - Permite visualizar e calcular a distância entre pontos através das coordenadas geográficas. Disponível em http://www.gpsvisualizer.com/calculators
- **WikiMapia** - http://wikimapia.org/

Pesquisas sobre veículos, multas, carteira nacional de habilitação e gravame veicular

SINIAV (Sistema de Identificação Automática de Veículos)

O SINIAV foi criado no ano de 2006 através da Resolução nº 212 do CONTRAN (Conselho Nacional de Trânsito) com a finalidade de empreender a modernização e a adequação tecnológica dos equipamentos e procedimentos empregados nas atividades de prevenção, fiscalização e repressão ao furto e roubo de veículos e cargas, bem como dotar os órgãos executivos de trânsito de instrumentos modernos e interoperáveis para planejamento, fiscalização e gestão do trânsito e da frota de veículos.

A tecnologia do SINIAV é baseada em identificação por radiofrequência. Devem ser instalados chips em todos os veículos que transitam por vias terrestres pelo país, possibilitando a sua identificação e seu rastreamento. Os dados serão enviados para antenas leitoras instaladas em vários locais para captação do sinal. Posteriormente, são analisados em centrais que dão resultados imediatos sobre clonagem, multas, licenciamento de veículos e ocorrências de roubos e furtos.

Essas medidas propostas pelo sistema, caso sejam implementadas na totalidade, resultarão na diminuição das ocorrências que envolvam subtração de automóveis e em uma melhor organização do trânsito, já que os dados serão repassados em tempo real.

Além do mais, a implantação do sistema formará um poderoso banco de dados, através do qual será possível ao analista/investigador fazer a consulta sobre dia, hora e local que determinado veículo transitou ou outras informações úteis que podem ser usadas na produção do conhecimento ou para apontar autoria em uma investigação policial.

Apesar de ter sido criado há mais de seis anos, e após vários adiamentos de sua implementação, o anexo I da Resolução CONTRAN nº 412 de 09/08/2012 estabeleceu que o processo de implantação do SINIAV teria obrigatoriamente que iniciar em todo o território nacional até o dia 1º de janeiro de 2013 e ser concluído até o dia 30 de junho de 2014. A resolução 537 do Contran, datada de junho de 2015, estabeleceu que o processo de emplacamento eletrônico de veículos do Sistema Nacional de Identificação Automática de Veículos (SINIAV) seria iniciado em todo o território nacional a partir de 1º de janeiro de 2016, sendo facultada a antecipação pelos órgãos do Sistema Nacional de Trânsito.

Polícia Rodoviária Federal (PRF)

O site da PRF permite várias consultas úteis, além de algumas funcionalidades, como o alerta de roubo ou furto de veículos *on-line* – é o chamado SINIARF – Alerta. Neste aplicativo é permitido à vítima fazer o registro *on-line* da ocorrência, sendo gerado um alerta para todos os postos da PRF. Esse sistema leva em conta que quanto mais rápido for registrada a ocorrência, maior será a probabilidade de recuperar o veículo. É importante mencionar que esse registro não suprirá aquele realizado nas delegacias de polícia, de pronto atendimento, plantões ou especializadas na repressão a furto e roubo de veículos.

É possível, da mesma forma, a consulta por multas através da placa do veículo, CPF ou CNPJ do proprietário (https://www.prf.gov.br/portal/multas-e-infracoes/consulta-de-multas-nada-consta). O serviço de Nada Consta informa se o veículo possui multas por infringir o Código de Trânsito Brasileiro (CTB) extraídas pela Polícia Rodoviária Federal (PRF). Em caso de acidentes, é possível também fazer a consulta (http://www.dprf.gov.br/bat/).

Os radares fixos podem ser consultados através de https://www.prf.gov.br/portal/multas-e-infracoes/lista-de-radares-fixos.

DENATRAN

O DENATRAN (Departamento Nacional de Trânsito) permite em seu site (https://denatran.serpro.gov.br/index2.htm), após inserir o CPF ou CNPJ e o RENAVAM do veículo, saber informações sobre propriedade, tipo de veículo, ano, restrição, além de ocorrência por furto ou roubo. Entretanto, as informações retiradas do site não servem como certidão negativa. As consultas institucionais devem ser feitas por outro canal.

Multas e pontuação em CNH

Vários sites de DETRANs (Departamentos Estaduais de Trânsito) disponibilizam a consulta por multas e pontuação em CNH. É possível saber se determinado indivíduo já foi multado no estado em que é procurado. Vejamos alguns deles:

- **Alagoas** - http://www.detran.al.gov.br/
- **Amazonas** - http://www.detran.am.gov.br/
- **Ceará** - http://portal.detran.ce.gov.br/
- **Espírito Santo** - http://www.detran.es.gov.br/
- **Goiás** - http://www2.detran.goias.gov.br/

- **Maranhão** – http://www.detran.ma.gov.br/.
- **Mato Grosso do Sul** – http://m.detran.ms.gov.br/
- **Minas Gerais** – http://www.detran.mg.gov.br
- **Pará** – http://www.detran.pa.gov.br/servicos/pontuacao/index.php
- **Paraíba** – http://www.detran.pb.gov.br/
- **Paraná** – http://celepar7.pr.gov.br/mtm/servicos/cons_multa.asp
- **Pernambuco** – http://www.detran.pe.gov.br/
- **Rio Grande do Sul** – http://www.detran.rs.gov.br/
- **Santa Catarina** – http://www.detran.sc.gov.br/index.php/infracao/consulta-de-infracoes
- **São Paulo** – http://www.detran.sp.gov.br/
- **Sergipe** – https://seguro.detran.se.gov.br/portal/?pg=cnh_con_pontuacao

Verificação de gravame de veículos

O gravame existe quando se inclui um ônus (anotação de registro) no veículo financiado, não sendo permitindo a sua transferência até o pagamento da última parcela.

Em um processo de análise e/ou investigação, é interessante saber se determinado veículo possui esse ônus ou não.

A FENASEG (Federação Nacional das Empresas de Seguros Privados e Capitalização) firmou convênios com os departamentos de trânsito dos estados, permitindo às instituições financeiras a inclusão e a consequente baixa do gravame através de meio eletrônico, sem a necessidade do trâmite em papel. Tal medida evita mais a prática de fraudes.

Vários sites disponibilizam essa consulta:

- **DETRAN-AL** - http://www.detran.al.gov.br/veiculos/servicos/consulta-de-gravame/
- **DETRAN-CE** - http://portal.detran.ce.gov.br/index.php/consulta-ao-sng
- **DETRAN-DF** - http://www.detran.df.gov.br/consulta-sng.html
- **DETRAN-GO** - http://www.detran.goias.gov.br/pagina/ver/12754/consulta-de-gravame
- **DETRAN-PA** - http://www.detran.pa.gov.br/sistransito/detran-web/servicos/veiculos/indexSNG.jsf
- **DETRAN-PI** - http://srv.detran.pi.gov.br/consultasng1.php
- **DETRAN-PR** - http://www.detran.pr.gov.br/modules/catasg/servicos-detalhes.php?tema=veiculo&id=82
- **DETRAN-RO** - https://consulta.detran.ro.gov.br/CentralDeConsultasInternet/Software/ViewConsultaGravame.aspx
- **DETRAN-SE** - https://seguro.detran.se.gov.br/portal/?pg=cons_sng
- **DETRAN-SP** - Permite a consulta, entretanto é necessário que o usuário faça um cadastro para receber um login a fim de habilitá-lo para acessar as informações. Após isso, basta acessar http://www.detran.sp.gov.br/wps/portal/portaldetran/cidadao/servicos/loginServicos. No mesmo site é possível pesquisar sobre débitos e restrições do veículo.

Pesquisas e informações sobre usuários e dados de telefonia fixa e móvel

Há inúmeras informações que podem ser consultadas, em fontes abertas, sobre telefonia fixa e celular.

Dentre elas, o cadastro de terminais móveis, as coberturas de torres de telefonia móvel, a portabilidade numérica, a operadora de telefonia por número etc.

A seguir, relacionamos as principais fontes de consulta disponíveis.

Portabilidade e operadoras de telefonia por número

O site da ABR Telecom (entidade administradora da Portabilidade Numérica no Brasil) permite consultar o número em caso de portabilidade[22].

O facilitador desta ferramenta é permitir ao analista a consulta imediata e prévia da operadora, sem a necessidade de checar tabelas afixadas na parede ou sequer realizar ligações diversas à procura da responsabilidade quanto ao número.

Assim, pode ser acessado através do link: http://consultanumero.abr.net.br:8080/consultanumero. Outro site que fornece tal pesquisa é o www.consultaportabilidade.com.br, cujo uso é bastante prático. Essa pesquisa evita que uma ordem judicial, por exemplo, seja encaminhada para todas as operadoras, sendo direcionada apenas à que administra o número investigado.

Há vários aplicativos que podem ser instalados em dispositivos móveis[23].

- **Consulta operadora** – Disponível em https://play.google.com/store/apps/details?id=com.consultaoperadora.free
- **Operadoras** – https://play.google.com/store/apps/details?id=com.operadoras

[22] A portabilidade numérica é a facilidade que possibilita ao cliente de serviços de telefonia fixa e móvel manter o número do telefone (código de acesso) a ele designado, independentemente da operadora do serviço a que esteja vinculado. Na telefonia fixa, os clientes podem mudar de endereço, sem mudar de operadora, desde que seja na mesma Área Local; podem mudar de operadora sem mudar de endereço; podem mudar de endereço e de operadora, desde que na mesma Área Local; e também podem mudar de plano de serviço sem mudar de operadora. Já na telefonia móvel, os clientes podem mudar de operadora dentro da mesma Área de Registro (DDD) e mudar de plano de serviço. A portabilidade numérica nas telefonias (móvel e fixa) está ativa e cobre todo o Brasil desde 1º de março de 2009.

[23] "Qual Operadora" é utilizado no sistema operacional Android. Informa a operadora a qual o número pertence, inclusive nos casos de portabilidade. "Portabilidade Fácil Free" é outra opção. O "Portabilidade Fácil" é o app utilizado em iOS que permite saber as operadoras dos contatos e ainda fazer consulta de determinado número.

Operadora por número fixo

O site brasileiro Teleco - http://www.teleco.com.br/num.asp - fornece informações sobre código de acesso de usuário, prefixos, códigos nacionais, códigos de seleção de prestadora e não geográfico, códigos de serviços de utilidade pública e demais dados. Além disso, tem uma gama de respostas para os interessados no funcionamento das telefonias fixas e móveis, além de procedimentos técnicos relacionados.

Descobrindo o DDD e a cidade

O usuário pode fazer a pesquisa de DDD a partir do nome da cidade. Essa consulta sobre o DDD das cidades, capitais e códigos do Brasil pode ser feita através do site http://www.ekwbrasil.com.br/endereco.php5/.

A consulta pode ser feita também no site MBI, através da URL http://www.mbi.com.br/mbi/biblioteca/utilidades/dddprefix98/#lista_ddd.

Consulta sobre telefone público

A Anatel disponibiliza a consulta a telefones fixos por número, rua, município, cidade ou estado. O acesso encontra-se disponível em http://sistemas.anatel.gov.br/fiqueligado/. Essa é, portanto, a maneira mais ágil de obter informações sobre o local georreferenciado no telefone público. No módulo *wi-fi* podem ser consultadas as quantidades instaladas de pontos de acesso (*hotspots*) em cada estado e município, a localização georreferenciada, a identificação da empresa que fornece o serviço e as características de uso, tais como a categoria que representa o tipo de local em que o serviço pode ser acessado (academia, aeroporto, café, centro de convenções, estádios, etc.) e o tipo de acesso (se gratuito ou pago). Também serão fornecidas informações como velocidades mínima e máxima de navegação, restrições e dicas de uso e a data na qual as informações foram atualizadas no sistema.

A consulta pode ser feita ainda nos seguintes endereços através da Oi em http://www.brasiltelecom.com.br/portal/ConsultarTelefonesPublicos102OnlinePFPB.do?acao=onVisualizar

A aplicação Wigle, disponível em https://wigle.net/, consolida informações sobre redes *wi-fi* de todo o mundo para uma base de dados, com ferramentas web e desktop que podem mapear, consultar e atualizar o banco de dados.

ERBs e cobertura de telefonia móvel

Podemos indicar dois importantes sites de busca por dados de operadoras de telefones fixos, celulares e bancos de ERBs (Estações Rádio Base).

A consulta deve ser feita em www.teleco.com.br, já indicado, ou em http://sistemas.anatel.gov.br/stel/consultas/ListaEstacoesLocalidade/tela.asp?pNumServico=010, diretamente no site da Anatel (Agência Nacional de Telecomunicações). Neste site pode ser feita consulta, por exemplo, de todas as ERBs de um município ou apenas por operadoras. Evita uma prévia consulta à operadora, via ordem judicial, sobre quais antenas operam sobre determinado endereço ou coordenada geográfica, o que pode retardar a coleta de evidências em uma investigação criminal.

A Associação Brasileira de Telecomunicações emite a consulta, através de http://www.telebrasil.org.br/panorama-do-setor/mapa-de-erbs-antenas, de mapas de estações rádio-base no Brasil.

O Aplicativo Anatel Cobertura Celular permite realizar essa consulta em dispositivos móveis.

Há ainda o site Cobertura Celular, disponível em www.coberturacelular.com.br, que permite saber quais as ERBs próximas a um determinado endereço e/ou as respectivas coordenadas geográficas.

É ferramenta útil para o analista, de uma forma rápida, saber quantas torres de telefonia celular existem nas proximidades de um determinado local e direcionar o pedido judicial, por exemplo, solicitando os dados de determinada operadora de telefonia relativos apenas a determinado quadrante de cobertura da ERB especificada.

Consulta à lista telefônica

Vários são os sites que fornecem dados de cadastro de telefonia fixa. Assim, o analista não precisa, necessariamente, ficar adstrito à pesquisa nas listas telefônicas ainda enviadas pelas operadoras de telefonia fixa. Dentre os sites existentes, sugerimos:

- **102 ONLINE** – Ao acessar http://www.brasiltelecom.com.br/portal/102Online.do?acao=onVisualizar, é possível fazer diversos tipos de consulta, encontrar assinantes ou saber se determinado número de telefone é público e qual sua localização. Na pesquisa por assinante ou empresa você poderá fazer um filtro de cidades de dez estados brasileiros para obter dados mais detalhados. Pode-se, ainda, confirmar o código DDD da cidade para qual quer ligar e ainda buscar telefones de acordo com o ramo da atividade que deseja. A limitação do site é relacionada à restrição de pesquisa a poucos estados brasileiros.

- **102 Busca** – Nesse site é possível consultas por nome, atividade e telefone. O problema da consulta é que essas informações não estarão disponíveis para todos os estados (são 16 estados em que a pesquisa é possível). Em São Paulo, por exemplo, o usuário consegue acessar apenas a página da operadora de telefonia.

- **Telelistas** – O site http://telelistas.net/ fornece inúmeras opções de pesquisa de telefones, podendo ela ser feita por estado, cidade, nome e/ou atividade. Além de possuir aplicativos para *smartphones* iOS, Android, Windows Phone (Nokia), há possibilidade de uso de mapas e rotas.

- **Guia Mais** – A URL http://www.guiamais.com.br/ fornece informações sobre endereços e dados de empresas em diversas cidades do Brasil. Ferramenta com excelente poder de resposta para fornecer respostas úteis sobre um dado pesquisado.

- **Netsabe** – É um produto da Algar Mídia, com mais de dois milhões de visitas mensais[24]. As consultas estão relacionadas com os dados da operadora de telefonia CTBC, fornecendo informações sobre Minas Gerais, Mato Grosso do Sul, Goiás, Rio de Janeiro e São Paulo. O endereço para consulta é http://www.netsabe.com.br/. O Netsabe tem um app para aparelhos móveis com sistema operacional Android.
- **Embratel** – Possibilita a consulta à lista telefônica dos assinantes da Embratel em http://200.255.122.78/listaEmbratel/.

Pesquisa e acessos a sites governamentais e de dados públicos

Há vários sites, disponibilizados por diversos entes da Administração Pública, onde é possível fazer consultas sobre municípios, acessar portais de transparência e obter uma infinidade de informações, retirar certidões negativas, fazer consultas sobre CPF e CNPJ, dentre outros.

Assim, podemos elencar algumas das ferramentas de informações públicas que podem ser úteis ao analista de Inteligência Policial ou investigador policial.

Portal da Transparência

Servidores

No Portal da Transparência podem ser encontrados dados detalhados sobre a execução orçamentária e financeira do Governo Federal, com possibilidade de pesquisar informações por dia e pela fase de despesa (empenho, liquidação ou pagamento). Permite ainda acompanhar os recursos públicos transferidos pela União ao exterior, a estados e municípios brasileiros, ao Distrito Federal, às instituições privadas e aos cidadãos, bem como para conferir os gastos diretos do Poder Executivo Federal, consultar empresas inidôneas ou suspensas, além de saber sobre lotação de qualquer servidor

[24] **Quem somos.** Disponível em: <http://www.netsabe.com.br/quem-somos/>. Acesso em: 02. abr 2016.

público federal. Permite o cadastro de e-mail para recebimento de notícias que versem sobre determinado repasse ou convênio.

URL do Portal: http://www.portaltransparencia.gov.br/.

O acompanhamento da transferência de recursos públicos da União para os estados, municípios, Distrito Federal, instituições privadas e cidadãos é atualizada diariamente.

As informações sobre gastos diretos do governo são disponibilizadas na referida aplicação através de: tipos de despesa, órgão executor, programa, ação ou favorecido.

Imóveis funcionais

Os imóveis funcionais de propriedade da União são outro parâmetro de consulta, que pode ser feita por imóvel ou permissionário.

Diárias pagas

As diárias pagas por favorecido podem ser consultadas na aba principal, basta selecionar o exercício e digitar o CPF do favorecido.

Dentre as funcionalidades citadas, no mesmo portal, na URL http://www.portaldatransparencia.gov.br/servidores/, há a possibilidade de consultar informações sobre os servidores federais ativos do Poder Executivo, civis e militares, além de agentes públicos do Poder Executivo Federal. Não é possível nesse portal consultar dados sobre servidores de outros poderes ou de inativos e pensionistas.

Essa consulta pode ser feita utilizando vários parâmetros de pesquisa: nome do servidor, órgão de exercício, órgão de lotação e por função ou cargo de confiança.

A fim de garantir uma maior eficiência às atividades correcionais, a Controladoria Geral da União lançou o Cadastro de Expulsões da Administração Federal (CEAF), disponível para ser consultado no Portal da Transparência.

O banco de dados para ser consultado reúne dados de procedimentos de expulsão no âmbito do Poder Executivo Federal nas penalidades de demissão, cassação de aposentadoria e destituição do cargo em comissão ou função comissionada. A medida visa um maior controle por parte da Administração Pública, impedindo que, dependendo da punição, retornem para o serviço público através de outro concurso público.

Ao acessar o cadastro, serão fornecidas informações sobre detalhes da punição, órgão em que era lotado com o respectivo estado, fundamentos legais e cópia do diário oficial.

Campo Bolsa Família

A consulta sobre os pagamentos realizados no Bolsa Família pode ser feita no site do portal da transparência do governo federal. Para tanto, basta acessar o campo Buscas Temáticas e escolher o ano das informações solicitadas. Após, escolhem-se o estado e o município de pagamento. Os resultados incluirão os beneficiados por ordem alfabética do município escolhido. Caso queira obter informações sobre o pagamento do benefício de determinado indivíduo, basta selecionar o campo Transferência de Recursos, marcar "favorecido" e o exercício a ser consultado. Após, colocar o CPF no campo "pesquisar" para mostrar o quanto foi pago pelo governo federal naquele exercício.

A Caixa Econômica Federal possibilita a consulta de pagamento do Bolsa Família. O CPF é o parâmetro de pesquisa. As pesquisas podem ser feitas ainda pela unidade da federação ou pelo município.[25]

Há outros sites de busca disponíveis em nível federal e estadual, com o mesmo objetivo de dar transparência à gestão pública. Podemos citar:

Portal da Transparência do Poder Judiciário

Disponibiliza a quem interessar dados referentes sobre execução orçamentária e financeira do Poder Judiciário. No detalhamento das despesas

[25] Caixa Econômica Federal. Disponível em: <https://www.beneficiossociais.caixa.gov.br/consulta/beneficio/04.01.00-00_00.asp>. Acesso em: 22 abr. 2016.

é possível saber em que fase ela se encontra (empenho, liquidação ou pagamento). O espelho do documento pode ser checado. O acesso público aos dados detalhados e diariamente atualizados sobre os atos praticados durante o processo de execução do orçamento permite ao cidadão verificar como e em que estão sendo gastos os recursos disponibilizados. A consulta pode ser filtrada por receitas, Tribunais Estaduais e Tribunais Militares. O link é http://www.portaltransparencia.jus.br.

Tesouro Nacional

O site da Secretaria do Tesouro Nacional (http://www.stn.fazenda.gov.br) disponibiliza os valores dos repasses das receitas federais para os estados, municípios e Distrito Federal. É possível obter informações sobre os valores repassados das seguintes receitas: Fundo de Participação dos Estados e do Distrito Federal (FPE), Fundo de Participação dos Municípios (FPM), Fundo de Compensação pela Exportação de Produtos Industrializados (FPEX), Fundo de Manutenção e Desenvolvimento da Educação Básica e da Valorização dos Profissionais de Educação (Fundeb) e Imposto sobre a Propriedade Territorial Rural.

É possível fazer a filtragem por estado, município, mês, ano e espécie de transferência. Excelente ferramenta para os órgãos de fiscalização, principalmente o Ministério Público.

Com relação aos dados sobre Transferências Voluntárias[26], a consulta pode ser feita por nome ou CNPJ.

Banco do Brasil

O site do Banco do Brasil também disponibiliza informações sobre o repasse de recursos aos governos federal, estadual e municipal. Basta acessar www.bb.com.br, clicar na aba Governo, depois em Municipal, por exemplo, clicar em "Receitas" e depois em "Repasse de recursos". Na página aberta há o campo "Clique aqui para acessar o demonstrativo". Depois é só colocar o nome do município e serão disponibilizados o valor e o dia do que foi cre-

---

[26] A transferência voluntária é a entrega de recursos correntes ou de capital a outro ente da Federação, a título de cooperação, auxílio ou assistência financeira, que não decorra de determinação constitucional, legal ou os destinados ao Sistema Único de Saúde, por meio da formalização de convênios ou contratos de repasse.

ditado para o município em transferências constitucionais. É possível ainda obter dados dos valores que são retidos para PASEP, INSS, FUNDEB e outras deduções.

Excelente ferramenta para auxiliar o Ministério Público e a Polícia Judiciária no acompanhamento dos recursos repassados aos gestores, permitindo uma atuação preventiva mais célere.

A plataforma e-licitações, disponível em http://www.licitacoes-e.com.br/aop/index.jsp, possibilita o acesso às informações de licitações em andamento e públicas, propostas em aberto, disputa, homologadas ou concluídas.

BNDES

O Banco Nacional do Desenvolvimento proporciona, na aba "BNDES Transparente", a opção de consultar os projetos realizados por entidades da Administração Pública Direta e o banco, possibilitando que qualquer pessoa fiscalize essas operações. É possível ainda consultar operações de financiamento com micro, pequenas e médias empresas. Basta consultar http://www.bndes.gov.br/SiteBNDES/bndes/bndes_pt/Institucional/BNDES_Transparente/.

Tribunal de Contas da União

O site do TCU possibilita diversos parâmetros de busca e de emissão de certidões de responsabilização pública:

a) **Contas julgadas irregulares** – Cadastro reunindo nome de todas as pessoas, físicas ou jurídicas, detentoras ou não de cargo ou função pública, cujas contas foram julgadas irregulares pelo órgão. A consulta pode ser feita por número do processo, nome, CPF ou CNPJ.

b) **Inabilitadas para função pública** – Relação dos que estão inabilitados para o exercício de cargos em comissão ou função de confiança a nível de Administração Pública Federal.

c) **Licitantes inidôneos** - Relação de todos os inidôneos a participarem de licitações realizadas pela Administração Pública Federal.

d) **Eleições** - Relação com contas julgadas irregulares nos oito anos anteriores a 2014. A consulta pode ser feita por ordem alfabética ou por unidade federativa.

Portal dos convênios

O SICONV é o portal de convênios[27] do Governo Federal. Permite várias consultas sobre a transferência de recursos financeiros de dotações no Orçamento Fiscal e da Seguridade Social da União.

Na aba "Acesso livre", é possível ter informações sobre convênios por órgão e consultar entidades privadas[28] sem fins lucrativos que estejam aptas. O portal ainda oferece um campo para consulta eletrônica de preços.

O endereço para consulta é https://portal.convenios.gov.br/pagina-inicial.

O portal dos convênios permite ainda a consulta de:

a) Banco de projetos - Reunião de projetos disponibilizados por vários órgãos da Administração Pública Federal a fim de servirem como referência aos proponentes e convenentes na execução dos seus projetos.

b) Consulta de convênio e pré-convênio.

c) Entidade pública sem fins lucrativos.

d) Programas.

e) Proponente.

---

[27] Convênio, de acordo com o decreto federal nº 6.170/2007, é "o acordo, ajuste ou qualquer outro instrumento que discipline a transferência de recursos financeiros de dotações consignadas nos Orçamentos Fiscais e da Seguridade Social da União e tenha como partícipe, de um lado, órgão ou entidade da administração pública federal, direta ou indireta, e, de outro lado, órgão ou entidade da administração pública estadual, distrital ou municipal, direta ou indireta, ou ainda, entidades privadas sem fins lucrativos, visando a execução de programa de governo, envolvendo a realização de projeto, atividade, serviço, aquisição de bens ou evento de interesse recíproco, em regime de mútua cooperação".

[28] As entidades privadas que pretendam celebrar convênio ou contrato de repasse devem estar castradas no SICONV.

Alguns outros portais também fornecem informações sobre convênios, como é o caso do Ministério do Turismo, http://www.turismo.gov.br/turismo/convenios_contratos/consulta_publica/, possibilitando consulta pública sobre convênios realizados no âmbito do Ministério. A pesquisa poderá ser feita por: convenente, convênio, CNPJ, objeto ou UF. O resultado pode ser padronizado com informações que apenas interessarem na busca.

Programa de Aceleração do Crescimento

O PAC foi criado em 2007 visando planejar e executar obras de infraestrutura social, urbana, energética e de logística. No portal http://www.pac.gov.br/ é possível obter dados sobre a lista de empreendimentos do Minha Casa Minha Vida, Água e Luz para Todos, Transportes, Cidade Melhor, Comunidade Cidadã e Energia etc. O site disponibiliza um mapa interativo das obras.

É possível fazer um filtro na pesquisa e selecionar os investimentos do PAC por estado.

O app do PAC está disponível para Android e iOS, sendo capaz de georreferenciar as obras do programa e ainda os dados atinentes ao valor e ao andamento das obras, além do órgão responsável por sua execução.

Portal da Transparência da Câmara dos Deputados

O endereço eletrônico http://www2.camara.gov.br/transparencia possibilita o acesso a várias informações públicas disponíveis. Nele é possível se cadastrar e receber via e-mail um boletim eletrônico quinzenal contendo diversos dados sobre o parlamentar escolhido, como discurso, movimentação parlamentar, votações, proposições apresentadas e relatadas etc.

A cota para o exercício da atividade parlamentar está disponível. Pode ser consultada por períodos, e os dados obtidos discriminam como o dinheiro público está sendo utilizado. A relação de imóveis funcionais ou de auxílio-moradia pode ser acessada.

Na seção "Fiscalize o Orçamento Público" é possível obter dados de transferências a estados, municípios, entidades privadas e transferências por programação.

As viagens realizadas em missão oficial por parlamentares e servidores podem ser consultadas na seção "Viagens em Missão Oficial".

O sistema "Fiscalize" tem como base de dados o SIAFI, possibilitando a consulta à execução orçamentária e financeira da União.[29]

Portal da Transparência do Senado

O Portal do Senado tem uma seção dedicada à Transparência Pública (http://www.senado.gov.br/transparencia/). Nela você poderá acessar todos os dados referentes a:

a) **Senadores:** informações sobre recursos utilizados no exercício do mandato parlamentar.

b) **Gestão e governança:** dados sobre planejamento e gestão no Senado Federal, estrutura e boletim administrativo.

c) **Licitações e contratos:** todas as modalidades de licitação e contratos firmados pelo Senado Federal.

d) **Gestão de pessoas:** consulta de servidores ativos, aposentados, concursos, terceirizados, estagiários, pensionistas e colaboradores eventuais.

e) **Orçamento e finanças:** receitas e despesas, suprimento de fundos e relatórios de gestão fiscal.

Dentro da página do Senado ainda existe o Portal do Orçamento, disponível em https://www12.senado.gov.br/orcamento/sigabrasil. Nele há o SIGA BRASIL, ferramenta de consulta que possibilita um acesso amplo ao SIAFI e a diversas bases de dados sobre orçamentos públicos. As informações sobre a Lei Orçamentária Anual estão disponíveis, sendo possível checar todas as fases do processo orçamentário.

---

[29] Disponível em: <http://www2.camara.leg.br/atividade-legislativa/orcamentobrasil/fiscalize/index.html>. Acesso em: 14 set. 2016.

A função GeoSiga apresenta, através do georreferenciamento, informações sobre transferências federais aos estados e municípios. O filtro utilizado na pesquisa é por estado, município, população, ano e mês.

Compras Governamentais

O site Compras Governamentais é o portal de compras do Governo Federal. Permite acesso sem cadastro ou qualquer senha de acesso. As informações que podem ser encontradas são[30]:

- **Atas** – Consulta de atas por pregão, registro de preço por material e serviço, registro de preço de TI.[31]
- **Extrato de contrato** – Permite consultar os extratos de contratos realizados entre o Governo Federal e seus fornecedores.[32]
- **Resultado de licitações** – Permite acesso aos resultados dos processos de compra do Governo Federal, qualquer que seja a sua forma, verificando qual empresa foi vencedora em determinada licitação.[33]
- **CRC (Certificado de Registro Cadastral do SICAF)** – Permite a emissão do Certificado de Registro Cadastral dos Fornecedores inscritos no Cadastro Unificado de Fornecedores do Governo Federal (SICAF), com a indicação da sua data de validade.
- **Pesquisa textual em editais** – Possibilita a consulta por palavras dentro de editais.
- **Linhas de fornecimento** – Informa quais as linhas de fornecimento de materiais e serviços utilizados pelo Governo Federal para a aquisição de seus bens e serviços.

---

[30] Disponível em: <http://www.comprasgovernamentais.gov.br/>. Acesso em: 14 set. 2016.

[31] Disponível em: <http://www.comprasgovernamentais.gov.br/gestor-de-compras/consultas-1/atas>. Acesso em: 14 set. 2016.

[32] Disponível em: <http://www.comprasgovernamentais.gov.br/gestor-de-compras/consultas-1/contratos>. Acesso em: 14 set. 2016.

[33] Disponível em: <http://www.comprasgovernamentais.gov.br/gestor-de-compras/consultas-1/licitacoes>. Acesso em: 29 abr. 2016.

- **Licitações (sem itens)** – Permite consultar os extratos das licitações que estão ocorrendo. É possível selecionar a modalidade, o estado ou recuperar as licitações da linha de fornecimento do fornecedor.
- **Certidão Negativa** – Permite fazer o link de acesso a serviços *on-line* de certidões de débito junto à União.
- **Material** – Permite pesquisar pelo tipo de material, se sustentável ou não.[34]
- **Unidade Administrativa de Serviços Gerais** – Mostra os códigos e órgãos usuários do SIASG.

É possível ainda acessar o painel de compras do Governo Federal, disponível em http://paineldecompras.planejamento.gov.br/QvAJAXZfc/opendoc.htm?document=Painel%20de%20Compras.qvw&host=Local&anonymous=true, para consultar o número de contratações públicas e ainda verificar um panorama dos gastos públicos e do comportamento licitatório no âmbito da administração pública federal.

A consulta pode ser feita por:

a) Processos de compras.

b) Contratos.

c) Atas.

d) Fornecedores.

Portais estaduais

A lei complementar 131/2009, ao alterar a LC nº 101, obriga União, estados, DF e municípios a fornecer informações pormenorizadas sobre sua execução orçamentária e financeira. Apesar de a lei determinar prazo para a liberação em meio eletrônico, alguns entes não estão disponibilizando esses dados[35].

[34] Disponível em: <http://comprasnet.gov.br/acesso.asp?url=/Livre/Catmat/Conitemmat1.asp>. Acesso em: 14 set. 2016.

[35] Um ano para a União, os estados, o Distrito Federal e os municípios com mais de cem mil habitantes. Dois anos para os municípios que tenham entre cinquenta mil e cem mil habitantes. Quatro anos para os municípios que tenham até cinquenta mil habitantes.

Grande parcela dos portais estaduais de transparência disponibilizam informações sobre despesas, receitas e prestação de contas. Outros fornecem dados mais detalhados, como a relação de servidores por órgão de lotação e o respectivo quadro remuneratório, balanços contábeis, compras públicas e benefícios fiscais.

São esses os portais estaduais consultados[36]:

- **Acre** - http://sefaznet.ac.gov.br/transparencia/servlet/portaltrans parencia
- **Alagoas** – http://www.transparencia.al.gov.br/
- **Amapá** – http://www.transparencia.ap.gov.br/
- **Amazonas** – http://www.transparencia.am.gov.br
- **Bahia** – http://www.transparencia.ba.gov.br/
- **Ceará** – http://www.portaldatransparencia.ce.gov.br/
- **Distrito Federal** – http://www.transparencia.df.gov.br
- **Espírito Santo** – http://www.transparencia.es.gov.br/
- **Goiás** – http://www.transparencia.goias.gov.br/
- **Maranhão** – http://www.portaldatransparencia.ma.gov.br/
- **Minas Gerais** – http://www.transparencia.mg.gov.br/
- **Pará** – http://www.portaltransparencia.pa.gov.br/
- **Paraíba** – http://transparencia.pb.gov.br/
- **Paraná** – http://www.portaldatransparencia.pr.gov.br/
- **Pernambuco** – http://www2.portaldatransparencia.pe.gov.br/web/ portal-da-transparencia
- **Piauí** – http://transparencia.pi.gov.br/
- **Rio de Janeiro** – http://www.transparencia.rj.gov.br/

[36] Portais da Transparência consultados em 26 de abril de 2016.

- **Rio Grande do Norte** – http://www.transparencia.rn.gov.br
- **Rio Grande do Sul** – http://www.transparencia.rs.gov.br
- **Rondônia** – http://www.transparencia.ro.gov.br/
- **Roraima** – http://www.transparencia.rr.gov.br/
- **Santa Catarina** – http://www.sef.sc.gov.br/transparencia
- **São Paulo** – http://www.fazenda.sp.gov.br/contas1/default.shtm
- **Sergipe** – http://www.transparenciasergipe.se.gov.br
- **Tocantins** – http://www.transparencia.to.gov.br/

Portais municipais

Os portais das capitais brasileiras possibilitam acesso às despesas e receitas efetuadas em atendimento à Lei de Responsabilidade Fiscal. Algumas das mais populosas cidades brasileiras também já possuem sua ferramenta de consulta pela Internet[37].

São esses os principais sítios para consulta[38]:

- **Aracaju** –http://www.aracaju.se.gov.br/index.php?act=leituraFixa &codigo=41803
- **Belém** – http://www.belem.pa.gov.br/
- **Belo Horizonte** – http://portalpbh.pbh.gov.br/
- **Boa Vista** – http://transparencia.boavista.rr.gov.br/portal/
- **Campo Grande** – http://www.capital.ms.gov.br/transparencia
- **Cuiabá** – http://transparencia.cuiaba.mt.gov.br/transparencia/servlet/portalcuiaba

[37] Guarulhos, Campinas, São Gonçalo (RJ), Duque de Caxias (RJ), Nova Iguaçu (RJ) São Bernardo do Campo (SP) e Santo André (SP) são alguns dos exemplos.

[38] Consulta realizada em 26 de abril de 2016.

- **Curitiba** - http://www.transparencia.curitiba.pr.gov.br/
- **Florianópolis** - http://www.siaci.sc.gov.br/Portal.aspx?idportal=12
- **Fortaleza** - http://portaldatransparencia.sefin.fortaleza.ce.gov.br/
- **Goiânia** - https://www.goiania.go.gov.br/shtml/transparencia/despesas.shtml
- **João Pessoa** - http://www.joaopessoa.pb.gov.br/transparencia
- **Macapá** - http://www3.macapa.ap.gov.br/transparencia/
- **Maceió** - http://www.transparencia.maceio.al.gov.br/
- **Natal** - http://www.natal.rn.gov.br/transparencia/
- **Palmas** - http://portal.palmas.to.gov.br/transparencia/1000/
- **Porto Alegre** - http://www2.portoalegre.rs.gov.br/transparencia/
- **Recife** - http://portaltransparencia.recife.pe.gov.br/
- **Rio Branco** - http://transparencia.riobranco.ac.gov.br/
- **Rio de Janeiro** - http://riotransparente.rio.rj.gov.br/
- **Salvador** - http://transparencia.sefaz.salvador.ba.gov.br/
- **São Luís** - http://www.lei131.com.br/saoluis
- **São Paulo** - http://transparencia.prefeitura.sp.gov.br/Paginas/home.aspx
- **Teresina** - http://transparencia.teresina.pi.gov.br/
- **Vitória** - http://transparencia.vitoria.es.gov.br/

Fundo Nacional de Desenvolvimento da Educação

O Portal do Fundo Nacional de Desenvolvimento da Educação, http://www.fnde.gov.br/, permite, na seção de consultas *on-line*, verificar os valores da liberação de recursos do fundo para cada município desde o ano de 2000.

A consulta de prestação de contas de programas de repasse direto do FNDE para as entidades da administração direta ou secretarias de educação dos estados pode ser realizada através do link https://www.fnde.gov.br/sispcoweb/index.jsp.

Os repasses a serem consultados são:

- PDDE – Programa Direto Dinheiro na Escola
- PDDEE – Programa Direto Dinheiro na Escola Situação Emergencial
- PNAE – Programa Nacional de Alimentação Escolar
- PNAC – Programa Nacional de Alimentação Escolar para Creche
- PNAI – Programa Nacional de Alimentação Indígena
- PNATE – Programa Nacional de Apoio ao Transporte Escolar
- EJA – Programa Apoio Estados e Municípios para Educação Fundamental
- PEJA – Programa Apoio Sistema Ensino para Atendimento ao EJA
- BRALF – Programa Apoio para Alfabetização de Jovens e Adultos
- PAED – Programa Complementar Educação Especial Pessoas Portadoras Deficiência
- PDDE_PME – PDDE Fundação Escola Projeto de Melhoria da Escola
- PDDE_PAPE – PDDE FUNDESCOLA. Projeto de Adequação de Prédios Escolares
- PDDE_FEFS – Funcionamento das Escolas no Final de Semana
- PDE_ESCOLA – Plano de Desenvolvimento da Educação
- EDUCAÇÃO ESPECIAL
- EDUCAÇÃO INTEGRAL
- PROJOVEM URBANO – Transferências Diretas
- PROJOVEM CAMPO – Transferências Diretas

No campo liberação da cota estadual e municipal do salário educação é possível obter dados da liberação de recursos de programas relacionados à educação[39]. Ao fazer a consulta sobre a liberação, aparecem informações sobre o programa, data do pagamento, valor, banco, agência e conta corrente.

Acesso a dados da Agência Nacional de Petróleo (ANP)

O site da ANP (Agência Nacional de Petróleo) permite a consulta detalhada de postos de combustíveis revendedores autorizados no país, seja por nome do posto, CNPJ, município, bandeira e tipo de combustível. Basta acessar a URL http://www.anp.gov.br/?id=1086, digitar o parâmetro de pesquisa e clicar sobre o CNPJ para receber informações sobre razão social, nome de fantasia, endereço, número de despacho de autorização da ANP e tipo de posto.

A pesquisa pode ser restringida por bandeira e tipo de posto, por exemplo. Os dados que retornam são o CNPJ, nome ou razão social, nome fantasia, endereço, dentre outros.

[39] Adequação/Adaptação Arquitetônica da Educação Especial; Bolsas; Bolsas Programa de Educação Tutorial – Bolsas PET; Bolsas ProJovem; Brasil Alfabetizado; Complementação da União ao Fundeb; Compromisso Todos pela Educação – PAR/CTE; Emendas Parlamentares; Manutenção Educação Infantil – Transferência Direta; Plano de Ação Articulada – Transferência Direta; Programa Nacional de Alimentação Escolar; Programa Auxílio Avaliação Educacional – AAE; Programa de Construção de Quadras Poliesportivas – PAC II Quadras; Programa de Trabalho Anual – PTA; Programa Dinheiro Direto na Escola – Funcionamento, DESENVO, Educação INTEG, Educação ESPECI; Programa Nacional de Acesso ao Ensino Técnico – PRONATEC/TD; Programa Nacional de Apoio ao Transporte Escolar – PNATE; Programa Proinfância – Construção de Creches PAC II PROINFÂNCIA; Programa Territórios da Cidadania; Programa para Atendimento à Educação Infantil; Quota Estadual/Municipal; Rede Física Pública do Ensino Médio Integrado à ED; Rede Física Pública do Ensino Médio Integrado EDUC; Reestruturação da Rede Física da Educação Infantil; Reestruturação da Rede Física Pública Ensino Fundamental; Reestruturação da Rede Física Pública Ensino Médio; TD – PROJOVEM URBANO; TD – PROJOVEM CAMPO; Transferência A Estado E Município PBA.

Acesso a dados da Agência Nacional de Saúde Complementar (ANS)

A ANS possui uma ferramenta, através da URL http://www.ans.gov.br/index.php/planos-de-saude-e-operadoras/espaco-do-consumidor/1149-verificar-cobertura-de-plano, para localizar um Rol de Procedimentos e Eventos em Saúde (consultas de exames e tratamentos) que um plano de saúde é obrigado a oferecer.

A ANS fornece, ainda, informações sobre o ranking das operadoras de planos de saúde que mais recebem reclamações e permite saber se o registro da operadora está ativo na ANS.

Acesso a dados da Agência Nacional de Vigilância Sanitária (ANVISA)

O site da ANVISA (http://portal.anvisa.gov.br) oferece várias ferramentas para consulta, úteis principalmente para quem trabalha em órgãos de defesa do consumidor e de fiscalização de medicamentos. O analista poderá consultar os seguintes bancos de dados:

- **Alimentos** – Consta informação sobre alimentos, empresa fabricante, número de registro do processo, prazo e sua validade. A pesquisa poderá ser feita por marca, produto, razão social ou CNPJ da empresa. Disponível em http://www7.anvisa.gov.br/datavisa/Consulta_Produto/consulta_alimento.asp.
- **Farmácias** – Permite checar as farmácias e drogarias que possuem autorização da ANVISA para funcionar.[40]
- **Produtos controlados** – Fornece a relação de produtos controlados constantes da Portaria SVS/MS nº 344, de 12 de maio de 1998.

---

[40] Anvisa. Disponível em: <http://www7.anvisa.gov.br/datavisa/Autorizacao_farmacia/Consulta_Empresa_Drogaria.asp>. Acesso em: 14 set. 2016.

- **Preços máximos de medicamentos por princípio ativo** - Permite consulta a uma lista de preços de medicamentos que contempla o preço fábrica ou preço fabricante, que é o preço praticado pelas empresas produtoras ou importadoras do produto e pelas empresas distribuidoras.

IBAMA

Há uma infinidade de consultas que podem ser realizadas no site do IBAMA. É permitido, por exemplo, verificar as atuações ambientais e diversos tipos de embargos, incluindo o desmatamento[41].

Ao fazer uma busca, os dados vêm com o conteúdo da infração. Em alguns casos, as infrações são georreferenciadas.

Outras consultas:

a) **Dados georreferenciados e estatísticas do Cadastro Técnico Federal de Atividades Potencialmente Poluidoras** - http://siscom.ibama.gov.br/ctfapp/#/

b) **Autorização Ambiental para Transporte Interestadual de Produtos Perigosos** - https://servicos.ibama.gov.br/ctf/publico/produtos_perigosos/

c) **Documentos de Origem Florestal** - https://servicos.ibama.gov.br/ctf/modulos/dof/consulta_dof.php

d) **Sistema Nacional de Informação sobre o Fogo** - http://siscom.ibama.gov.br/flex/siscom/

e) **Licença CITES** - Serviço de solicitação e emissão de licenças do IBAMA para a importação, exportação e reexportação de espécimes, produtos e subprodutos da fauna e flora silvestre brasileira, e da fauna e flora exótica, constantes ou não nos anexos da Convenção

[41] Disponível em: <https://servicos.ibama.gov.br/ctf/publico/areasembargadas/ConsultaPublicaAreasEmbargadas.php>. Acesso em: 14 set. 2016.

Internacional sobre o Comércio das Espécies da Flora e Fauna Selvagens em Perigo de Extinção – CITES. Em https://servicos.ibama.gov.br/ctf/publico/cites_verifica_licenca.php

IBGE (Instituto Brasileiro de Geografia e Estatística)

Permite a consulta às estatísticas produzidas pelo IBGE e outros órgãos públicos, abrangendo os principais indicadores sociais, econômicos e populacionais por um longo período. Auxilia, também, em uma pesquisa completa por cada município e estado da federação.

Ao acessar o site www.ibge.gov.br e consultar informações sobre a cidade de Porto Alegre, iremos obter informações sobre população, área territorial, história do município, informações sobre censos populacionais e agropecuários, saneamento básico, serviços de saúde, PIB, registro civil, mortalidade, educação, instituições financeiras, finanças públicas etc.

Consulta de CPF, CNPJ e certidões

As possibilidades, neste contexto, vão de consulta à autenticidade do documento até a verificação do possível estado da federação do CPF. Dentre as fontes de consultas, podemos destacar os seguintes sites:

Pessoa física e jurídica

- **Receita Federal, pesquisa por CPF** (http://www.receita.fazenda.gov.br/Aplicacoes/ATCTA/CPF/ConsultaPublica.asp) – Bastante útil não só para ver a regularidade fiscal de um número de CPF, mas também para ver o nome vinculado a ele. Assim, caso só tenhamos o número do CPF, realizando a consulta neste site pode-se obter o nome do responsável. Também é possível baixar apps para iPad/iPhone e para dispositivos com Android em http://www.receita.

fazenda.gov.br/PessoaFisica/DispositivosMoveis/AplicativoDispMoveis.htm.

- **Certidão de Débitos Relativos a Créditos Tributários Federais e à Dívida Ativa da União** - http://www.receita.fazenda.gov.br/Aplicacoes/ATSPO/Certidao/CndConjuntaInter/InformaNICertidao.asp?Tipo=2
- **Pesquisa de situação fiscal** - http://idg.receita.fazenda.gov.br/orientacao/tributaria/certidoes-e-situacao-fiscal/consultar-pendencias-1/consultar-pendencias
- **Receita Federal, pesquisa de CNPJ** (http://www.receita.fazenda.gov.br/PessoaJuridica/CNPJ/cnpjreva/Cnpjreva_Solicitacao.asp) - Igualmente útil para ver os dados da empresa, como nome e localização cadastrada junto ao órgão fiscal.
- **Certidão Negativa de Débitos de Imóvel Rural** - http://www.receita.fazenda.gov.br/Aplicacoes/ATSPO/Certidao/CertInter/NIITR.asp

Outro site com dados interessantes é o IEPTB (Instituto de Estudos de Protesto de Títulos do Brasil), com consultas gratuitas de protestos em www.ieptb.com.br, possuindo atualmente acesso aos dados de todos os estados da federação[42]. Também possui app para dispositivos móveis baseados em iOS e Android.[43]

Sobre consultas a empresas, na sequência haverá mais dicas no tópico relativo aos sites das Juntas Comerciais e Secretarias da Fazenda dos Estados.

Acesso às certidões negativas e positivas

Há vários sites que permitem a consulta gratuita para as mais diversas espécies de certidões sem a necessidade prévia de cadastro. É possível extrair *on-line* uma certidão de débitos federais, estaduais e municipais; certidão

[42] Informações do site, com acesso em 23 de abril de 2016.

[43] O aplicativo Guia Bolso, disponível para Android e iOS, permite ao usuário a checagem de pendência financeira com relação ao seu CPF.

positiva com efeito de negativa; certidão de regularidade de empregador e de contribuições previdenciárias.

a) **Certidão Negativa de Débitos Trabalhistas** – http://www.tst.jus.br/certidao. Em cumprimento à Lei nº 12.440/2011 e à Resolução Administrativa TST nº 1470/2011, a Justiça do Trabalho emite, a partir de 04 de janeiro de 2012, a Certidão Negativa de Débitos Trabalhistas (CNDT), documento indispensável à participação em licitações públicas.

b) **Certidão Negativa de Débito da Secretaria da Receita Federal do Brasil** – Comprova a regularidade do sujeito passivo em relação às contribuições previdenciárias e às contribuições devidas, por lei, a terceiros, incluindo as inscrições em dívida ativa do INSS. Em http://www.dataprev.gov.br/servicos/cnd1.htm.

c) **Consulta de regularidade de empregador** – Permite saber a situação do empregador na regularidade do pagamento do Fundo de Garantia por Tempo de Serviço (FGTS) dos seus empregados. Esta pesquisa é disponibilizada no site da Caixa e pode ser acessada através da URL https://www.sifge.caixa.gov.br/Cidadao/Crf/FgeCfSCriteriosPesquisa.asp.

d) **Tribunal de Contas da União** – Emite diversas certidões, detre as quais: negativa de contas julgadas irregulares, nada consta, lista de licitantes inidôneos e inabilitados para função pública. Disponível em http://portal.tcu.gov.br/certidoes/certidoes.htm.

e) **Certidão Negativa Justiça Militar** – http://www.stm.jus.br/servicos-stm/certidao-negativa

f) **Certidão Eleitoral** – São vários os tipos que podem ser solicitados em http://www.tse.jus.br/eleitor/servicos/certidoes:

- **Certidão de composição partidária** – Tem como intuito atestar a composição dos órgaos partidários.

- **Crimes eleitorais** - Serve para atestar a existência ou a inexistência de registros de condenação criminal eleitoral decorrente de decisão judicial a qual não caiba mais recurso.
- **Filiação partidária** - Atesta a existência ou inexistência de pessoas no sistema de filiação partidária.
- **Negativa de listamento eleitoral** - Destinada a atestar a inexistência de título de eleitor perante a Justiça Eleitoral.
- **Quitação eleitoral** - Atestar a existência/inexistência de registro no histórico da inscrição (título) do interessado no cadastro eleitoral de restrição no que se refere à plenitude do gozo dos direitos políticos, ao regular exercício do voto, ao atendimento a convocações da Justiça Eleitoral para auxiliar os trabalhos relativos ao pleito, à inexistência de multas aplicadas, em caráter definitivo, pela Justiça Eleitoral e não remitidas, e à apresentação de contas de campanha eleitoral.

Secretarias da fazenda estaduais

Os órgãos encarregados das receitas estaduais permitem a emissão e validação de certidão negativa de débitos estaduais e de situação fiscal e tributária. As opções de consulta são por CPF e CNPJ. Alguns possibilitam a consulta por número de inscrição estadual.

O Sintegra - http://www.sintegra.gov.br/ - é o Sistema Integrado de Informações sobre Operações Interestaduais com Mercadorias e Serviços. Permite saber informações sobre CNPJ e Inscrição Estadual de pessoas jurídicas de todos os estados da federação.

Possui um mapa com a possibilidade de direcionamento ao estado de interesse do analista. Lá ele pode fazer a pesquisa por CNPJ ou por inscrição estadual.

Para consultas diretas, podemos sugerir os sites de cada estado:

- **Secretaria da Fazenda do Estado do Acre** - http://sefaznet.ac.gov.br/sefazonline/servlet/wemcnd
- **Secretaria da Fazenda do Estado do Alagoas** - http://apl03.sefaz.al.gov.br/certidao/
- **Secretaria da Fazenda do Estado do Amazonas** - http://www.sefaz.am.gov.br/certidoes.asp
- **Secretaria da Fazenda do Estado da Bahia** - https://sistemas.sefaz.ba.gov.br/sistemas/sigat/Default.Aspx?Modulo=CREDITO&Tela=DocEmissaoCertidaoInternet&limparSessao=1&sts_link_externo=2
- **Secretaria da Fazenda do Estado do Ceará** - http://www.sefaz.ce.gov.br/content//aplicacao/internet/servicos_online/certidao/emissao/default.asp
- **Secretaria da Fazenda do Estado do Distrito Federal** - http://www.fazenda.df.gov.br/area.cfm?id_area=449
- **Secretaria da Fazenda do Estado do Espírito Santo** - http://internet.sefaz.es.gov.br/agenciavirtual/area_publica/cnd/emissao.php
- **Secretaria da Fazenda do Estado do Goiás** - http://www.sefaz.go.gov.br/Certidao/Emissao/
- **Secretaria da Fazenda do Estado do Maranhão** - http://portal.sefaz.ma.gov.br/portalsefaz/jsp/principal/principal.jsf, na aba "Certidões".
- **Secretaria da Fazenda do Estado do Mato Grosso** - http://www.sefaz.mt.gov.br/cnd/certidao/servlet/ServletRotd?origem=11
- **Secretaria da Fazenda do Estado do Mato Grosso do Sul** - http://www1.sefaz.ms.gov.br/cnd/EmiteCert.asp
- **Secretaria da Fazenda do Estado de Minas Gerais** - http://www.fazenda.mg.gov.br/empresas/certidao_debitos/

- **Secretaria da Fazenda do Estado do Pará** – http://www.sefa.pa.gov.br/index.php/orientacoes/34-orientacoes/manual-de-atendimento/certidoes/961-pedido-certidoes
- **Secretaria da Fazenda do Estado da Paraíba** – https://www.receita.pb.gov.br/ser/
- **Secretaria da Fazenda do Estado do Paraná** – http://www.fazenda.pr.gov.br/modules/conteudo/conteudo.php?conteudo=266
- **Secretaria da Fazenda do Estado de Pernambuco** – http://efisco.sefaz.pe.gov.br/sfi_trb_gpf/PREmitirCertidaoNegativaNarrativaDebitoFiscal
- **Secretaria da Fazenda do Estado do Piauí** – http://www.sefaz.pi.gov.br/certidaoNegativa/
- **Secretaria da Fazenda do Estado do Rio Grande do Norte** – http://www.set.rn.gov.br/uvt/certidaounificadaprincipal.aspx
- **Secretaria da Fazenda do Estado do Rio Grande do Sul** – https://www.sefaz.rs.gov.br/sat/cer-pub-sol.aspx?
- **Secretaria da Fazenda do Estado de Rondônia** – http://portalcontribuinte.sefin.ro.gov.br/Publico/certidaoNegativa.jsp
- **Secretaria da Fazenda do Estado de Roraima** – https://www.sefaz.rr.gov.br/cnd/servlet/hwcndind
- **Secretaria da Fazenda do Estado de Santa Catarina** – http://tributario.sef.sc.gov.br/tax.Net/tax.net.ctacte/CND_Solicitacao_v2.aspx
- **Secretaria da Fazenda do Estado de São Paulo** – https://www10.fazenda.sp.gov.br/CertidaoNegativaDeb/Pages/EmissaoCertidaoNegativa.aspx
- **Secretaria da Fazenda do Estado de Sergipe** – http://www.sefaz.se.gov.br/
- **Secretaria da Fazenda do Estado de Tocantins** – http://www.sefaz.to.gov.br/servicos_cnd.php

Nota fiscal eletrônica

A nota fiscal eletrônica foi instituída pelo Conselho Nacional de Política Fazendária (CONFAZ) e pelo Secretário Geral da Receita Federal do Brasil através do Ajuste SINIEF 07/05 em reunião realizada em Manaus no dia 30 de setembro de 2005, sendo definida como o

> *documento emitido e armazenado eletronicamente, de existência apenas digital, com o intuito de documentar operações e prestações, cuja validade jurídica é garantida pela assinatura digital do emitente e autorização de uso pela administração tributária da unidade federada do contribuinte, antes da ocorrência do fato gerador.*

Desde então, foram realizados vários ajustes para a nota fiscal eletrônica. O objetivo da nota fiscal eletrônica é substituir a emissão em papel de documento fiscal por meio eletrônico. A grande vantagem é a possibilidade do Fisco acompanhar, em tempo real, as operações realizadas, além da redução dos custos de emissão por parte das empresas.

A consulta é de grande utilidade para checar a veracidade ou não de determinada nota fiscal eletrônica, sobre a qual são buscadas as informações. Por exemplo, um policial, ao dar cumprimento a mandado de busca e apreensão e encontrar uma nota fiscal emitida por via eletrônica, poderá fazer uma consulta para saber se é autêntica ou não.

Ao acessar a página http://www.nfe.fazenda.gov.br, deve digitar a Chave de Acesso composta por 44 números dispostos na NF-e e mandar fazer a busca. Como resultado, aparecerão os dados gerais sobre a nota emitida. Aparecerão ainda os seguintes dados:

a) **Emitente** – Razão social, CNPJ, endereço completo, Inscrição Estadual, município da ocorrência do fato gerador do ICMS e o código de regime tributário.

b) **Destinatário** – Nome ou razão social, CPF ou CNPJ, endereço.

c) **Produtos/Serviços** – Detalhamento do produto ou serviço prestado.

d) **Totais** – Detalhamento do imposto, base de cálculo, valor e despesas acessórias.

Dependendo do produto adquirido, outras informações úteis serão disponibilizadas.

O portal ainda disponibiliza a consulta resumida da NF-e, onde constam apenas dados resumidos da nota fiscal, emitente, destinatário, emissão e situação atual.

Alguns portais das Secretarias de Fazenda disponibilizam ainda a consulta em nível estadual. São eles[44]:

- **AM** – http://sistemas.sefaz.am.gov.br/nfeweb/portal/index.do
- **CE** – http://nfe.sefaz.ce.gov.br/pages/index.jsf
- **DF** – http://dec.fazenda.df.gov.br/
- **GO** – http://www.nfe.go.gov.br/pagina/ver/10270/consulta-completa
- **MT** – http://www.sefaz.mt.gov.br/nfe/portal/consultanfe?tpc=1
- **MG** – http://portalnfe.fazenda.mg.gov.br/
- **PA** – https://app.sefa.pa.gov.br/nfe-consulta-web/index
- **PR** – http://www.sped.fazenda.pr.gov.br/
- **PE** – http://nfe.sefaz.pe.gov.br/nfe-web/consNfe?tp=C
- **RS** – https://www.sefaz.rs.gov.br/NFE/NFE-COM.aspx
- **SP** – https://www.fazenda.sp.gov.br/nfe/
- **SE** – https://security.sefaz.se.gov.br/internet/publico/SPEDprocess.jsp?AppName=SPED&TransId=T2570&CancelUrl=/internet
- **TO** – http://www.sefaz.to.gov.br/nfe/consultanfe.php

[44] Consulta realizada em 21 de outubro de 2016.

Acesso às Juntas Comerciais dos Estados

Os acessos aos cadastros existentes nas Juntas Comerciais dos Estados permitem a busca de várias informações relacionadas a pessoas jurídicas.

A Junta Comercial do Estado de São Paulo (https://www.jucesponline.sp.gov.br/), por exemplo, fornece uma infinidade de dados através do nome da empresa, razão social ou NIRE. Gratuitamente, é possível ver[45]: localização geográfica de empresas a partir de razão social; consulta de nome empresarial; Ficha de Breve Relato Digitalizada (dados anteriores a 1992); Ficha Cadastral Completa (a partir de 1992); e Ficha Cadastral Simplificada (dados atuais da empresa). Quanto à emissão de certidões, elas podem ser simplificadas com extrato de informações atualizadas de atos arquivados; simplificada para filiais com sede em outra unidade da federação; específica pré-formatada; e específica com teor solicitado. Alguns serviços são tarifados.

Já a Junta Comercial do Estado de Minas Gerais (JUCEMG) - http://www.jucemg.mg.gov.br/ibr/ - ainda oferece um serviço de bloqueio ao CPF a fim de evitar que esses dados sejam, em caso de roubo, furto ou extravio, utilizados indevidamente na abertura de novas empresas.

Algumas Juntas Comerciais também oferecem serviços e informações em fonte aberta. Noutras o serviço é pago:

- **Junta Comercial do Estado do Rio Grande do Sul (JUCERGS)** - http://www.jucergs.rs.gov.br/p_servicos.asp?tiposervico=O
- **Junta Comercial do Estado de Santa Catarina (JUCESC)** - http://www.jucesc.sc.gov.br/
- **Junta Comercial do Estado do Paraná** - http://www.juntacomercial.pr.gov.br/
- **Junta Comercial do Estado do Rio de Janeiro (JUCERJA)** - http://www.jucerja.rj.gov.br/

[45] Junta Comercial do Estado de São Paulo.

- **Junta Comercial do Estado do Espírito Santo (JUCEES)** - https://www.jucees.es.gov.br/#
- **Junta Comercial do Estado do Pará (JUCEPA)** - http://www.jucepa.pa.gov.br/
- **Junta Comercial do Estado de Pernambuco (JUCEPE)** - http://www.jucepe.pe.gov.br/

Acesso ao DATASUS (Departamento de Informática do SUS)

Ao consultar o site do Departamento de Informática do Serviço Único de Saúde - http://www2.datasus.gov.br/DATASUS/index.php -, o analista poderá ter informações sobre morbidade, incapacidade, acesso aos serviços, cadastro de redes hospitalares e ambulatoriais e de estabelecimentos de saúde, bem como relatos sociodemográficos e dados de inquéritos e pesquisas realizados.

No tocante ao aspecto financeiro, é possível saber sobre recursos federais transferidos aos municípios e aos prestadores pelo SUS, além de consultar um banco de dados de autorizações de internação hospitalar. Essa consulta pode ser feita através de CPF, CNPJ ou por unidade de gestão.

Pesquisa e acesso aos tribunais e órgãos da justiça

Os sites dos tribunais disponibilizam uma infinidade de informações que podem ser consultadas pela Internet sem a necessidade de expedir ofício ou perder tempo para obter uma resposta rápida e eficiente. Para uma melhor compreensão, dividiremos por cada tribunal, face às peculiares de cada consulta.

Tribunais superiores

STF

O site do Supremo Tribunal Federal (http://www.stf.jus.br) permite realizar buscas por jurisprudência do Tribunal. É possível fazer o cadastro no "STF Push" para receber por e-mail informativos de jurisprudência, notícias diárias e acompanhamento de andamento processual. Há links que disponibilizam a Constituição Federal em áudio, além de todas as Constituições Estaduais.

A consulta da remuneração dos servidores pode ser realizada no link http://www.stf.jus.br/portal/remuneracao/pesquisarRemuneracao.asp.

STJ

No site do Superior Tribunal de Justiça (www.stj.jus.br) há o diário de Justiça Eletrônico, com informações sobre atos administrativos, atos judiciais e comunicações em geral do Tribunal. A jurisprudência poderá ser consultada com a íntegra dos acórdãos. O usuário, além disso, poderá se cadastrar no "STJ Push" e receber por e-mail os informativos de jurisprudência, acompanhamento processual e notícias publicadas no site. A página ainda oferece relatórios sobre gastos, contratos, licitações e outros dados orçamentários do STJ.

TSE

No site do TSE (Tribunal Superior Eleitoral) – acessado através da página http://www.tse.jus.br/ – é possível o acompanhamento processual no próprio tribunal superior e também em qualquer Tribunal Regional Eleitoral da Federação, permitindo a consulta por vários critérios, desde o número de processo até o município de origem. Permite a emissão de várias certidões *on-line*: composição partidária, crimes eleitorais, filiação partidária, negativa de alistamento e quitação eleitoral.

Há ainda a consulta por nome ou título da situação eleitoral do eleitor e seu local de votação, além de acesso a um sistema capaz de consultar as zonas eleitorais no país separadas por estados. Esse tipo de pesquisa mostra-se bastante útil quando se trata da localização de pessoas foragidas há algum tempo.

O Diário de Justiça Eletrônico do TSE e os Tribunais Regionais podem também ser consultados sem necessidade prévia de cadastro.

Por exemplo, uma das funcionalidades do site do TSE é obter informações sobre todas as candidaturas, incluindo candidatos por município aos cargos de prefeito, vereador e quantidade de vagas por Câmara Municipal. Ao clicar sobre o candidato, serão exibidas informações sobre seus dados pessoais, informações partidárias, CNPJ de campanha, declaração de bens, certidões criminais, situação processual e prestação de contas. No caso das eleições de 2016, dentre as informações constam as prestações de contas dos candidatos: http://divulgacandcontas.tse.jus.br/divulga/#/. Para informações de eleições anteriores, basta visitar http://www.tse.jus.br/eleicoes/eleicoes-anteriores/eleicoes-anteriores.

No Sistema de Consulta de Atribuição de CNPJ – TSE/RFB é possível fazer a consulta pelo CPF ou número do candidato e ainda pelo Comitê financeiro do partido. Basta acessar a URL http://www.tse.jus.br/eleicoes/contas-eleitorais/contas-eleitorais-normas-e-regulamentos.

Mais dados serão apresentados na sequência, quando tratarmos dos Tribunais Regionais Eleitorais.

TST

O Tribunal Superior do Trabalho pode ser acessado através da URL http://www.tst.jus.br/ e permite a consulta à jurisprudência do TST decorrente do procedimento de uniformização. Há, ainda, acesso ao Diário Eletrônico da Justiça do Trabalho e a possibilidade de se cadastrar no "e-Push" para receber informações processuais por e-mail.

A Resolução Administrativa nº 1.470/2011 do TST permitiu ao usuário do site a possibilidade de retirar certidão negativa de débitos trabalhistas por meio eletrônico. Em abril de 2016 já tinham sido retiradas eletronicamente 262.359.631 certidões[46].

[46] Tribunal Superior do Trabalho. Certidão Negativa de Débito Trabalhista. Disponível em: <http://www.tst.jus.br/certidao>. Acesso em: 29 abr. 2016.

STM

O site do Superior Tribunal Militar permite o acompanhamento processual de ações penais militares, procedimentos investigatórios e processos de segunda instância. Permite, ainda, a emissão e a autenticação de certidão negativa eletronicamente. É possível fazer a consulta de jurisprudência e também fazer um cadastro no sistema "push" para receber uma infinidade de informações por e-mail. Da mesma forma, há um link para consultar o Diário de Justiça Eletrônico e outro que permite o encaminhamento de petição, via web, para o Tribunal. Há possibilidade de emissão de certidão negativa *on-line*. O site para consultas é http://www.stm.jus.br/.

Conselhos de justiça

Conselho Nacional de Justiça (CNJ)

O site do Conselho Nacional de Justiça (CNJ) oferece várias ferramentas para busca. Uma delas é a possibilidade de consulta eletrônica a processo, sendo necessário, porém, fazer um cadastro prévio com ou sem certificação digital.

Há a consulta pública de processo em trâmite no CNJ, podendo ser feita pelo número do processo, parte, advogado, CPF, CNPJ e número de protocolo. Quando o processo tramitar em sigilo, a consulta só poderá ser feita pelo número do processo.

A consulta ao Banco Nacional de Mandados de Prisão pode ser feita no site do CNJ. O serviço tem a finalidade de facilitar o conhecimento por qualquer pessoa e o cumprimento de diligências por parte das autoridades policiais, assim como auxiliar os juízes no exercício de sua jurisdição. Este será alimentado através de um *web service* e tem a finalidade de disponibilizar a consulta e a recepção dos mandados de prisão. O serviço está disponível em http://www.cnj.jus.br/bnmp/#/pesquisar. Há ainda a possibilidade de gerar uma certidão do mandado de prisão consultado. O aplicativo Sinesp Cidadão permite a consulta em *smartphones*.

A consulta nacional de serventias públicas e privadas pode ser acessada no site do Ministério da Justiça, no link http://www.cnj.jus.br/corregedoria/justica_aberta/?

O serviço "Produtividade dos magistrados" fornece informações sobre os juízes vinculados a determinada vara, produtividade das serventias por ano, quantidade de servidores, funcionários cedidos para a vara e o responsável pela Secretaria do Fórum. Há ainda a consulta por magistrados de Segundo Grau e por produtividade das serventias extrajudiciais. A consulta pode ser feita em http://www.cnj.jus.br/corregedoria/justica_aberta/?.

A consulta de dados da Justiça pode ser realizada em Justiça em Números. Principal fonte das estatísticas oficiais do Poder Judiciário, anualmente, desde 2004, o Relatório Justiça em Números divulga a realidade dos tribunais brasileiros, com muitos detalhamentos da estrutura e litigiosidade, além dos indicadores e das análises essenciais para subsidiar a gestão judiciária brasileira.

O Cadastro Nacional de Inspeções nos Estabelecimentos é uma ferramenta eletrônica que consolida, em um único banco de dados, informações sobre inspeções em todo o território nacional, permitindo um melhor controle das inspeções pelos órgãos judiciais. É possível ver os estabelecimentos georreferenciados em http://www.cnj.jus.br/geo-cnj-presidios/?w=1366&h=768&pular=false.

Conselho Superior da Justiça do Trabalho

O link para acesso ao Conselho Superior de Justiça do Trabalho é http://www.csjt.jus.br/. Há um link para certidão de débitos trabalhistas e tabela para atualização monetária de cálculos trabalhistas. Também há uma ferramenta para auxiliar na realização de cálculos trabalhistas. A visualização do processo eletrônico também estará disponível, desde que o interessado seja advogado ou procurador, mediante cadastro prévio.

Conselho da Justiça Federal (CJF)

O site do Conselho da Justiça Federal (CJF) permite acessar e emitir certidão negativa de todos os Tribunais Regionais Federais. Basta apenas informar o nome, CPF ou CNPJ, órgão vinculado e o tipo de certidão, se cível ou criminal. Ao final, a certidão pode ser autenticada via Internet. Também há uma ferramenta de busca de jurisprudências. No serviço ao cidadão há informações sobre servidores e terceirizados. O site do conselho pode ser acessado através do endereço eletrônico http://www.cjf.jus.br/cjf/.

É possível a emissão de certidão negativa por Tribunal Regional Federal.

Tribunais Regionais Federais (TRFs)

O Brasil possui cinco Tribunais Regionais Federais, cada um com seu endereço eletrônico. As ferramentas de consulta, apesar de estarem dispostas em abas e links diferentes dos sites, permitem, praticamente, o mesmo nível de busca. Podemos destacar como as principais: consulta ao inteiro teor de jurisprudência, consulta processual, certidão *on-line* de situação processual, Diário de Justiça Eletrônico, estatísticas processuais e cadastro no sistema "Push".

As cinco regiões são dispostas da seguinte forma:

- **TRF 1ª Região** – Abrange 13 estados brasileiros: AC, AM, AP, BA, DF, GO, MA, MG, MT, PA, PI, RO e RR. Pode ser acessado em http://www.trf1.jus.br/.
- **TRF 2ª Região** – Abrange os estados do ES e RJ. O endereço eletrônico é http://www.trf2.jus.br.
- **TRF 3ª Região** – Sua jurisdição alcança MS e SP. O site é hospedado em http://www.trf3.jus.br/.
- **TRF 4ª Região** – Abrange os estados da região sul do país: PR, RS e SC. O endereço para acesso é http://www.trf4.jus.br.
- **TRF 5ª Região** – Tem alcance em vários estados do nordeste brasileiro: AL, CE, PB, PE, RN e SE. As informações podem ser consultadas através do endereço eletrônico http://www.trf5.jus.br.

Tribunais Regionais do Trabalho (TRTs)

Os sites dos Tribunais Regionais do Trabalho permitem a consulta do trâmite de processos e do banco de jurisprudências, peticionamento eletrônico, Certidão Negativa de Débitos Trabalhistas *on-line* e uma infinidade de informações para cumprir o que preconiza a Transparência Pública.

Seguem os endereços:

- **TRT 1ª Região (Rio de Janeiro)** – http://portal1.trtrio.gov.br.
- **TRT 2ª Região (São Paulo/capital)** – http://www.trt2.jus.br/.
- **TRT 3ª Região (Minas Gerais)** – http://www.trt3.jus.br/.
- **TRT 4ª Região (Rio Grande do Sul)** – http://www.trt4.jus.br.
- **TRT 5ª Região (Bahia)** – http://www.trt5.jus.br.
- **TRT 6ª Região (Pernambuco)** – http://www.trt6.jus.br.
- **TRT 7ª Região (Ceará)** – http://www.trt7.jus.br/.
- **TRT 8ª Região (Pará e Amapá)** – http://www.trt8.jus.br/.
- **TRT 9ª Região (Paraná)** – http://www.trt9.jus.br.
- **TRT 10ª Região (Distrito Federal e Tocantins)** – http://www.trt10.jus.br/.
- **TRT 11ª Região (Roraima e Amazonas)** – http://www.trt11.jus.br.
- **TRT 12ª Região (Santa Catarina)** – http://www.trt12.jus.br.
- **TRT 13ª Região (Paraíba)** – http://www.trt13.jus.br/.
- **TRT 14ª Região (Acre e Rondônia)** – http://www.trt14.jus.br/.
- **TRT 15ª Região (São Paulo/interior)** – http://www.trt15.jus.br/.
- **TRT 16ª Região (Maranhão)** – http://www.trt16.jus.br/.
- **TRT 17ª Região (Espírito Santo)** – http://www.trt17.jus.br/.

- **TRT 18ª Região (Goiás)** – http://www.trt18.jus.br/.
- **TRT 19ª Região (Alagoas)** – http://www.trt19.jus.br/.
- **TRT 20ª Região (Sergipe)** – http://www.trt20.jus.br/.
- **TRT 21ª Região (Rio Grande do Norte)** – http://www.trt21.jus.br/.
- **TRT 22ª Região (Piauí)** – http://www.trt22.jus.br/.
- **TRT 23ª Região (Mato Grosso)** – http://www.trt23.jus.br/.
- **TRT 24ª Região (Mato Grosso do Sul)** – http://www.trt24.jus.br/.

Tribunais Regionais Eleitorais (TREs)

Ao consultar os sites dos Tribunais Regionais Eleitorais é possível obter dados sobre jurisprudência, acompanhamento processual e cadastramento no sistema "push", diário de justiça eletrônico, peticionamento eletrônico, informação sobre eleições anteriores com dados dos candidatos, filiação e contas partidárias, situação eleitoral e dados sobre o título e local de votação.

Alguns permitem a emissão *on-line* de certidões de crimes eleitorais, filiação partidária, negativa de alistamento e quitação eleitoral. Seguem os sites:

- **Acre** – http://www.tre-ac.jus.br/
- **Alagoas** – http://www.tre-al.jus.br/
- **Amapá** – http://www.tre-ap.jus.br/
- **Amazonas** – http://www.tre-am.jus.br/
- **Bahia** – http://www.tre-ba.jus.br/
- **Ceará** – http://www.tre-ce.jus.br/
- **Distrito Federal** – http://www.tre-df.jus.br/

- **Espírito Santo** – http://www.tre-es.jus.br/
- **Goiás** – http://www.tre-go.jus.br/
- **Maranhão** – http://www.tre-ma.jus.br/
- **Mato Grosso** – http://www.tre-mt.jus.br/
- **Mato Grosso do Sul** – http://www.tre-ms.jus.br/
- **Minas Gerais** – http://www.tre-mg.jus.br/
- **Pará** – http://www.tre-pa.jus.br/
- **Paraíba** – http://www.tre-pb.jus.br/
- **Paraná** – http://www.tre-pr.jus.br/
- **Pernambuco** – http://www.tre-pe.jus.br/
- **Piauí** – http://www.tre-pi.jus.br/
- **Rio de Janeiro** – http://www.tre-rj.jus.br/
- **Rio Grande do Norte** – http://www.tre-rn.jus.br/
- **Rio Grande do Sul** – http://www.tre-rs.jus.br/
- **Rondônia** – http://www.tre-ro.jus.br/
- **Roraima** – http://www.tre-rr.jus.br/
- **Santa Catarina** – http://www.tre-sc.jus.br/
- **São Paulo** – http://www.tre-sp.jus.br/
- **Sergipe** – http://www.tre-se.jus.br/
- **Tocantins** – http://www.tre-to.jus.br/

É importante referir que, conforme previsão do Art. 17B da Lei 9.613/98, os cadastros de eleitores poderão ser fornecidos sem ordem judicial nas investigações relativas ao crime de lavagem de capitais.

Tribunais de Justiça dos Estados

A pesquisa nos sites dos tribunais de justiça pode trazer informações úteis sobre determinada empresa ou indivíduo.

Anteriormente, cada tribunal tinha um padrão diferenciado para consulta. Hoje, com a Resolução nº 121 do Conselho Nacional de Justiça, ficaram estabelecidas diretrizes para a consolidação de um padrão nacional de publicidade das informações judiciais.

Os dados com acesso livre são: número, classe e assunto do processo; nome das partes e de seus advogados; movimentação processual; inteiro teor das decisões, sentenças, votos e acórdãos. O Ministério Público, o advogado e as partes cadastradas terão acesso a todo o conteúdo do processo eletrônico.

O Diário de Justiça Eletrônico é um excelente banco de informações. Está disponível em todos os endereços eletrônicos dos tribunais de justiça dos Estados. É uma ferramenta útil responsável pela publicação e divulgação de atos oficiais, administrativos e demais comunicações oficiais. Ao consultar o diário você poderá colocar um nome no parâmetro de pesquisa e localizar dados referentes a nome completo, identidade, CPF, endereço, testemunhas relacionadas ao processo, etc. Todos os tribunais disponibilizam essa consulta.

Ainda é possível consultar informações sobre jurisprudência, consulta processual, estatísticas sobre o total de processos julgados por ano e informações sobre Transparência Pública. Alguns ainda permitem o cadastro no sistema "Push" de recebimento de informações de andamento processual e possibilitam a expedição e autenticação de certidões negativas.

A seguir, a lista de todos os endereços eletrônicos dos TJs estaduais:

- **Acre** – http://www.tjac.jus.br/
- **Alagoas** – http://www.tjal.jus.br/
- **Amapá** – http://www.tjap.jus.br
- **Amazonas** – http://www.tjam.jus.br/

- **Bahia** – http://www.tjba.jus.br/
- **Ceará** – http://www.tjce.jus.br/
- **Distrito Federal** – http://www.tjdft.jus.br/
- **Espírito Santo** – http://www.tjes.jus.br/
- **Goiás** – http://www.tjgo.jus.br/
- **Maranhão** – http://www.tjma.jus.br/
- **Mato Grosso** – http://www.tjmt.jus.br/
- **Mato Grosso do Sul** – http://www.tjms.jus.br/
- **Minas Gerais** – http://www.tjmg.jus.br/
- **Pará** – http://www.tjpa.jus.br/
- **Paraíba** – http://www.tjpb.jus.br/
- **Paraná** – http://portal.tjpr.jus.br/
- **Pernambuco** – http://www.tjpe.jus.br/
- **Piauí** – http://www.tjpi.jus.br/
- **Rio de Janeiro** – http://www.tjrj.jus.br/
- **Rio Grande do Norte** – http://www.tjrn.jus.br/
- **Rio Grande do Sul** – http://www.tjrs.jus.br/
- **Rondônia** – http://www.tjro.jus.br/
- **Roraima** – http://www.tjrr.jus.br/
- **Santa Catarina** – http://www.tjsc.jus.br/
- **São Paulo** – http://www.tjsp.jus.br/
- **Sergipe** – http://www.tjse.jus.br/
- **Tocantins** – http://www.tjto.jus.br/

Tribunais de Contas

Tribunal de Contas da União (TCU)

Tal qual os demais tribunais brasileiros, o site do Tribunal de Contas da União (http://portal.tcu.gov.br/) possui várias ferramentas para consulta. É possível checar o vídeo das sessões do tribunal pela data ou pelo número da sessão. Há possibilidade também de checar o resumo dos processos incluídos em pauta, além de consultar as atas de julgamento com os respectivos acórdãos e fazer pesquisa completa de jurisprudência.

A vista eletrônica de processos poderá ser realizada desde que haja cadastro prévio, o que permitirá ainda receber novidades e atualizações do portal do TCU.

Na aba "Licitações e contratos", é possível acessar licitações em andamento e concluídas pelo TCU, atas de registro de preço e consulta de contratos, pregões eletrônicos e compras diretas realizadas.

Também, somente para as pessoas físicas, é possível a expedição e certificação *on-line* de Certidão Negativa de Contas Julgadas Irregulares, bastando digitar o número do CPF que quer pesquisar para o analista obter informações. A autenticidade da certidão pode ser checada na página do TCU.

Uma interessante ferramenta disponibilizada é o CADIRREG (Cadastro dos Responsáveis com Contas Irregulares), que reúne um histórico com todas as pessoas físicas e jurídicas, detentoras ou não de cargo e função pública, que tiveram suas contas julgadas irregulares. A consulta pode ser feita por CPF, CNPJ, número do processo ou parte do nome.

É possível, da mesma forma, acessar ao CADICON (Cadastro Integrado de Condenações por Ilícitos Administrativos) e conferir se determinado documento assinado eletronicamente é autêntico ou não.

O portal dos Tribunais de Contas do Brasil, disponível em http://www.controlepublico.org.br/, é uma ferramenta que tem por objetivo integrar os Tribunais de Contas de estados, municípios e Distrito Federal. O site hospeda informações sobre orçamentos e finanças dos entes citados.

Nele, há uma mapa do Brasil com todos os Tribunais de Contas dispostos. Para ir para qualquer desses tribunais basta apenas clicar no mapa que a página será redirecionada. É possível cadastrar um e-mail para receber informações sobre os respectivos tribunais.

Tribunais de Contas Estaduais (TCEs)

Os sites das Cortes de Contas têm informações úteis que podem ser consultadas por todos com a finalidade de tornar mais transparentes os atos da Administração Pública. Neles, o analista consegue acessar as principais decisões e despachos que tramitam em determinada corte, além de um grande repertório jurisprudencial.

Alguns tribunais estaduais já possibilitam a expedição de certidão negativa de contas julgadas irregulares, documento que já vem sendo requisitado por diversos órgãos para dar cumprimento à Lei da Ficha Limpa. Em alguns casos será exigido que o interessado compareça ao tribunal para preencher requerimento e possibilitar o recebimento da certidão.

Outra ferramenta disponível em endereços eletrônicos de TCs é o processo eletrônico, que possibilita a transmissão de processos pela web e, via de consequência, facilita a consulta de informações e o intercâmbio de dados entre as instituições.

Além disso, os TCEs permitem consultar as compras feitas pelos municípios, observando-se as empresas e os serviços contratados.

A seguir, a lista de todos os endereços eletrônicos dos TCEs:

- **Acre** – http://www.tce.ac.gov.br/
- **Alagoas** – http://www.tce.al.gov.br/
- **Amapá** – http://www.tce.ap.gov.br/
- **Amazonas** – http://www.tce.am.gov.br/
- **Bahia** – http://www.tce.ba.gov.br/
- **Ceará** – http://www.tce.ce.gov.br/

- **Espírito Santo** – http://www.tce.es.gov.br
- **Goiás** – http://www.tce.go.gov.br/
- **Maranhão** – http://www.tce.ma.gov.br/
- **Mato Grosso** – http://www.tce.mt.gov.br/
- **Mato Grosso do Sul** – http://www.tce.ms.gov.br/
- **Minas Gerais** – http://www.tce.mg.gov.br/
- **Paraíba** – http://portal.tce.pb.gov.br/
- **Paraná** – http://www.tce.pr.gov.br/
- **Pernambuco** – http://www.tce.pe.gov.br/
- **Piauí** – http://www.tce.pi.gov.br/
- **Rio de Janeiro** – http://www.tce.rj.gov.br/
- **Rio Grande do Norte** – http://www.tce.rn.gov.br
- **Rio Grande do Sul** – http://www2.tce.rs.gov.br
- **Rondônia** – http://www.tce.ro.gov.br/
- **Roraima** – http://www.tce.rr.gov.br
- **Santa Catarina** – http://www.tce.sc.gov.br/web/
- **São Paulo** – http://www4.tce.sp.gov.br/
- **Sergipe** – http://www.tce.se.gov.br/
- **Tocantins** – http://www.tce.to.gov.br/

Tribunais de Contas dos Municípios – TCMs

Elencamos, aqui, alguns dos principais TCMs do país, em termos de disponibilização de informações e importância:

- **Tribunal de Contas dos Municípios da Bahia** – http://www.tcm.ba.gov.br/

- **Tribunal de Contas dos Municípios do Ceará** – http://www.tcm.ce.gov.br
- **Tribunal de Contas dos Municípios do Goiás** – http://www.tcm.go.gov.br/site/index.jsf
- **Tribunal de Contas dos Municípios do Pará** – http://www.tcm.pa.gov.br/
- **Tribunal de Contas do Município do Rio de Janeiro** – http://www.tcm.rj.gov.br/
- **Tribunal de Contas do Município de São Paulo** – http://www.tcm.sp.gov.br/

Consultas de informações de caráter policial

Atestado de antecedentes criminais

O atestado de antecedentes criminais é o documento fornecido pela Polícia Judiciária que consulta e informa, naquele instante, se uma pessoa tem ou não antecedentes criminais. Alguns estados utilizam o termo Certificado em vez de Atestado. Grande parte das Polícias Civis já possibilita a retirada desse documento via web, sem necessidade de se dirigir a uma delegacia ou órgão congênere. São eles:

- **Polícia Federal** – Departamento de Polícia Federal – https://servicos.dpf.gov.br/sinic-certidao/emitirCertidao.html.
- **Bahia** – Secretaria da Segurança Pública – http://www.ba.gov.br/antecedentes/index.asp.
- **Ceará** – Secretaria de Segurança Pública e Defesa Social – http://www.sspds.ce.gov.br/AtestadoAntecedentes/.
- **Espírito Santo** – Polícia Civil – http://rgantecedentes.sesp.es.gov.br/rgantecedentes/faces/jsp/pesquisa_antecedente.jsp?site=1.

- **Minas Gerais** – Polícia Civil de Minas Gerais – https://wwws.pc.mg.gov.br/atestado/inicial.do;jsessionid=CA2CECC068F67008D3D5493741489650?evento=cookie.
- **Pará** – http://antecedentes.policiacivil.pa.gov.br/
- **Paraná** – http://www.institutodeidentificacao.pr.gov.br/modules/conteudo/conteudo.php?conteudo=97
- **Pernambuco** – https://www.servicos.sds.pe.gov.br/antecedentes/public/pages/index.jsf
- **Rio de Janeiro** – Instituto de Identificação Félix Pacheco – http://www.pai.rj.gov.br/pai/riosimples/servicos/detran/atestado/Apresentacao.aspx.
- **Rio Grande do Sul** – Instituto Geral de Perícias – http://www.igp.rs.gov.br/index.php?option=com_wrapper&Itemid=41.
- **São Paulo** – Secretaria da Segurança Pública – http://www.ssp.sp.gov.br/servicos/atestado.aspx.
- **Sergipe** – Secretaria da Segurança Pública – http://187.17.2.52/antecedentes/

Mandados de prisão

A Lei nº 12.403, de 04 de maio de 2011, alterou o Código de Processo Penal, determinando ao Conselho Nacional de Justiça a criação e a manutenção de um Banco Nacional de Mandados de Prisão (BNMP). Segundo a Resolução nº 137 do CNJ, o mandado deverá estar disponível na rede mundial de computadores visando garantir o direito de informações a toda e qualquer pessoa, independentemente de cadastro prévio ou demonstração de interesse.

Os mandados de prisão deverão ser atualizados pelos juízes e respectivos tribunais responsáveis por sua expedição. Cada um deverá ter por objeto apenas uma única pessoa, com as informações sobre o número do processo, espécie de prisão decretada, prazo de prisão, pena imposta, dentre outras.

No caso de cumprimento ou revogação de mandado de prisão, as informações deverão ser atualizadas no prazo máximo de 24 horas, garantindo assim uma informação segura e atualizada para o responsável por dar cumprimento da prisão.

A medida visa dar maior publicidade a informações que antes eram apenas restritas à Polícia e ao Judiciário – além disso, por muitas vezes, a prisão não era cumprida. Atualmente há 551.328[47] mandados cadastrados no BNMP aguardando cumprimento.

A consulta está disponível no site www.cnj.jus.br/bnmp. O acesso facilita o trabalho do policial, que pode, além de consultar, imprimir o mandado para dar seu cumprimento. Além do mais, não há necessidade do juiz determinar que seja deprecado o seu cumprimento. Com o mandado incluído no BNMP, basta apenas que a autoridade policial, ao realizar a prisão, independentemente de estar ou não na jurisdição do juiz que a expediu, comunique imediatamente ao juiz do local do cumprimento da medida.

As primeiras prisões com o auxílio do BNMP já começaram a ocorrer. Em agosto de 2012, na cidade de Cachoeiro do Itapemirim (ES), uma investigadora de polícia civil, após fazer consulta, conseguiu localizar três mandados de prisão expedidos contra um indivíduo que havia sido conduzido para a Delegacia local[48].

Alguns sites apresentam ainda uma aba de procurados pela Justiça, disponibilizando as fotografias e a filiação de foragidos. Alguns chegam até a oferecer recompensas pela captura. São eles:

- **Rio de Janeiro** – http://www.procurados.org.br/
- **São Paulo** – http://www.policiacivil.sp.gov.br/
- **Bahia** – http://disquedenuncia.com/.
- **Ceará** – http://www.sspds.ce.gov.br/

---

[47] CNJ. **Banco Nacional de Mandados de Prisão**. Disponível em: <http://www.cnj.jus.br/bnmp/#/relatorio>. Acesso em: 16 out. 2016.

[48] **Tribunal de Justiça do Espírito Santo.** Banco de mandados ajuda na prisão de foragido no Sul. Publicado em 23 de agosto de 2012. Disponível em: <http://www.tjes.jus.br/index.php?option=com_content&view=article&id=4834:banco-de-mandados-ajuda-na-prisao-de-foragido-no-sul&catid=3:ultimasnoticias>. Acesso em: 29 abr. 2016.

- **Pará** - http://www.policiacivil.pa.gov.br/
- **Pernambuco** - http://www.sds.pe.gov.br/
- **Rio Grande do Sul** - http://www.pc.rs.gov.br/

Pesquisas e software livre

O software livre tem como característica principal o uso de padrões abertos. Não são acobertados por direitos autorais e podem, para tanto, ser utilizados sem nenhuma restrição e adequados ao dia a dia de cada instituição. O principal exemplo é o Linux, que tem seu código-fonte disponível na Internet e é utilizado por diversos estabelecimentos particulares ou públicos.

O Governo Federal é um dos grandes incentivadores do software livre, principalmente em razão da redução de custos que seu uso pode gerar. Para isso, criou uma página na Internet no endereço eletrônico www.softwarelivre.gov.br. Para tanto, estabeleceu o CISL (Comitê Técnico para Implementação do Software Livre) e o GTMigraSL (Grupo de Trabalho de Migração do Software Livre).

No site, podemos observar o relato de experiências bem-sucedidas com o uso do software livre pelo Banco do Brasil, Serpro e por Tribunais Regionais do Trabalho. O Tribunal de Contas da União, através de Parecer na Representação TC 003.789-3, recomendou que a implantação e a utilização dos chamados softwares livres ou softwares de código aberto no âmbito da Administração Pública federal devem ser (e estão sendo) séria e criteriosamente consideradas pelo governo, tendo em vista que essa alternativa pode significar, no futuro, economia, segurança e flexibilidade na gestão da tecnologia da informação que suporta a atividade administrativa pública[49].

---

[49] OLIVEIRA, Klaus Felinto de. **Estudo sobre os fatores que influenciam a decisão pela adoção do software livre em instituições públicas**. Disponível em: <http://portal2.tcu.gov.br/portal/pls/portal/docs/2055862.PDF>. Acesso em: 29 abr. 2016.

Assim, foram desenvolvidas algumas ferramentas virtuais baseadas neste conceito de liberdade, uso e aprimoramento de sistemas, conforme abordaremos no tópico a seguir.

Análise criminal e georreferenciamento

Wikicrimes

O uso da tecnologia da informação para realizar a análise criminal otimiza essa difícil tarefa, demonstrando dados com caráter mais técnico e ainda os locais de maior incidência criminosa. Há diversos sistemas gratuitos, disponíveis e capazes de melhorar a gestão dos recursos públicos atinentes à segurança.

Disponível no endereço eletrônico www.wikicrimes.org, o site foi criado pelo professor cearense Vasco Furtado, da Universidade de Fortaleza (UNIFOR). O slogan do site é bastante sugestivo – "Compartilhe informações sobre crimes. Saiba onde não é seguro!".

É um software bastante útil para mapeamento do crime que permite a todos os internautas acessarem e registrarem *on-line* as ocorrências criminais. O acesso é gratuito para consultas, necessitando apenas de cadastro no momento de inserir dados.

Assim, esta ferramenta pode ser bastante útil para instituições de segurança pública que não possuam aplicativos para georreferenciar ocorrências de suas áreas, facilitando a confecção de diagnósticos da criminalidade em ruas, bairros e cidades. O grande problema é que dados falsos podem ser inseridos por internautas, gerando falsos "pontos quentes" em estatísticas criminais.

A ferramenta pode ser acessada por *smartphones* através do aplicativo Wikicrimes mobile.

Terracrime

O Terracrime também é um software livre que permite integrar informações úteis de segurança pública em áreas urbanas e rurais. Através de geoprocessamento, possibilita ao analista criminal checar as informações automatizadas de crimes em determinada rua ou bairro de uma cidade. Foi desenvolvido pelo Laboratório de Estatística Espacial da Universidade Federal de Minas Gerais e pelo Instituto Nacional de Pesquisas Espaciais (INPE), através da Divisão de Processamento de Imagens.

Assim, qualquer município do Brasil, desde que tenha sua base cartográfica digitalizada, poderá utilizar-se do benefício. Talvez seja essa a grande dificuldade para sua implementação. A SENASP disponibilizou o programa para qualquer cidade que estiver interessada.

A sua limitação é quanto ao número de dados que podem ser analisados simultaneamente, o que foi considerado ruim, e seu uso acabou não sendo adotado pelas secretarias de segurança.

i3GEO

O i3GEO é um software para Internet baseado em um conjunto de outros softwares livres, principalmente o Mapserver. O foco principal é a disponibilização de dados geográficos e um conjunto de ferramentas de navegação, geração de análises, compartilhamento e geração de mapas sob demanda.

Para baixar o software e utilizá-lo, o usuário deve se cadastrar na comunidade do Software Livre (https://softwarepublico.gov.br/social/i3geo/). Neste fórum do SL, o usuário aprende como instalar e configurar o i3GEO e quais as configurações de mapas necessárias.

O i3GEO é desenvolvido e mantido pela Coordenação Geral de Tecnologia da Informação e Informática (CGTI) do Ministério do Meio Ambiente do Brasil. Os interessados em trabalhar esta ferramenta devem fazer a leitura sobre os recursos do i3GEO, ou seja, as apostilas, apresentações e tutoriais[50].

É importante destacar que os recursos são muito mais avançados que os do TerraCrime.

---

[50] Brasil. Ministério do Meio Ambiente. **I3GEO. Módulo Básico**. Disponível em: <http://www.softwarepublico.gov.br/dotlrn/clubs/i3geo/file-storage/view/treinamento/Apostila_i3geo_basico.pdf>. Acesso em: 30 abr. 2016.

Onde Fui Roubado

Aplicação de Internet alimentada pela população que permite a denúncia de crimes. Há ainda a possibilidade de inclusão de um alerta sobre determinada área acerca das ocorrências nela registradas. É bom ressaltar que os dados ali representados podem não mostrar a real situação de uma região, já que nem todas as vítimas de um crime utilizam essa ou outra plataforma na web para relatar um fato.

O acesso pode ser feito em http://www.ondefuiroubado.com.br/ ou através de app disponível para Android e iOS.

O mapeamento do crime na cidade de Nova Iorque, Estados Unidos, pode ser checado na plataforma governametal em https://maps.nyc.gov/crime/.

Ferramentas de investigação na Internet relacionadas aos domínios e contas de e-mail

Pesquisa de domínios

O domínio é o endereço eletrônico que identifica um site na Internet. Sem ele, teríamos que decorar uma sequência de números para localizar um sítio eletrônico. No Brasil, o registro de domínio é realizado pelo Registro.br, sendo necessário um CPF ou CNPJ com cadastro regular no Ministério da Fazenda.

Há vários sites para pesquisar sobre domínios no Brasil e no mundo. A principal dica em relação aos sites que prestam informações sobre domínios e hospedagem é procurar pelo "Whois", que apresenta como resposta a responsabilidade cadastrada junto aos sites de registro de domínios, não sendo, necessariamente, verdadeiros os dados informados, já que não há obrigatoriedade mundial de remessa de documentos. A seguir, os principais sites de pesquisa de domínios:

- **Registro.br** – O registro de domínios para a Internet do Brasil fornece informações com vários parâmetros de pesquisa: nome do domínio completo, ID do usuário, CPF ou CNPJ da entidade e ainda IP (protocolo de Internet). Ao acessar https://registro.br/cgi-bin/whois/?c e digitar o domínio, por exemplo, você recebe informações sobre a entidade criadora do domínio, CPF ou CNPJ, responsável pela empresa, endereço, telefone de contato, datas de criação, quando o domínio foi alterado e ainda o e-mail do responsável. Ao clicar sobre o número do documento da entidade é possível saber sobre outros domínios relacionados.

- **IANA** – Gerencia os domínios no mundo da Internet. Possui base de dados relativos ao *range* de IPs de todo o mundo, bem como uma lista de Domínios de Primeiro Nível (DPNs) correspondentes aos países. Essas informações podem ser acessadas através do link http://www.iana.org/domains/root/db. Na América Latina, há uma ferramenta muito útil obtida através da entidade regional, vinculada à IANA, chamada LACNIC, no site www.lacnic.net.

- **Whoishostingthis** – É uma ferramenta *on-line* que informa quem está hospedando determinado site. Basta apenas informar a URL para saber o provedor responsável pela hospedagem. Pode ser acessado em http://www.whoishostingthis.com/.

- **DomainTools (http://whois.domaintools.com/)** – Dá informações sobre domínios e IPs e sobre quantos domínios foram registrados com os mesmos dados.

- **DNSStuff (http://www.dnsstuff.com/)** – Traz inúmeras informações, mas a principal é que, na versão "Pro", traz um histórico a respeito da propriedade do domínio investigado.

Para outras ferramentas e dicas recomendamos a obra "Crimes Cibernéticos: Ameaças e procedimentos de investigação", de Higor Vinícius Nogueira Jorge e Emerson Wendt, também publicada pela Brasport (2012)[51].

[51] JORGE, Higor Vinícius Nogueira; WENDT, Emerson. **Crimes Cibernéticos:** Ameaças e procedimentos de investigação. Rio de Janeiro: Brasport, 2012. 280 p.

Georreferenciamento de IP (protocolo de Internet)

A localização de um IP e seu correspondente responsável pode ser obtida como visto antes. Porém, poucos profissionais de segurança pública sabem que existe a possibilidade de georreferenciar um IP em várias ferramentas existentes na Internet.

Contudo, a análise deve ser feita com cuidado, já que esse georreferenciamento não é preciso, principalmente em se tratando de tecnologia de acesso à Internet 3G. Vejamos algumas ferramentas:

- **MaxMind** – Uma das melhores ferramentas. O analista pode colocar vários IPs ao mesmo tempo e obter a geolocalização, com dados de coordenadas geográficas e cidades. O endereço eletrônico de acesso é http://www.maxmind.com/en/geoip_demo.
- **UTrace** – Com opções em alemão e inglês, esse geolocalizador de IP já traz, diretamente, o IP do computador do analista, bastando trocá-lo pelo que deseja pesquisar. O endereço eletrônico de acesso é http://en.utrace.de/.
- **GeoBytes IP Locator** – Da mesma forma que o UTrace, este geolocalizador de IP já traz, diretamente, o IP do computador do analista, bastando trocá-lo pelo que deseja pesquisar. O endereço eletrônico de acesso é http://www.geobytes.com/ipLocator.htm.
- **Geo IP Tool** – Melhor que as duas ferramentas anteriores em termos de precisão de localização do IP, este geolocalizador de IP já traz, diretamente, o IP do computador do analista, bastando trocá-lo pelo que deseja pesquisar. O endereço eletrônico de acesso é http://www.geoiptool.com/pt/.

Ferramentas de denúncia on-line

Google

No endereço http://www.google.com/safebrowsing/report_badware/ é possível denunciar sites que contenham programas maliciosos. Após a checagem do site, o Google cria alertas nos seus navegadores advertindo sobre o conteúdo da página.

O endereço http://www.google.com/safebrowsing/report_phish/ tem a finalidade de manter a Internet segura contra sites de *phishing*, ou seja, páginas que são clonadas com o intuito de capturar informações de usuários.

Safernet

É uma instituição de direito privado tida como referência no enfrentamento aos crimes cometidos na Internet. Para fazer uma denúncia basta acessar http://www.safernet.org.br/site/, clicar em "Denunciar" e preencher o formulário. Deve-se colocar a URL na qual o conteúdo está hospedado juntamente com o comentário.

Podem ser denunciados os seguintes crimes:

a) Pornografia infantil.

b) Racismo.

c) Apologia e incitação a crimes contra a vida.

d) Xenofobia.

e) Neonazismo.

f) Maus tratos contra animais.

g) Intolerância religiosa.

h) Homofobia.

i) Tráfico de pessoas.

Polícia Federal

Foi criada uma página na Internet (http://denuncia.pf.gov.br/) para centralizar as denúncias de crimes cometidos na web. Qualquer um que for vítima pode fazer o uso desta ferramenta. Com isso, há uma centralização das ocorrências para depois se dar o devido encaminhamento para a delegacia competente com atribuição de apurar o fato.

Os crimes que podem ser denunciados são:

a) Pornografia infantil.

b) Crimes de ódio – A prática de qualquer tipo de preconceito (de cor, religião, etc.), assim como a fabricação, a venda, a distribuição ou a divulgação de símbolos nazistas.

c) Genocídio – Qualquer ação que tenha por objetivo destruir determinado grupo de pessoas, por causa de diferenças de raça, cor ou nacionalidade. Acontece quando alguém mata, fere ou impede os nascimentos de determinado povo, para fazê-lo desaparecer.

d) Tráfico de pessoas.

UOL (Universo Online)

A UOL também disponibilizou um espaço para denunciar os crimes de pornografia infantil, exploração de prostituição infantil, crimes contra honra, apologia ao crime, além de vários outros delitos. A página https://denuncia.uol.com.br/ vai dar opção para mandar a denúncia anônima ou identificar-se para ser informado do andamento. Deve-se, para tanto, selecionar o tipo de conteúdo indevido, inserir a URL e detalhar o fato. Caso possua imagem, *printscreen*, texto, áudio ou vídeo, deve-se fazer o *upload* para a denúncia.

A denúncia pode ser feita sobre:

a) pedofilia e pornografia infantil;

b) exploração sexual;

c) apologia e incitação ao crime;

d) neonazismo;

e) apologia e incitação a práticas cruéis contra animais;

f) calúnia, injúria, difamação e crimes contra a honra;

g) direitos autorais;

h) falsa identidade;

i) propaganda política;

j) pornografia;

l) vírus e spam;

m) invasão de privacidade;

n) racismo, xenofobia e intolerância sexual ou religiosa.

YouTube

O objetivo é fazer uma denúncia e retirar do ar um vídeo com conteúdo ofensivo. Ao abrir um determinado vídeo, clique no ícone "não gostei" que fica logo abaixo e depois em "denunciar vídeo como impróprio". Selecione o motivo (conteúdo sexual, violento ou repulsivo, abominável ou abusivo, atos perigosos, abuso infantil, spam e infração de direitos) e depois é só enviar o conteúdo para análise.

Twitter

Caso haja alguém se passando por você no Twitter, você pode denunciar o perfil e solicitar que ele seja excluído. Para fazer isso, siga os passos:

1. Acesse o seu perfil verdadeiro no Twitter.

2. Clique no ícone de "Help" no topo da página.

3. Selecione a opção "Report Violation" e clique em "Impersonation Policy". Você encontrará diversas informações relativas ao problema de perfil falso no Twitter.

4. Clique no link para o formulário de denúncia "Submit a ticket request" e preencha-o.

5. Agora é só aguardar o contato da equipe técnica do Twitter. Pode ser que seja solicitado o envio de documentos para comprovar o caso.

O Twitter, tal qual outros sites de relacionamento, promete a retirada imediata de perfis que divulguem pedofilia. É importante separar o procedimento adequado em "qualquer pessoa" e "forças da lei".

Qualquer pessoa pode denunciar um perfil que divulgue ou está relacionado à pornografia infantil no Twitter enviando um e-mail para cp@twitter.com. É necessário incluir o link do perfil e os links dos *tweets* com conteúdos relevantes que levem a crer que a conta deva ser investigada (para obter a URL, clique no *timestamp* – data e hora de um *tweet*).

As chamadas "forças da lei" devem enviar um e-mail para lawenforcement@twitter.com. Tais pedidos, no entanto, só deverão ser provenientes de órgãos oficiais e devem incluir identificação apropriada (tais como número de crachá, número de processo etc.). Pedidos enviados por agentes/órgãos desprovidos de competência para tanto serão descartados.

Ferramentas de localização, rastreabilidade e investigação de/com dispositivos móveis

Várias são as situações em que dispositivos móveis (celulares, *smartphones*, tablets etc.) são perdidos, furtados ou roubados. Nessas situações aplicativos previamente instalados auxiliam na localização do aparelho. Alguns, como os produtos Apple e BlackBerry, podem vir com funcionalidades no próprio aparelho, bastando para isso ativá-las e realizar cadastros prévios.

Vamos discorrer sobre algumas ferramentas úteis, inclusive rastreamento de aparelhos, com visualização de rotas. Nem todos os aparelhos e marcas possibilitam a execução dessas funcionalidades. Vejamos.

Equipamentos da Apple

Buscar Meu iPhone é o app oficial da Apple para encontrar iPhones, iPads ou iPods Touch de quarta geração. Ao baixar o aplicativo, o usuário deve iniciar uma sessão com seu usuário Apple e ativar o serviço. Caso ele perca o celular ou tablet, basta ou instalar o app em outro dispositivo com iOS e iniciar a sessão com sua ID da Apple, ou acessar pelo site www.icloud.com, também usando sua identificação da Apple.

O usuário, então, conseguirá ver a localização do dispositivo em um mapa e poderá fazer com que ele mostre uma mensagem ou emita um som. Outras ações possíveis são o bloqueio remoto do aparelho e a eliminação de dados de forma permanente. É essencial que o dispositivo tenha o aplicativo Buscar Meu iPhone configurado e ativado (o que pode ser feito nas configurações). Caso o recurso "Buscar iPhone" não esteja ativado, altere as senhas e informe que o aparelho está perdido. Quando o compartilhamento familiar estiver ativado, qualquer pessoa da família poderá ajudar a localizar o dispositivo.

BlackBerry

Segundo a empresa, o BlackBerry® Protect oferece uma maneira conveniente de fazer backup e restaurar dados de aparelhos BlackBerry por meio de uma conexão sem fio, além de recursos para ajudar a encontrar o aparelho e ajudar a proteger os dados no aparelho caso ele seja perdido, furtado ou roubado.

Embora a principal funcionalidade do BlackBerry Protect seja fazer o backup de contatos, calendários, notas, tarefas, mensagens de texto e marcadores do navegador, caso o usuário perca seu aparelho, pode usar o site do BlackBerry Protect (https://protect.blackberry.com) para encontrá-lo por meio da exibição de sua localização atual, fazendo-o tocar ou exibindo uma mensagem personalizada na tela inicial do aparelho. Caso o aparelho seja roubado, o usuário também poderá bloqueá-lo remotamente, alterar a senha ou excluir todos os dados nele contidos.

É importante observar que o usuário poderá gerenciar até cinco aparelhos BlackBerry usando sua conta do BlackBerry Protect. As informações úteis estão no Guia do Usuário disponibilizado pela empresa.

Para executar a tarefa de localização do aparelho, o sistema de rastreamento precisa estar ativado no aplicativo BlackBerry® Protect do seu BlackBerry, e o aparelho deve estar ligado e conectado à rede sem fio. Assim, o primeiro passo é fazer login no site do BlackBerry Protect (https://protect.blackberry.com). Mesmo sem estar conectado a uma rede sem fio ou a uma conexão 3G, o usuário deve fazer acesso ao serviço e tentar bloquear o dispositivo para eliminar os dados.

Se necessário, o usuário clica no ícone de seta ao lado da imagem do aparelho para selecionar o aparelho perdido. Depois, deve clicar em "Exibir localização atual". Em seguida aparecerá uma tela onde se pode ver a localização atual do aparelho.

Conforme citado, existem outras funcionalidades agregadas ao BlackBerry Protect, como o bloqueio do aparelho, fazê-lo tocar e apagar todos os seus dados, se for o caso[52].

Aparelhos Android

Para Android, existem diversos apps disponíveis para localizar o aparelho perdido, furtado ou roubado.

[52] BlackBerry Classic Smartphone. Manual do Utilizador. Disponível em: <http://help.blackberry.com/pt/blackberry-classic/10.3.2/user-guide-pdf/BlackBerry_Classic_Smartphone-1337191904827_00226-10.3.2-pt.pdf>. Acesso em: 02 maio 2016.

Google Device Manager

O Google possibilita ao usuário encontrar seu aparelho Android em caso de perda, roubo ou furto.

A função possibilita localizar, fazer tocar ou apagar o conteúdo remotamente através da Internet.

Para estar com serviço disponível, o usuário deve associar seu aparelho a uma conta Google e ativar esta opção nas configurações da conta. Não poderá, no entanto, esquecer de ativar o acesso à localização, para que, caso necessite, possa utilizar a funcionalidade.

Cerberus

Este app pode dar conta de localizar o *smartphone* perdido, tocar alarmes, bloquear a tela com um código ou até limpar as memórias interna e externa do dispositivo.

Cerberus é um aplicativo antirroubo completo, uma das melhores proteções que o usuário pode ter para recuperar seu dispositivo com Android esquecido, perdido, furtado ou roubado. Ao instalá-lo, a versão é de avaliação gratuita por uma semana, mas o usuário pode comprar uma licença vitalícia por um preço pequeno dentro da própria aplicação: não há taxas mensais ou anuais, apenas um único pagamento. A licença de uso é associada à sua conta do Cerberus.

Se o usuário possui vários dispositivos, poderá utilizá-los (até cinco dispositivos) com a mesma conta. Pode ser instalado via Google Play, neste link https://play.google.com/store/apps/details?id=com.lsdroid.cerberus&hl=pt_BR, até mesmo remotamente, usando a mesma conta do Google. Porém, algumas funcionalidades devem ser ativadas para a aplicação funcionar corretamente. O acesso se dá através do site da desenvolvedora, nesta URL: https://www.cerberusapp.com/home.

Por exemplo, o dispositivo pode ser configurado para enviar fotos a cada inserção de senha errada para acessar o aparelho. Quem estiver de posse do bem e tentar acessá-lo por tentativas de senha tem sua imagem enviada para o e-mail previamente cadastrado.

Os recursos avançados são:

- Localizar os dispositivos no mapa.
- Backup de dados.
- Inicialização de alarme.
- Bloqueio e exclusão de dados.
- Tirar fotografias remotamente.
- Controle remoto do aparelho pela Internet.

Android Lost

Depois da completude do Cerberus, o mais interessante é o Android Lost Free, que possui, entre os seus recursos, a instalação remota, ou seja, não há necessidade da prévia instalação. Outras funcionalidades são: ler mensagens enviadas e recebidas por SMS; limpar e/ou bloquear o telefone; apagar o cartão de memória SD; localizar o aparelho pelo GPS ou através da rede sem fio; ativar alarme e deixar a tela piscando; enviar SMS a partir da página web; enviar mensagem *pop-up*; encaminhamento de chamadas; status do telefone: bateria, IMEI etc.; SMS remoto de alarme; SMS remoto de bloqueio e desbloqueio; SMS remoto para apagar o cartão SD; SMS remoto para aplicar técnica *Wipe* (apagar dados) no telefone; iniciar ou parar GPS; iniciar ou parar *wi-fi*; enviar e-mail quando o cartão SIM é alterado; obter a lista de chamadas; imagem da câmera frontal e da câmera traseira; fazer o seu telefone falar com texto-para-voz; tempo limite de bloqueio; restaurar as configurações na inicialização; gravar som do microfone; iniciar e parar a conexão de dados de SMS; e iniciar e parar a conexão *wi-fi* a partir de SMS.

Assim, para ativar e usar o aplicativo, além de instalá-lo no telefone, basta acessar o site www.androidlost.com com a conta do Google e "manejar" os controles (http://www.androidlost.com/#controls_Mobile) conforme a investigação lhe aprouver.

A aplicação também permite, conforme visto, acesso remoto a imagens e sons, o que permite a interceptação ambiental, conforme se verá mais adiante.

Samsung Find Mobile

É uma solução nativa da Samsung. Para ser utilizado, é necessário adicionar sua conta Samsung no dispositivo e ativar o recurso controle remoto. Para localizar o seu dispositivo através de conexões sem fio e/ou *wi-fi*, você deve concordar com os termos e condições "Usar redes sem fio".

A localização remota é feita através da web.

Interceptação ilegal

Atenta-se que determinadas atividades de rastreamento de outras pessoas pode configurar crime, conforme previsão no Art. 10 da Lei 9.296/96[53]:

> *Art. 10. Constitui crime realizar interceptação de comunicações telefônicas, de informática ou telemática, ou quebrar segredo da Justiça, sem autorização judicial ou com objetivos não autorizados em lei.*

Interceptação ambiental com aplicativos móveis

Alguns aplicativos dos celulares iPhone, iPad, Samsung, ou seja, com sistemas operacionais iOS e Android, podem ser utilizados em vigilância eletrônica, auxiliando na atividade operacional ou em interceptação ambiental.

Dos já citados, tanto o Cerberus quanto o Android Lost têm a possibilidade de gravação remota.

---

[53] Lei 9.296, de 24 de julho de 1996. Regulamenta o inciso XII, parte final, do art. 5º da Constituição Federal.

O Android Lost tem a possibilidade, conforme já referido, de captura das imagens tanto pela câmera frontal quanto pela câmera traseira.

Já o Cerberus tem as seguintes opções:

- **Gravação de áudio** – Permite que o aplicativo acesse o caminho de gravação de áudio.
- **Tirar fotos e gravar vídeos** – Permite que o aplicativo tire fotos e vídeos com a câmera. Isso permite que o aplicativo colete imagens visualizadas pela câmera a qualquer momento. Depois de dar o comando na tela principal, o aplicativo envia um e-mail à conta do usuário com um vídeo, de trinta segundos, em formato .3gp.
- **Alterar as configurações de áudio** – Permite que o aplicativo modifique configurações globais de áudio, como volume e roteamento.

O terceiro aplicativo sugerido, que pode ser baixado tanto em Android, através do Google Play, quanto em aparelhos iOS (iPad e iPhone), é o Qik Video.

Após instalar o app no seu aparelho móvel, basta conectar sua conta, que pode estar vinculada ao Facebook ou ao Twitter (ou aos dois).

Bastante útil ao agente de operações quando está em campo (seja para infiltração policial, seja para vigilância a pé, veicular ou eletrônica), pois pode ter sua atividade acompanhada pelos colegas através do site http://qik.com/, protegendo-o e possibilitando a ação quando necessário.

Este aplicativo já possui mais de um milhão de *downloads* pelo Google Play e pela Apple Store, sendo bastante útil e não possuindo limitação de tempo para os vídeos, tal qual ocorre com as duas sugestões anteriores. Porém, a conta gratuita limita o número de vídeos a 25[54].

[54] É óbvio que, em se tratando de ação operacional em campo, a conta no Qik deverá ser restrita e os vídeos, após o *download*, devem ser apagados.

Rastreabilidade de aparelhos móveis com visualização de rotas

As funcionalidades anteriormente mencionadas permitem a localização (quase) exata do aparelho. Porém, nenhuma delas traça corretamente a rota de deslocamento do aparelho.

Um app desenvolvido na Colômbia chamado MovilTracing GPS e agregado ao BlackBerry permite a localização do aparelho e a guarda de histórico de rotas e trajetos percorridos.

Além de ser simples de configurar no aparelho (deve-se configurar o tempo de repasse dos dados à plataforma, se de cinco minutos ou mais), o acesso para visualização é também bastante simples.

Após o cadastro, será enviado um e-mail com um código, que será o código de rastreamento a ser informado na página inicial.

De outra parte, para quem estiver de posse do aparelho e quiser guardar rotas, por exemplo, de caminhos percorridos durante um trabalho de investigação, pode utilizar o app MotionX-GPS (http://gps.motionx.com/iphone/tutorials/) para dispositivos Apple e o app Minhas Trilhas ou Meus Percursos para dispositivos Android (pesquisar no Google Play).

Os dois aplicativos permitem salvar as rotas, ou enviando-as para o e-mail ou ficando vinculado à conta do Google, e, consequentemente, salvá-las e visualizá-las através do Google Earth e/ou Google Street View.

Rastreabilidade de computadores e celulares com o Prey

O Prey é um sistema usado para proteger o patrimônio informático no caso de perda ou roubo de algum dispositivo móvel, como celular, netbook, notebook, ultrabook ou desktop. Ele possui versões disponíveis para *download* em Linux, Windows, Mac (iOS) e também Android, permitindo proteger até três dispositivos diferentes (versão gratuita).

O Prey funciona, basicamente, com a instalação de um pequeno software no dispositivo a ser protegido/monitorado, que fica sendo executado em segundo plano, completamente parado. Se acontecer alguma coisa com seu laptop ou celular, o usuário faz login e envia um sinal (comando) pela página do Prey. O dispositivo "ouve" o chamado e pode executar remotamente várias instruções interessantes, como por exemplo:

- Usar a webcam para filmar a pessoa que está utilizando o aparelho.
- Apagar seus dados pessoais.
- Trancar completamente seu dispositivo.
- Tirar um *screenshot* (imagem da tela) do que está sendo executado.

Além disso, pode ser configurado para se conectar secretamente à primeira rede sem fio disponível que o dispositivo localizar e enviar suas coordenadas geográficas (caso seja um celular que tenha GPS).

O Prey conta com uma versão paga que possui mais recursos: ela permite "ouvir" mais do que três dispositivos, conta com chave criptográfica SSL, maior frequência de relatórios enviados do dispositivo e, finalmente, um recurso bastante útil para planos empresariais: um sistema instalador automático. Conheça mais sobre o Prey Project em https://preyproject.com/.

Outra opção é o Absolute Software (http://www3.absolute.com/pt-BR), que é sugerido aos usuários que adquirem notebooks da marca Samsung. Tem um período de avaliação e, após, um custo mensal.

Rastreabilidade de veículos e acompanhamento através de sistemas web

Da mesma forma que as ferramentas anteriores, existem mecanismos e funcionalidades na Internet que possibilitam o rastreamento veicular com o custo apenas de aquisição do rastreador. Dessa forma, estamos sugerindo dois sites que, se bem analisados pelo leitor, podem fazê-lo decidir pelo rastreamento gratuito de seu veículo.

O primeiro deles é um sistema de rastreamento pessoal via satélite chamado **GPS-Trace Orange**, que funciona em tempo real usando sistemas de navegação por satélite GPS/GLONASS e protocolo GPRS para a transferência de dados nas redes de telefonia celular.

Para conectar-se ao sistema de rastreamento GPS o usuário precisa preencher um formulário simples de registro no site (http://orange.gps-trace.com/) e conectar o localizador GPS ou celular com função GPS ao servidor de rastreamento via satélite. Isso possibilitará ao sistema de rastreamento GPS-Trace Orange receber informações sobre a posição atual e mostrá-la no mapa.

Com o sistema de rastreamento pessoal GPS-Trace Orange o usuário poderá:

- Ver a posição atual do automóvel no mapa.
- Guardar o histórico do percurso realizado nos últimos trinta dias.
- Possibilitar que os seus amigos vejam sua localização.
- Publicar a sua posição e as suas viagens no seu blog, sítio ou fórum.
- Inserir pontos de interesse (POI) no mapa e adicionar fotos a eles.
- Rastrear os filhos ou pais idosos em tempo real.
- Manter-se informado sobre onde se encontra o seu animal de estimação.
- Criar no mapa uma cerca virtual, geográfica, e itinerários de viagens.
- Receber avisos por SMS ou correio eletrônico.

GPS-Trace Orange utiliza um dos mais populares programas para organizar os profissionais sistemas de rastreamento de veículos via satélite – Wialon (http://gurtam.com/en/wialon) –, que foi criado pela companhia bielorrussa Gurtam. Em contraposição aos outros vários sistemas analógicos, o uso de GPS-Trace Orange é absolutamente gratuito para os usuários. Com isso, graças à plataforma de rastreamento via satélite Wialon, as possibilidades funcionais do sistema superam muitos sistemas pagos.

As informações sobre os controladores pessoais e veiculares suportados estão disponíveis no site (http://gps-trace.com/?page=hw), podendo-se escolher o que melhor se adapta à necessidade pessoal (http://gps-trace.com/?page=hw&type=tracker) ou do veículo (http://gps-trace.com/?page=hw&type=auto), observando-se o aspecto principal: duração da bateria.

A segunda opção é brasileira, também sem custo mensal de monitoramento. Com atuação desde 2005, a empresa GPS Tecnologia (http://www.tecgps.com.br/) disponibiliza a localização veicular em tempo real sem mensalidade, havendo, no entanto, necessidade de adquirir o rastreador.

Por outro site da empresa, há opções de rastreador (www.tecnologiagps.com.br) à livre escolha do usuário, sendo mais comuns o rastreador GPS Veicular TrackSat-1 (http://www.tecnologiagps.com.br/rastreadores_tracksat1.htm) e o rastreador GPS Portátil PT-33 (http://www.tecnologiagps.com.br/). Nas duas opções há necessidade de aquisição de um chip de telefonia celular e suportar o custo mensal.

Outros sites interessantes

Há excelentes ferramentas para checar as *time zones* do mundo todo. Nelas é possível saber os códigos e dados sobre o tempo local de diversas localidades do planeta.

- **Time Zones** – http://everytimezone.com/.
- **24timeszone** – http://24timezones.com/.
- **World Time Server** – http://www.worldtimeserver.com/.
- **The World Clock** – http://www.timeanddate.com/worldclock/.
- **24 Time Zones** – http://24timezones.com/hora_certa.php.
- **World Time Zone** – http://www.worldtimezone.com/.

Informações sobre contas de e-mail

Muitas vezes, o profissional de inteligência de segurança pública, ou o investigador de polícia, pode, ao coletar dados sob determinada pesquisa, obter informações valiosas quando tem em mão apenas um e-mail de um alvo. Várias aplicações de Internet podem ser utilizadas para isso:

- **Find IP Address** – http://www.find-ip-address.org/email-search/find-email.php
- **What is My IP Address** – http://whatismyipaddress.com/trace-email
- **Pipl** – https://pipl.com/n/find_email/
- **Sell Hack** – Extensão para Chrome, Firefox ou Safari.
- **Datanyze Insider** – É um plugin para os navegadores Chrome ou Firefox que possibilita encontrar um endereço de e-mail. Coleta de e-mails em fontes de dados disponíveis.

5. Exif Metadata: A Investigação Policial Subsidiada por sua Extração e Análise

É fato que a Internet tem possibilitado uma grande exposição, principalmente em redes sociais, onde os indivíduos postam uma infinidade de informações sobre sua intimidade e suas relações sociais. Os criminosos, por vezes, trilham por caminho idêntico, colocando fotografias do produto do crime ou, em algumas situações, quando foragidos, imagens desdenhando da polícia e da sociedade.

A investigação policial não pode ser estanque. Distantes são os tempos em que estava adstrita apenas a declarações e exames periciais. A tecnologia tem agregado novas possibilidades ao investigador para individualizar a autoria e materialidade delitiva. Um desses caminhos a serem trilhados é a análise do *exif* das fotografias e arquivos postados na Internet, os chamados **metadados**.

Em nome da eficiência, a Polícia Judiciária deve utilizar os dados dispostos na Internet para potencializar sua função precípua de investigar. Ao buscar os metadados, o policial pode obter dados de localização de um foragido da justiça, informações sobre o tipo de equipamento utilizado para fazer a foto e ainda, em alguns casos, reconstituir cenários sobre as condições físicas nas quais aquela imagem ou o arquivo foi produzido.

Exif metadata: o que é?

O *exif metadata* é a informação adicional do arquivo da fotografia que pode ter dados sobre data e hora, tamanho, características da câmera ou do *smartphone*, dados de luminosidade e outras informações úteis. Em alguns casos, quando o GPS (*Global Positioning System*) do equipamento está ligado, é possível obter a real posição em que a fotografia foi tirada. Cada metadado traz consigo dados individualizadores da imagem produzida.

Os metadados inseridos nas fotografias podem ainda ser úteis na proteção dos direitos autorais: por exemplo, quando um fotógrafo posta uma imagem, ele pode incluir dados referentes ao nome do autor, direitos autorais, telefone e e-mail para contato.

Nesse sentido, existe um forte movimento de manifesto exercido na Internet contra a supressão dos metadados capitaneado pela IPTC (*International Press Telecommunications Council*[1]). Seu pleito se baseia principalmente na preservação dos direitos autorais do autor da fotografia, bem como dos direitos associados à fotografia.

Os metadados não são exclusivamente de imagens e fotos, sendo possível verificá-los em arquivos de extensões variadas, como, por exemplo, texto (.doc; .pdf), sendo, portanto, plenamente possível a inserção de elementos técnicos capazes de zelar pela preservação dos direitos autorais e intelectuais de seu autor.

Quando um arquivo é copiado, carregado ou baixado em qualquer lugar, os seus metadados o acompanham. A sua visualização não ocorre através da execução da imagem propriamente dita. Para visualizar esse conteúdo existem vários caminhos possíveis, que apresentarão diversos níveis de acesso a informações gravadas nos arquivos.

Assim, definido o que são os metadados, importante verificar como se dá a sua extração nas redes sociais e no que afeta a privacidade nesses ambientes.

---

[1] INTERNATIONAL PRESS TELECOMMUNICATIONS COUNCIL. **Embedded Metadata Manifesto:** this is where you find information about embedding metadata into digital media files. 2016. Disponível em: <http://www.embeddedmetadata.org/>. Acesso em: 21 set. 2016.

Extração do *exif versus* privacidade em redes sociais

Nos anos de 2013 e 2016 o site especializado em metadados[2] embedded-metadata.org realizou uma grande pesquisa de análise de matérias de imagens exibidas junto aos principais sites de mídias. Seu objetivo era verificar se, ao exibirem imagens postadas por seus usuários, preservavam os metadados originais da foto e, assim, garantiriam o direito autoral de seu titular.

Como resultado, verificou-se que diversas redes sociais, apesar de armazenarem os metadados dos arquivos dos usuários em seus servidores, não os disponibilizam. A lista completa do estudo pode ser acessada no sítio mencionado.

As fundamentações dos servidores das redes sociais para tanto são as mais variadas possíveis: necessidade de espaço nos servidores de armazenamento; preservação e proteção da privacidade do usuário; dinamização e otimização na execução dos arquivos; dentre outros.

Tais argumentos, no entanto, tecnicamente não convencem. O *exif* de fotografias restringe-se a pequenos elementos informativos que ocupam espaços mínimos de *bits*, sequer influenciando no armazenamento físico, comparando-se ao espaço demandado na guarda das fotografias e vídeos realizados pelos servidores.

O Facebook, por exemplo, retira as informações de metadados das fotos quando estas são carregadas para a página do usuário. Nesse caso, resta infrutífera à investigação qualquer tentativa de leitura do conteúdo dessas imagens diretamente na página do usuário.

O Twitter segue o mesmo caminho, utilizando como padrão de georreferenciamento de uma postagem o disposto no GPS quando da marcação de um *tweet* e não os *geotags* da imagem. Também não disponibiliza para os demais usuários informações administrativas, como modelo do aparelho celular, data da realização da foto, dentre outros elementos[3].

---

[2] Embedded Metadata Manifesto.

[3] Twitter. Support. Central de Ajuda. O que acontece com os dados do exif na minha foto.

Populares mensageiros instantâneos como WhatsApp[4], Viber[5] e, Telegram[6], dentre outros, também não disponibilizam para os usuários os metadados dos arquivos, impossibilitando o avanço de investigações na medida em que a materialidade delitiva se resume a um arquivo de imagem ou vídeo disseminado por algum desses aplicativos.

O WhatsApp anuncia em seu site, em sua política de legalidade:

> *Dados coletados automaticamente*
>
> *Uso e dados de registro. Coletamos dados de serviços, diagnóstico e desempenho. Isso inclui informações sobre suas atividades (por exemplo, como nossos serviços são usados, como é sua interação com outros usuários durante a utilização de nossos serviços, etc.), arquivos de registro, além de registros e relatórios de diagnóstico, falhas, website e desempenho.*
>
> *Dados sobre transações. Em caso de pagamento por nossos serviços, podemos receber dados e confirmações como recibos de pagamento, inclusive de lojas de aplicativo ou de terceiros que estejam processando seu pagamento.*
>
> *Dados sobre dispositivos e conexões. Coletamos dados específicos sobre o dispositivo quando nossos serviços são instalados, acessados ou utilizados por você. Isso inclui dados como modelo de hardware, dados do sistema operacional, dados sobre o navegador, endereço de IP, dados sobre a rede móvel, incluindo o número do telefone, e identificadores do dispositivo. Coletamos dados sobre a localização do dispositivo caso você utilize os recursos de localização, tais como quando você decide compartilhar sua localização com seus contatos, conferir locais próximos a você ou os locais que foram compartilhados com você e também com o intuito de diagnosticar e solucionar problemas, por exemplo, se houver problemas no recurso de compartilhamento de localização de nosso aplicativo.*
>
> Cookies. *Utilizamos* cookies *para operar e prestar nossos serviços, inclusive serviços baseados na web, aprimorar suas experiências, entender como nossos serviços são utilizados e personalizar nossos serviços. Por exemplo, utilizamos* cookies *para disponibilizar o WhatsApp para web, para computador e outros*

---

[4] http://www.whatsapp.com/legal/#privacy-policy-information-we-collect.

[5] Política de privacidade do Viber.

[6] Telegram. Privacy Policy.

serviços baseados em web. Também podemos utilizar cookies *para entender quais são as perguntas frequentes mais populares na nossa Central de Ajuda e mostrar conteúdo relevante relacionado com nossos serviços. Além disso, podemos utilizar* cookies *para lembrar de suas escolhas, como as preferências de idioma, e personalizar nossos serviços para você.*

Dados de status. Coletamos dados sobre suas alterações de status e de conexão em nossos serviços, por exemplo, quando você está conectado (seu "status online"), quando você utilizou nossos serviços pela última vez (seu status "visto pela última vez") e quando sua mensagem de status foi atualizada pela última vez.

Dados divulgados por terceiros sobre você. Recebemos dados divulgados por outros, o que pode incluir dados sobre você. Por exemplo, quando outros usuários que você conhece utilizam nossos serviços, eles podem fornecer seu número de telefone que está na agenda de contatos deles (assim como os números deles podem vir de seus contatos); eles podem também enviar-lhe uma mensagem, enviar mensagens para grupos dos quais você participe ou podem ligar para você.

Prestadores de serviço terceirizados. Trabalhamos com prestadores de serviço terceirizados para nos ajudar a operar, executar, aprimorar, entender, personalizar, dar suporte e anunciar nossos serviços. Por exemplo, trabalhamos com outras empresas para distribuir nossos aplicativos, formar nossos sistemas de infraestrutura, de entrega ou outros, fornecer informações sobre mapas e locais, processar pagamentos, ajudar-nos a entender como as pessoas utilizam nossos serviços e anunciar nossos serviços. Esses prestadores de serviço podem nos fornecer informações suas sob determinadas circunstâncias, por exemplo, as lojas de aplicativo podem nos enviar relatórios para nos ajudar a diagnosticar e corrigir problemas no serviço.

Serviços de terceiros. Permitimos o uso de nossos serviços em conjunto com serviços de terceiros. Se nossos serviços forem usados com serviços de terceiros, podemos receber dados seus fornecidos por eles, por exemplo, ao usar o botão Compartilhar do WhatsApp em um serviço de notícias para compartilhar uma reportagem com seus contatos e grupos do WhatsApp ou listas de transmissão de nossos serviços, ou ao optar por acessar nossos serviços por meio da promoção feita pela operadora de celular ou pela fornecedora do dispositivo. Observe que, ao usar serviços de terceiros, os termos e as políticas de privacidade aplicáveis serão os elaborados para tais serviços.

O Telegram informa, em sua política de privacidade, preservar certos dados - *Storing Data* - a fim de auxiliar no correto funcionamento do aplicativo. Contudo, não esclarece quais dados são necessários para essa tarefa.

Decerto, apesar de os aplicativos afirmarem que armazenam esses dados, é fácil constatar que não os disponibilizam ao interlocutor das mensagens. Qualquer usuário pode baixar para o computador os arquivos de imagens e realizar os testes para visualização dos metadados, atestando a ausência de elementos técnicos.

Apesar de algumas redes sociais não disponibilizarem o acesso a esse tipo de informação, não implica que esses dados inexistem ou que estão inacessíveis. Cabe à autoridade policial, valendo-se do seu poder de requisição, demandá-las ao servidor, podendo ainda representar judicialmente pela sua obtenção. De bom alvitre lembrar que as aplicações de Internet manterão esse conteúdo armazenado pelo prazo de seis meses, nos precisos termos do art. 15 do Marco Civil da Internet.

Independentemente do caminho escolhido, é recomendado que a autoridade policial, de pronto, expeça um ofício requerendo a preservação do conteúdo referente ao *exif* da imagem solicitada.

A solicitação deverá conter, sob pena de não atendimento, identificação clara e precisa do conteúdo, possibilitando, assim, a localização inequívoca do conteúdo por parte da aplicação de Internet, devendo também ser informada a URL do respectivo arquivo.

Da busca policial por evidências existentes em metadados

Como já discorrido, a análise dos metadados dos arquivos funciona como valioso recurso de coleta de dados, traduzindo-se em verdadeira impressão digital daquele arquivo, possibilitando individualizar sua criação, modificação, origem, geomarcação, dentre outros elementos.

Contudo, aqui cabe um alerta: deverá o agente analisar esses dados em conjunto com outros elementos da investigação, pois o *exif* dos arquivos pode ser deletado ou até mesmo editado através de softwares e plataformas *on-line*.

Furto ou roubo de máquina fotográfica

No caso de subtração de máquina fotográfica, existem aplicações de Internet que possibilitam o rastreio desses equipamentos. É o caso dos sites Camera Trace e StolenCameraFinder. A primeira ferramenta possui um banco de dados com mais de 11 milhões de máquinas cadastradas[7], escaneando dados de fotografias expostas na Internet. A aplicação possibilita o acesso a dados capazes de rastrear o equipamento fotográfico. Para tanto, deverá a autoridade policial encaminhar uma requisição via e-mail institucional, informando o número de série dos equipamentos a serem rastreados[8].

Da mesma forma, a ferramenta StolenCameraFinder[9] faz a busca de dados de fotografias carregadas na Internet, fazendo sua relação com o número de série da máquina da qual foi tirada.

Utilização de sistemas operacionais, softwares e plataformas como leitores de metadados

Os sistemas operacionais, especificamente Windows 7 e superiores, possibilitam a visualização de informações detalhadas sobre a origem da imagem, a data em que a fotografia foi tirada, o nome do programa, dimensão, fabricante e modelo da câmera, quando foi salva no computador, além de outros atributos.

Sua visualização se dá clicando com o botão direito do mouse em cima do arquivo de imagem e acessando em seguida a aba "Detalhes". Softwares pagos, como Photoshop, permitem visualizar esses elementos, além de outros dados técnicos como: informações de IPTC, contato, descrição detalhada do arquivo e histórico.

Em opção *freeware*, há aplicações capazes de organizar, inserir ou editar metadados. Existem ainda outras opções de softwares gratuitos disponíveis no

---

[7] Camera Trace Featured Details. Disponível em: <http://www.cameratrace.com/learn-more>. Acesso em: 21 set. 2016.

[8] As solicitações devem ser enviadas diretamente para o email support@gadgettrak.com.

[9] Stolen Camera Finder. Disponível em: <http://www.stolencamerafinder.com/>. Acesso em: 21 set. 2016.

mercado com as mesmas funcionalidades[10]. Destacam-se, ainda, extensões para os navegadores Google Chrome e Firefox[11].

Em se tratando de plataformas *on-line*, existem diversos sites que permitem visualizar metadados de arquivos, estejam estes salvos nos computadores ou acessíveis em sites através de *links*[12].

Análise de metadados em arquivos variados

Outro recurso a ser utilizado pelo investigador quando da coleta probatória é a verificação de metadados nos arquivos de editores de texto. Através desse procedimento é possível extrair valiosíssimas informações sobre o arquivo, tais como: autor do documento, origem, informações ocultas, data de criação, domínio, dentre outros.

A verificação em arquivos do tipo Word a partir da versão 2007 pode ser feita da seguinte forma: após aberto o documento em questão, deve-se clicar no botão *Office*, que fica no canto superior esquerdo do menu principal, em seguida acessar a opção "Preparar" e, na aba que se abrir, escolher a opção "Propriedade".

Nas versões 2010 e superiores, deve ser realizado o seguinte procedimento: após aberto o documento em questão, deve-se clicar na aba "Arquivo", que fica no canto superior esquerdo do menu principal. No canto direito da tela que abrir, serão exibidas informações sobre a origem do arquivo analisado, sobre seu autor e demais pessoas relacionadas. Nessa mesma tela, agora no canto inferior da direita, basta clicar na opção "Mostrar todas as propriedades" que serão apresentadas informações adicionais avançadas sobre o arquivo analisado.

---

[10] HARVEY, Phil. ExifTool. 2016. Disponível em: <http://www.sno.phy.queensu.ca/~phil/exiftool>. Acesso em: 21 set. 2016. Two Pilots™. Editing, Creating, and Viewing EXIF, IPTC, and XMP Data with Free Exif Pilot Editor. 2016. Disponível em: <http://www.colorpilot.com/exif.html>. Acesso em: 21 set. 2016.

[11] EXIF Viewer. 2015. Disponível em: <https://chrome.google.com/webstore/detail/exif-viewer/nafpfdcmppffipmhcpkbplhkoiekndck>. Acesso em: 21 set. 2016. EYRICH, Christian; MIELCZAREK, Ted. FxIF. 2015. Disponível em: <https://addons.mozilla.org/pt-BR/firefox/addon/fxif/>. Acesso em: 21 set. 2016.

[12] Jeffrey Friedl's Image Metadata Viewer. 2016. Disponível em: <http://regex.info/exif.cgi>. Acesso em: 21 set. 2016.

É possível editar ou eliminar esses metadados, devendo para tanto clicar na opção "Arquivo" do menu principal, depois na opção "Inspecionar elemento" > "Inspecionar se há problemas" e, na tela que se abrir, "Inspecionar documentos". Através desses comandos, é possível verificar uma série de elementos incluídos no arquivo, havendo ainda a possibilidade de excluí-los.

No caso de arquivos do tipo PDF, a verificação dos metadados inseridos pode ser feita clicando na opção "File" (arquivo); depois em "Properties" (propriedades). Dependendo da versão do visualizador de PDF (*Portable Document Format*), aparecerá uma tela com opções de descrição, segurança, fonte, edição e avançados, possibilitando, assim, nesta última opção, verificar o título do arquivo, informações sobre o seu autor, data de criação, de modificação, domínio, aplicação que o gerou, dentre outros detalhes.

Estudo de caso

Na qualidade de policiais especializados em crimes de informática, a metodologia de busca via metadados pode ser utilizada em diversas investigações como meio para materialização de fatos criminosos, bem como para elemento individualizador de autoria.

A investigação que será narrada ocorreu em junho de 2016, no Estado do Rio de Janeiro, pela Delegacia de Repressão a Crimes de Informática, e versou sobre violência sexual praticada contra menor de idade.

Em sede policial, uma menor de idade narrou, perante a autoridade policial, ter sido vítima de violência sexual. Relatou que não dispunha de elementos de convicção que apontassem o autor do fato, lembrando apenas que a relação sexual foi registrada através de um aparelho celular.

Após diligências, foram individualizados dois possíveis suspeitos. A autoridade policial que presidiu as investigações representou judicialmente pela busca e apreensão a ser realizada nos endereços dos suspeitos. Durante a diligência, foram arrecadados celulares, computadores, *pen drives* e *hard disk*.

Em análise realizada nos periféricos apreendidos, foram encontradas imagens do ato sexual como narrado pela vítima. Foram verificados, então, os metadados desses arquivos de imagem, sendo possível colher informações como data e hora em que os arquivos foram gerados; a geolocalização, apontando o local exato onde a atividade criminosa foi realizada; dados técnicos, como o fabricante da câmera, pertencente a um *smartphone*; modelo e seu software. Essas especificações técnicas eram as mesmas do celular apreendido de um dos suspeitos.

Assim, mediante essas provas técnicas e demais provas colhidas no bojo da investigação policial, foi possível corroborar a materialidade e apontar a autoria delitiva.

Conclusão

A evolução tecnológica tem agregado valor à investigação policial. Não faz muito tempo, ao policial ensinavam-se os procedimentos a serem tomados na busca de evidências para elucidar um delito. Todavia, os tempos são outros. Em vários delitos, o local de crime saiu do físico para o virtual, e essa nova realidade permite ao policial inovar e buscar outros elementos na individualização da autoria e materialidade delitiva.

O policial não deve, portanto, abdicar da busca de "impressões digitais" de arquivos postados na Internet, principalmente em redes sociais ou de conteúdo encontrado em poder do investigado. A utilização das informações extraídas de metadados já se mostrou útil em procedimentos investigativos para materialização de eventos criminosos.

A digitalização das relações sociais possibilita ao investigador novos horizontes na arte de investigar delitos. Cabe ao policial adequar-se às novas tecnologias para trazer resultados mais eficazes no cumprimento do seu dever.

6. Facebook e a Busca de Dados e Informações

A rede social Facebook, inaugurada em 04 de fevereiro de 2004, sem sombra de dúvida, é a rede social mais difundida e utilizada para a integração e socialização dos internautas. Os dados oficiais informam que, oito anos depois de sua criação, foi atingida a marca de 1 bilhão de usuários ativos.

Ime Archibong, Diretor de Parcerias Estratégicas da empresa Facebook, divulgou, durante o evento Campus Party 2016[1], que o site cataloga cerca de 99 milhões de usuários ativos mensais e que, destes, 89 milhões utilizam plataformas móveis, como *smartphones* e tablets.

Ainda segundo Archibong, oito em cada dez brasileiros acessam esta rede social, 900 milhões de pessoas possuem WhatsApp, 800 milhões usam Facebook Messenger e 400 milhões possuem Instagram. Essas informações também foram publicadas e estão disponíveis na página oficial do Ime Archibong na rede social Facebook, endereço[2]: fb.com/Ime.

Nesse compasso, esta rede social mostra-se uma fonte riquíssima de dados e informações que pode instruir os procedimentos investigatórios ou bases de relatórios de inteligência. Assim, conhecer a fundo os seus sistemas

---

[1] INNOVARE. 99 milhões de brasileiros estão no Facebook todos os meses. **Innovare Pesquisa**, 02 fev. 2016. Disponível em: <http://www.innovarepesquisa.com.br/blog/99-milhoes-de-brasileiros-estao-facebook-todos-os-meses/>. Acesso em: 22 set. 2016.

[2] ARCHIBONG, I. **Facebook**: community update. Disponível em: <https://www.facebook.com/photo.php?fbid=10101166668972824&set=a.552033672934.2109974.301221>. Acesso em: 18 jun. 2016.

de buscas e conjugação com outros motores de pesquisas torna-se essencial para extração e coleta de informações.

Contudo, antes de ingressarmos em metodologias específicas de coletas de dados relacionados a esta rede social, cabe fazer uma observação: em nome da segurança, estabilidade e integridade das informações, rotineiramente os desenvolvedores da rede social Facebook alteram sua API (*Application Programming Interface*, em tradução livre para o português, Interface de Programação de Aplicativos), que nada mais é do que um apanhado de sistemáticas e de programações escritas especificamente para o acesso a determinada plataforma web ou aplicativo.

Mediante tais alterações, determinadas programações, extensões, soluções e comandos destinados especificamente para a coleta de dados e informações na plataforma Facebook têm sua vida útil limitada a atualizações do sistema.

Assim, tendo por base essa introdução e esse cenário dinâmico, indicaremos algumas técnicas simples de serem executadas que podem ser utilizadas pelo investigador na busca por informações. Porém, como já noticiado, não temos como garantir sua plena eficácia por um prazo largo de tempo.

Pesquisa através do buscador do Facebook

Em uma pesquisa simples, o Facebook apresenta como retorno os seguintes padrões: principais resultados; pessoas; páginas; locais; grupos; aplicativos; e eventos.

Essa pesquisa pode ser útil quando o objeto de análise for algo relacionado a um perfil, página, grupo etc. Porém, esse meio pode se tornar ineficiente quando a busca está relacionada a postagens, imagens, vídeos etc.

Buscas na plataforma Facebook utilizando como motor de busca o site do Google

Para ser realizada uma busca mais completa, pode ser conjugado um padrão de pesquisa que alie o Facebook como indexador a buscadores como o Google, Yahoo etc. Assim, podem ser conjugados os seguintes *tags* de pesquisa no Google: "Guilherme Caselli"+"Facebook".

Realizando pesquisas utilizando os padrões destacados, a resposta será bem ampla, pois contemplará como resultado qualquer base que contenha as palavras "Guilherme Caselli" e "Facebook". Para realizar uma busca especificamente no site do Facebook utilizando o motor de busca do Google, deverá ser usado o seguinte parâmetro: site:facebook.com "Guilherme Caselli".[3]

Como resposta, serão apresentados resultados colhidos dentro da plataforma do Facebook, como a indicação de perfis, postagens e eventos onde as palavras pesquisadas em destaque (entre aspas) foram atribuídas ou de alguma maneira indexadas – comentários, marcação em foto etc.

Buscas na plataforma Facebook via *hashtags*

O Facebook, desde 2013, habilitou a possibilidade de buscas tendo por padrão de indexação as *hashtags*, que nada mais são do que palavras-chave destacadas e antecedidas pelo símbolo cerquilha – jogo da velha (#). Essa junção de símbolo com palavras-chave as destaca, criando verdadeiros *hiperlinks* perfeitamente indexáveis pelos mecanismos de busca de redes sociais. Ex.: #policiaCivil.

---

[3] Vide formas de pesquisa no Google, constantes nesta obra.

Buscas na plataforma Facebook atribuindo o idioma inglês US

Há também uma outra possibilidade de busca no Facebook, não tanto difundida, mas que apresenta como resposta elementos mais precisos e detalhados. Para essa sistemática, deverá ser alterado o padrão de idioma do perfil para o inglês. Uma vez alterado, é modificada a *skin* do Facebook, com a apresentação de novas abas de resultado para a pesquisa.

Para alterar o idioma, basta o usuário ir em "Configurações", após em "Idioma" e em seguida alterar a opção "em qual idioma você quer usar o Facebook" colocando a opção "English (US)" e por fim clicando no combo "Aplicar".

Uma vez alterado o padrão de idiomas, ao realizar uma busca o Facebook apresentará como possibilidade de resultado os seguintes itens: *top* (topo); *latest* (mais recentes); *people* (pessoas); *photos* (fotos); *videos* (vídeos); *pages* (páginas); *places* (locais); *groups* (grupos); *apps* (aplicativos); *events* (eventos).

Esse modelo de pesquisa é tão abrangente que, além dos itens já descritos, inclui ainda fragmentos de postagem de usuários que são amigos do perfil utilizado para pesquisa.

Na imagem a seguir, realizamos uma busca com a palavra "polícia civil". Repare que o resultado trouxe como índice *pages* (páginas) e *public posts* (postagem pública).

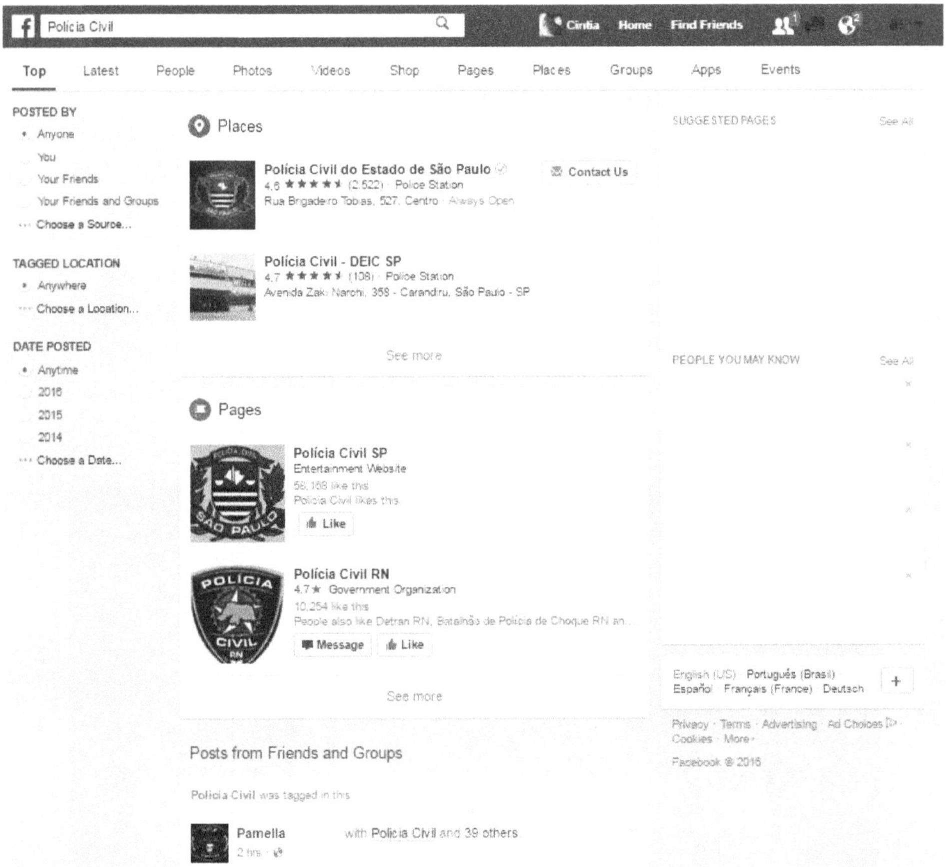
Policia Civil
Cintia
Home
Find Friends
Top
Latest
People
Photos
Videos
Shop
Pages
Places
Groups
Apps
Events
POSTED BY
Anyone
You
Your Friends
Your Friends and Groups
Choose a Source...
TAGGED LOCATION
Anywhere
Choose a Location...
DATE POSTED
Anytime
2016
2015
2014
Choose a Date...
Places
Polícia Civil do Estado de São Paulo
4,6 ★★★★★ (2.522) · Police Station
Rua Brigadeiro Tobias, 527, Centro · Always Open
Contact Us
Polícia Civil - DEIC SP
4,7 ★★★★★ (108) · Police Station
Avenida Zaki Narchi, 358 - Carandiru, São Paulo - SP
See more
Pages
Polícia Civil SP
Entertainment Website
Like
Polícia Civil RN
4.7★ Government Organization
Message
Like
See more
Posts from Friends and Groups
Pamella
with Policia Civil and 39 others
SUGGESTED PAGES
See All
PEOPLE YOU MAY KNOW
See All
English (US) · Português (Brasil)
Español · Français (France) · Deutsch
Privacy · Terms · Advertising · Ad Choices · Cookies · More
Facebook © 2016

Figura 3-A.

Top Public Posts

Polícia Civil do Estado de São Paulo
October 20 at 5:39pm

Polícia Civil apreende 252 tijolos de maconha e prende traficante em Itu

A Polícia Civil, através da 5ª Delegacia de Polícia da Divisão de Investigações sobre Entorpecentes (Dise) do Departamento Estadual de Prevenção e Repressão ao Narcotráfico (Denarc), na tarde de quarta-feira (19/10), prendeu um homem, por tráfico de entorpecentes e apreendeu 252 tijolos de maconha, em Itu, interior de São Paulo.

Os policiais civis realizavam investigações com vistas a uma quadrilha espec... See More
See Translation

404 27 Comments 35 Shares

Like Comment Share

Figura 3-B.

Figura 3 A e B. Pesquisa realizadas com a expressão "polícia civil".

Baixar vídeos do Facebook

Existem diversas possibilidades e metodologias que permitem ao usuário realizar o *download* dos vídeos postados no Facebook. Entendemos que o meio mais simples e eficaz é a transformação da linguagem da página acessada para o formato *mobile*. Para tanto, deverão ser feitos os seguintes passos:

1. Deve-se fazer login no Facebook através de um computador e, após, deve ser acessada a página ou perfil onde o vídeo almejado está publicado. No exemplo a seguir, visitamos a página oficial da Polícia Civil do Estado de São Paulo e clicamos na aba "vídeos", diretório onde estão postados diversos vídeos institucionais.

O endereço em questão é o: https://www.facebook.com/PoliciaCivildeSP/videos, conforme segue:

Figura 4. Página de vídeos no *Facebook* visualizada no formato *desktop*.

2. Em seguida, altere a linguagem da página de www.facebook.com para o endereço m.facebook.com. Fazendo desta maneira, o servidor do Facebook entenderá que a conta está sendo acessada através de um aparelho celular, tablet etc. Sua configuração ficará alterada e mais simplificada. O endereço completo ficará da seguinte forma: https://m.facebook.com/PoliciaCivildeSP/videos.

3. Uma vez alterado o formato de visualização, basta clicar com o botão direito do mouse em cima do vídeo desejado e escolher a opção "Salvar como".

Figura 5. Página de vídeos no Facebook visualizada no formato *mobile*.

Códigos de buscas avançadas no Facebook

Tendo em vista facilitar a atividade policial na busca por evidências criminosas para a formação de elemento probatório ou de inteligência, descreveremos a seguir códigos de pesquisa que aprofundam informações relacionadas ao perfil de um usuário do Facebook.

Não se trata de exploração de vulnerabilidade, método intrusivo, malicioso ou que de alguma maneira fira a intimidade de algum usuário, a ponto de demandar reserva de jurisdição, mas, sim, linhas de comandos específicas e compatíveis com a atual API do Facebook. Elas ampliam e sistematizam as pesquisas de dados, além de diagramar os resultados das buscas de forma a ter uma leitura mais dinâmica e amigável.

Porém, aqui cabe um alerta: como já informado, a todo o momento o servidor do Facebook altera sua API em nome da estabilidade e da segurança das informações lá trafegadas. Mediante essa constante evolução, é possível que em determinado momento os comandos que iremos descrever a seguir não mais funcionem.

Para a utilização dessas buscas avançadas de evidências, o primeiro passo a ser dado é alterar o idioma do perfil utilizado nas buscas para o inglês US, conforme já explicado antes. Uma vez alterado o idioma, o próximo passo é identificar a ID do usuário do Facebook que será pesquisado. Indicaremos dois modos igualmente eficientes de verificar o ID de um usuário:

1. Clique na foto do *avatar* do usuário a ser pesquisado (foto do perfil), conforme segue:

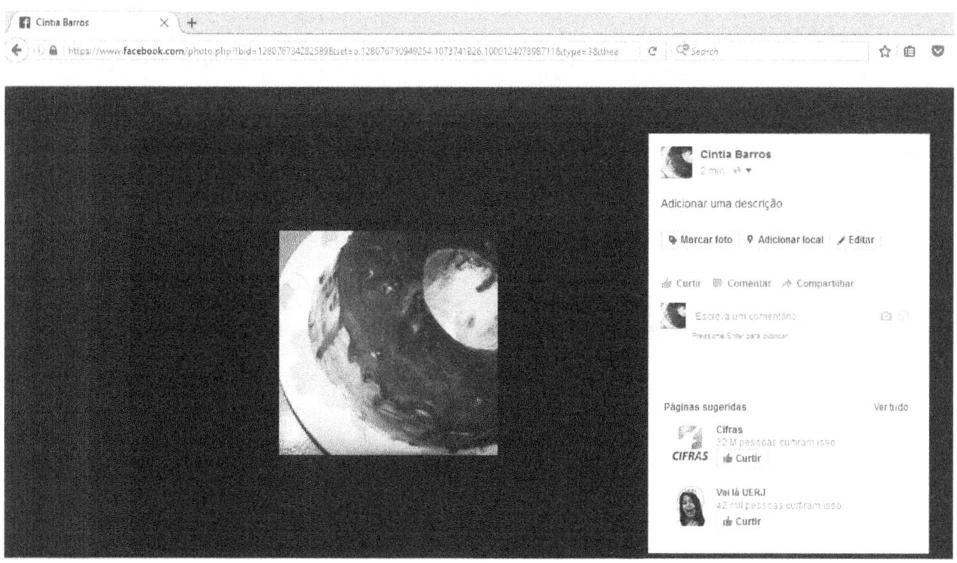

Figura 6. Visualizando ID de um perfil no Facebook.

No endereço que aparecer no navegador estará presente, dentre outras informações, o ID do perfil do Facebook. Para localizá-lo, procure a expressão "&type". O ID será o conjunto de números entre o "&type" e o ponto que antecede esse conjunto de números.

No exemplo apontado, o endereço da foto que apareceu no navegador foi o seguinte: https://www.facebook.com/photo.php?fbid=128076734282589&set=a.128076750949254.1073741826.**100012407898711**&type=3&theater (grifamos)

Assim, conforme descrito, o ID deste perfil é: 100012407898711.

2. Outra possibilidade um pouco mais simples de verificar o ID de um perfil é acessando o site findmyfbid.com. Lá haverá um campo próprio para colar o endereço do perfil do Facebook, conforme imagem:

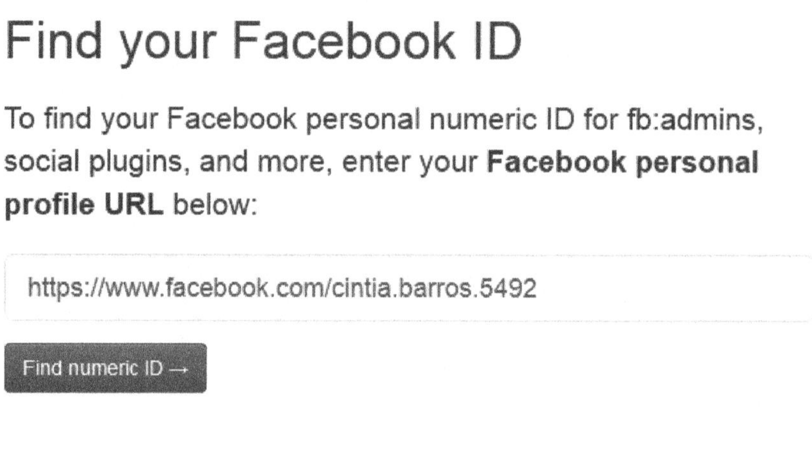

Figura 7. Pesquisando ID de um perfil do Facebook no site findmyfbid.com.

O resultado será:

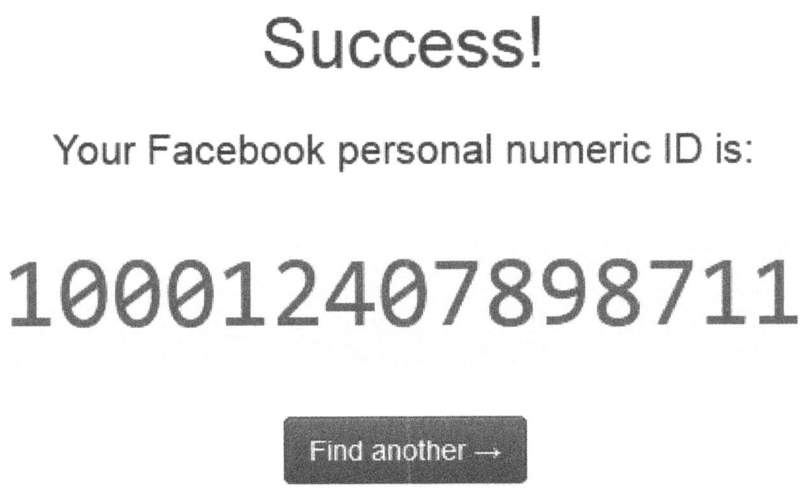

Figura 8. Resultado da pesquisa feita no site findmyfbid.com.

Uma vez identificado o ID do perfil que será analisado, deverá ser construída a seguinte sequência lógica: https://www.facebook.com/search/ ID do perfil/ comando de pesquisa.

A sequência lógica final, preenchida com o ID do perfil a ser pesquisado, além do comando de busca, ficará da seguinte forma:

https://www.facebook.com/search/100012407898711/recent-places-visited

ou

https://www.facebook.com/search/100012407898711/photos-by

ou

https://www.facebook.com/search/100012407898711/stories-by

Passaremos a descrever os principais comandos avançados de pesquisa com sua respectiva função:

Comando	Descrição
/places-checked-in	Lugares em que marcou presença
/places-liked	Lugares que gostou
/pages-liked	Páginas curtidas
/photos-by	Fotos postadas pelo usuário
/photos-liked	Fotos curtidas pelo usuário
/photos-of	Fotos em que o usuário foi marcado
/photos-commented	Fotos que o usuário comentou
/apps-used	Aplicativos usados
/videos	Vídeos
/videos-of	Vídeos em que o usuário foi marcado
/videos-by	Vídeos postados pelo usuário
/videos-liked	Vídeos curtidos pelo usuário
/videos-commented	Vídeos comentados pelo usuário
/events	Eventos para os quais o usuário foi convidado
/events-joined	Eventos em que o usuário confirmou presença
/stories-by	Postagens realizadas pelo usuário
/stories-commented	Postagens comentadas pelo usuário
/stories-tagged	Postagens em que o usuário foi marcado
/groups	Grupos de que o usuário faz parte
/employees	Informações de trabalho
/friends	Amigos
/relatives	Parentes
/friends/pages-liked	Páginas dos amigos do perfil que foram curtidas
/places-visited/	Locais visitados

É possível ainda realizar a comparação entre dois perfis do Facebook e saber quais são as suas semelhanças: seja de amigos em comum, postagens curtidas, fotos curtidas em comum, dentre outras possibilidades. Para tanto, deverá ser seguido o seguinte procedimento:

1. Individualizar a ID dos perfis a serem pesquisados, conforme destacado anteriormente.
2. Construir a seguinte sequência lógica: www.facebook.com/search/ id do primeiro perfil / comando de pesquisa / id do segundo perfil /comando de pesquisa /intersect.

A sequência lógica final, preenchida com o ID do perfil a ser pesquisado, além do comando de busca, ficará da seguinte forma:

www.facebook.com/search/123456789/photos-liked/987654321/photos-liked/intersect

Observe que o único comando dos que ensinaremos que foge à regra da sequência lógica descrita é a comparação de amizade entre os dois perfis. Para tanto, deverá ser realizado o seguinte comando:

www.facebook.com/friendship/ id do primeiro perfil / id do segundo perfil/

O comando final ficará dessa forma:

www.facebook.com/friendship/123456789/987654321/

Passaremos a descrever os principais comandos de pesquisa avançada de comparação entre dois usuários com suas respectivas funções:

Comando	Descrição
/groups	Grupos
/places-visited	Locais visitados
/places-checked-in	Lugares em que marcaram presença
/pages-liked	Páginas curtidas
/photos-of	Fotos em que os usuários foram marcados
/photos-liked	Fotos que os usuários curtiram

A título meramente ilustrativo das pesquisas possíveis, seguem algumas imagens dos comandos realizados entre os perfis de Mark Zuckerberg – fb.com/4, e Ime Archibong – fb.com/301221

- https://www.facebook.com/friendship/301221/4. Através deste comando é realizada a comparação entre os dois perfis e são apresentadas algumas de suas semelhanças. A pesquisa retornou como resultado que ambos têm como empregador o Facebook. Ainda foram indicadas algumas fotos em comum - marcação ou comentário em que houvesse a participação de ambos os perfis.

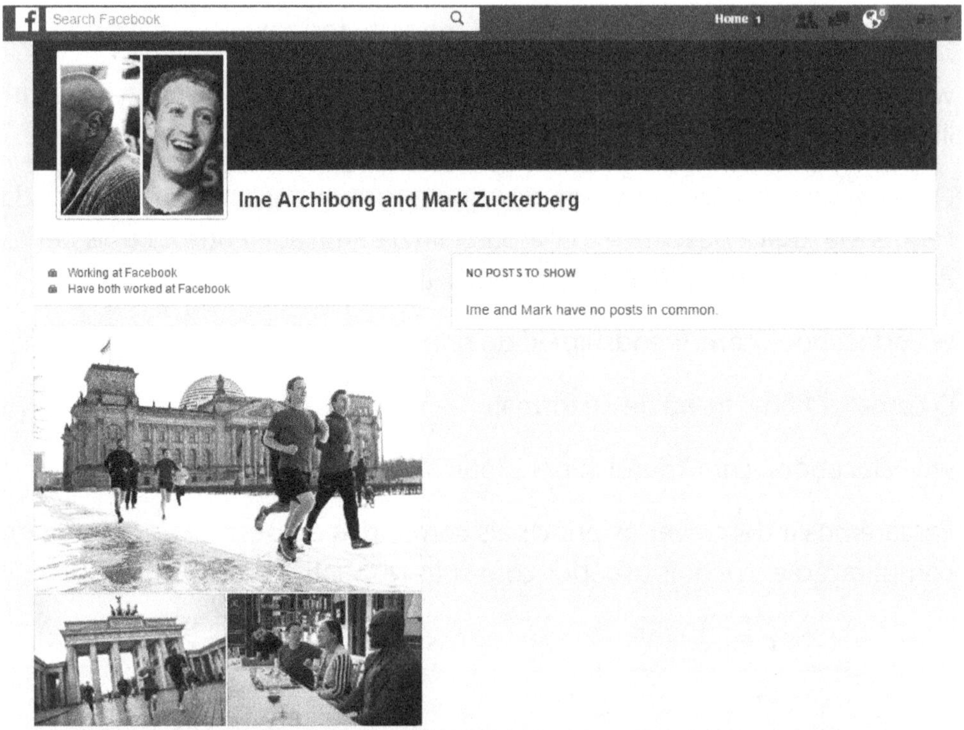

Figura 9. Pesquisa de semelhança entre dois perfis do Facebook.

- https://www.facebook.com/search/301221/photos-of/4/photos-of/intersect. Através deste comando são apresentadas fotos em que ambos os perfis foram marcados.

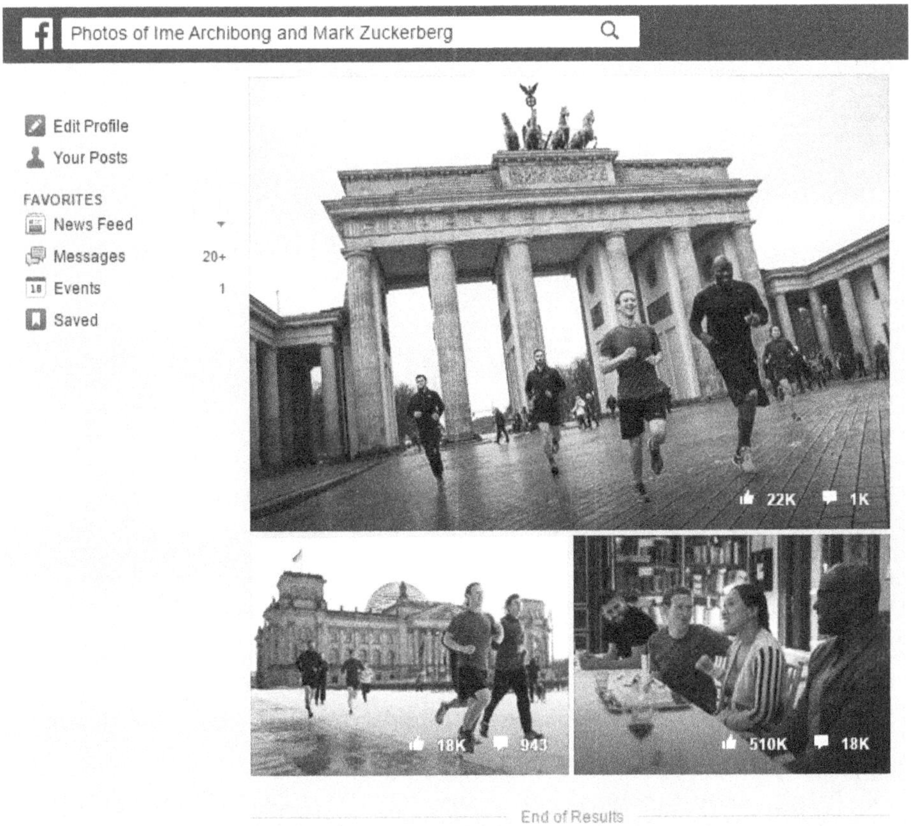

Figura 10. Pesquisa de fotos marcadas entre os dois perfis do Facebook analisados.

- https://www.facebook.com/search/4/places-visited/301221/places-visited/intersect. Através deste comando são apresentados locais que ambos os perfis visitaram.

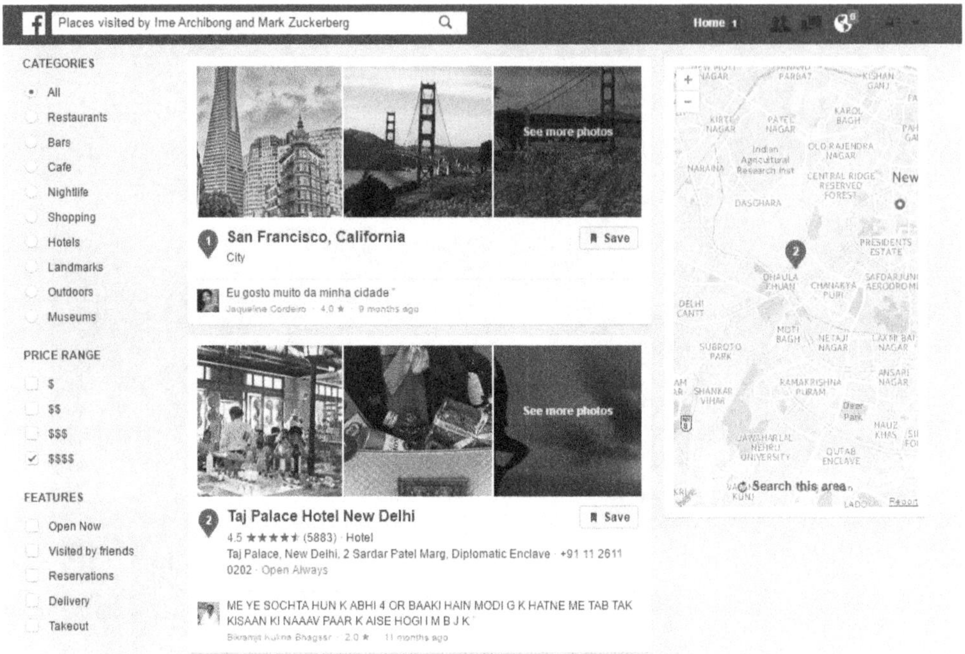

Figura 11. Pesquisa de locais visitados entre os dois perfis do Facebook analisados.

- https://www.facebook.com/search/301221/events/4/events/intersect. Através deste comando são apresentados eventos para os quais ambos os perfis foram convidados.

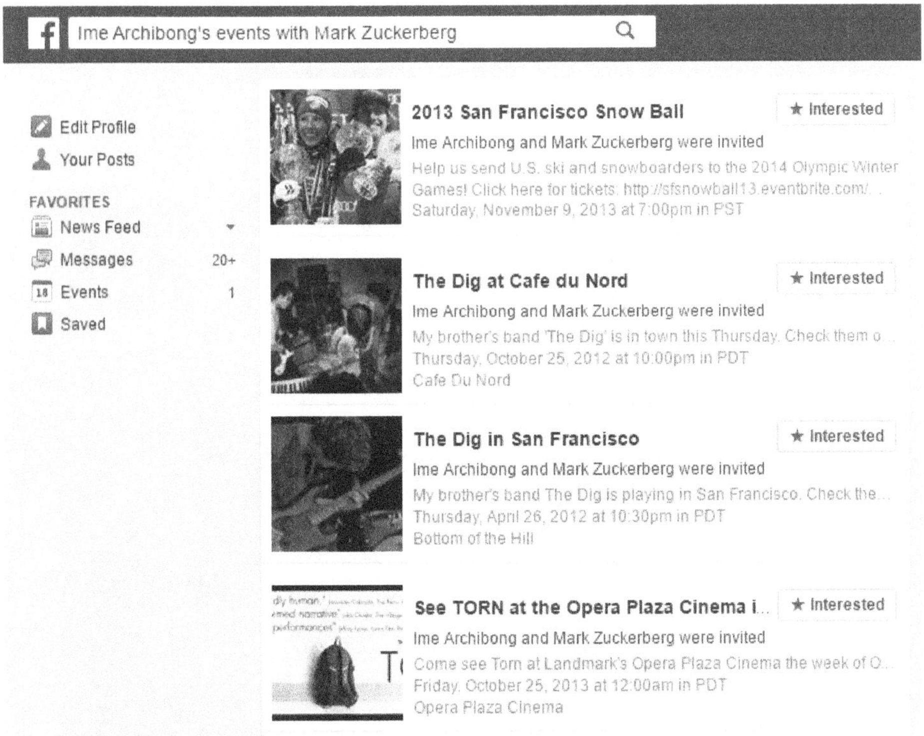

Figura 12. Pesquisa de convite de eventos enviados para os dois perfis do Facebook analisados.

- https://www.facebook.com/search/301221/photos-liked/4/photos-liked/intersect. Através deste comando são apresentadas fotos que ambos os perfis curtiram:

Figura 13. Pesquisa de fotos curtidas entre os dois perfis do Facebook analisados.

Por fim, caso queira restringir a abrangência da pesquisa para um ano, basta seguir a seguinte sequência lógica:

www.facebook.com/search/id do perfil/o comando da pesquisa/o ano da pesquisa/date/photos/intersect

A sequência lógica final, preenchida com os IDs dos perfis a serem pesquisados, comando de busca e ano parâmetro, ficará da seguinte forma:

www.facebook.com/search/123456789/photos-liked/2015/date/photos/intersect

Há ainda a possibilidade de restringir ainda mais a pesquisa para um mês e um ano determinado. Basta seguir a seguinte sequência lógica:

facebook.com/search/ID do perfil/comando da pesquisa/ ano da pesquisa/o mês abreviado em inglês/date-2/ padrão da pesquisa/intersect

Os meses do ano a serem utilizados como parâmetro devem ter por referência o idioma inglês, devendo ser abreviado para as três primeiras letras (jan, feb, mar, apr, may, jun, jul, aug, sep, oct, nov, dec).

A sequência lógica final, preenchida com os IDs dos perfis a serem pesquisados, comando de busca, ano parâmetro e mês parâmetro, ficarão da seguinte forma:

facebook.com/search/123456789/photos-liked/2015/aug/date-2/photos/intersect

facebook.com/search/123456789/stories-tagged/2015/feb/date-2/stories/intersect

7. *Deep Web* e Aspectos de Coleta de Dados e Informações

No dia a dia da atividade de persecução penal exercida pelas polícias judiciárias, é comum verificar o aperfeiçoamento de técnicas e meios de execução das atividades ilícitas por parte dos criminosos que a todo momento procuram meios para se esquivar da atuação policial.

Assim, em um primeiro momento, criminosos que atuavam em um campo de realidade começaram a migrar suas formas de execução para o universo da Internet, visando ampliar seu mercado de atuação e, ainda, driblar a atuação das forças policiais.

Hoje, esses mesmos criminosos estão mudando seu cenário de atuação para o conteúdo da *deep web*, por acreditarem no absoluto anonimato, bem como na falta de capacitação dos agentes de investigação. Porém, como se verá, a certeza da impunidade das atividades ilícitas exercidas nas profundezas da Internet não está mais ao lado dos criminosos virtuais.

Aspectos históricos

Para uma melhor definição conceitual do que venha a ser a *deep web* insta fazer um breve apanhado histórico do que conhecemos hoje como Internet[1].

[1] CASTELLS, Manuel. **A Galáxia Internet:** reflexões sobre internet, negócios e sociedade. Lisboa: Fundação Calouste Gulbenkian, 2004. Disponível em: <http://www.edrev.info/reviews/revp49.pdf>. Acesso em: 14 jun. 2016.

Em 1957, os Estados Unidos, sentindo a ameaça do lançamento do primeiro satélite artificial, denominado Sputnik, pela antiga União Soviética, cria uma Agência de Pesquisas em Projetos Avançados ARPA (*Advanced Research Project Agency*), um órgão científico e militar ligado ao Departamento de Defesa, responsável pelos avanços tecnológicos.

Posteriormente, no ano de 1962, J. C. R. Licklider passou a liderar o projeto *Information Processing Techniques Office* (IPTO), que tinha por meta concretizar o que denominava "rede galáctica", que teria por objetivo a realização de trabalho de cooperação em grupos de pessoas ao redor do mundo, ligando e comunicando tais usuários através de computadores em uma única forma de compartilhamento de dados. Seria o embrião de uma rede denominada de ARPANET.

No fim do ano de 1969 e início do ano de 1970, foi realizada a primeira transmissão de dados através da rede ARPANET. O exercício se deu entre a Universidade da Califórnia, em Los Angeles (centro do desenvolvimento do software), e o Stanford Research Institute.

Com o passar do tempo, inúmeros usuários passaram a se conectar à ARPANET e, para uma melhor distinção das informações que lá trafegava, no ano de 1983, houve uma cisão. Uma parte de seu conteúdo e acesso foi destinada exclusivamente para as formas militares, nascendo assim a MILNET. A fatia restante da ARPANET continuou sendo disponibilizada para acesso por civis em geral[2].

Em 12 de março de 1989, o britânico Tim Berners-Lee, idealizando uma forma mais acessível de acesso às informações arquivadas em computadores, publicou um artigo científico em que discorria sobre a *World Wide Web*. Sua ideia era facilitar as buscas e a disponibilidade de arquivos transformando os índices em *links*. Assim, mediante essa nova sistemática, poderia ser realizado o acesso a computadores, informações e diretórios com apenas um clique e de maneira remota.

---

[2] Defense Communications Agency. ARPANET information brochure. DDN: dez. 1985. Disponível em: <http://www.dtic.mil/dtic/tr/fulltext/u2/a164353.pdf >. Acesso em:14 jun. 2016

Origem da rede Tor (*The Onion Router*)

Em 1996, Paul Syverson e outros militares do Laboratório Central da Marinha dos Estados Unidos para Segurança de Computadores, com a ajuda da Darpa (www.darpa.mil), desenvolveram um software livre de rede aberta capaz de estabelecer uma comunicação resistente a ataques e análises dos pacotes de dados trafegados e, ainda, que não permitisse ser descoberta a origem do acesso. Assim nascia o projeto Tor.

Sua aplicação baseia-se na utilização de diversos servidores que roteiam todo o tráfego das informações através do que denomina de **nós**. Para cada novo salto de conexão estabelecido com esse novo servidor, novos nós são criados, até finalmente chegar ao destino pretendido.

Da *deep web*

Estudiosos do assunto costumam fazer distinção entre a nomenclatura referente à profundidade das informações e os conteúdos disponíveis na Internet. Não há unanimidade em diferenciar os níveis, camadas ou dimensões. De certo, para a maioria dos que escrevem sobre o tema, o que diferencia a Internet da superfície das demais, além da sua extensão de domínio .onion, é a possibilidade de indexação de seus conteúdos através de motores de buscas.

Assim, por exemplo, na Internet aberta ou de camada zero, ao utilizarmos motores de buscas como o Google para localizarmos determinadas informações, diversos sites serão apresentados como respostas para a pesquisa pretendida, seja pela sua indexação ou por sua extensão .com, .net, .gov.br etc.

Apesar de não haver unanimidade em diferenciar os níveis, camadas ou dimensões da Internet, avançando em um próximo nível de profundidade, encontram-se sites isolados, bases de dados, entre outros. Avançando ainda mais, pesquisas realizadas nesses buscadores, ainda que executadas em camada zero, não apresentariam resultados indexados. Alguns exemplos seriam sites como 4chan, servidores de FTP etc.

As demais camadas, vencido o nível zero ou *surfweb*, são tidas como *deep web*, *darknet*, *marianas web* etc. São páginas cujos conteúdos não são indexados pelos motores de buscas tradicionais, por diversos fatores, inclusive pelo protocolo web utilizado.

De forma a não fugir ao proposto no presente trabalho, e para não termos que nos aprofundar teoricamente na melhor nomenclatura a ser utilizada, iremos denominar as demais camadas, níveis ou dimensões da Internet apenas como *deep web*.

Existe verdadeira mística quanto ao conteúdo disponível nesse nível de Internet. Na verdade, sabendo procurar, é possível ter acesso a qualquer conteúdo imaginável, desde a publicação de materiais acadêmicos, acesso a livros raros digitalizados, até acesso a informações de todos os gêneros.

Tendo em vista a complexidade do funcionamento de sua conexão, serviço e sistemática peculiar, é comum encontrar a difusão na mídia de que os nós de conexão realizados pela rede Tor torna a identificação do usuário completamente anônima. Mediante tal pseudoconstatação, a *deep web* se torna um ambiente propício para a proliferação de criminosos virtuais e *hacktivistas*.

De fato, existem diversos sites na *deep web* que comercializam livremente materiais ilícitos, sendo possível adquirir drogas, armas e até mesmo encomendar um assassino de aluguel.

Um desses sites mais famosos, de titularidade de Ross Ulbricht, era o *Silk Road* (rota da seda), que tinha por destinação a venda de drogas, números de cartões de crédito, moedas falsas, armas e assassinos por encomenda.

Ross Ulbricht, conhecido como *Dread Pirate Roberts*, foi preso em 2013 em uma ação controlada realizada pelo FBI[3]. De acordo com o apurado no pro-

---

[3] BRASIL, Marcus Vinicius. Silk Road, maior mercado online de venda de drogas, é fechado pelo FBI e fundador vai preso. **Revista Exame**, dez. 2013. Disponível em: <http://exame.abril.com.br/tecnologia/noticias/silk-road-maior-mercado-online-de-venda-de-drogas-e-fechado-pelo-fbi-e-fundador-vai-preso>. Acesso em: 21 set. 2016.

cesso judicial, foram feitas 1.229.465 transações no site, que movimentou 9.519.664 *bitcoins*, o equivalente a mais de 1,3 bilhão de dólares[4].

Assim, engana-se o usuário que acredita que, navegando através da rede Tor, terá um anonimato absoluto.

Estudos publicados[5] comprovam a eficácia de metodologias próprias de coleta de informação do fluxo dos dados trafegados pela *deep web*. Afirmam ainda terem conseguido o acesso a alguns dos pontos de troca de tráfego na Internet, o que seria o bastante para monitorar os caminhos da rede a partir dos nós da Tor até servidores destino.

Os pesquisadores simularam atividade de Internet de um usuário da Tor, injetaram um padrão de tráfego repetitivo (por exemplo: arquivos HTML) para dentro de conexões TCP que são vistas originadas em um nó de saída alvo. Depois, analisaram o tráfego para os nós de saída e objetivaram êxito na coleta de informações, sendo capazes de identificar os usuários.

Navegando na *deep web*

O primeiro passo a ser realizado para acessar a *deep web* é baixar o instalador do Tor. O *download* pode ser feito diretamente na página do desenvolvedor, sendo possível baixar a versão no idioma português. O endereço é: https://www.torproject.org/download/download.html.en.

Uma vez acessada a rede Tor, a confirmação de que a conexão está sendo realizada em diversos saltos (nós) pode ser feita acessando qualquer site da *deep web* e clicando no símbolo da cebola do lado esquerdo da tela. Abrirá uma janela *pop-up* onde será apresentado o circuito Tor para o acesso ao site:

---

[4] A acusação criminal pode ser acessada no link <https://pt.scribd.com/doc/172764080/Ulbricht-Criminal-Complaint>.

[5] Téchne Digitus. 81% dos usuários da Tor podem ser identificados com um ataque de análise de tráfego. 16 nov. 2014. Disponível em: <http://www.technedigitus.com/search/label/rede%20tor>. Acesso em: 21 set. 2016.

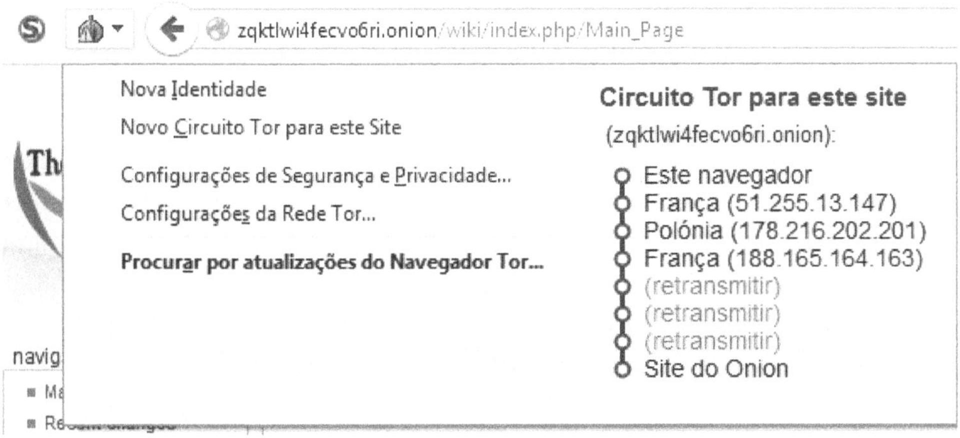

Figura 14. Nós de conexão da rede Tor.

É importante destacar que o usuário deve atentar para a segurança de sua máquina e do conteúdo acessado. É muito comum páginas da *deep web* tentarem forçar o *download* de conteúdo para o computador ou extensão para o navegador à revelia do usuário. Não é recomendável baixar qualquer arquivo da *deep web*. Além da total incerteza do conteúdo (vírus, *malware, keylogger*), haverá uma brecha para eventual rastreamento da sua conexão de acesso.

É aconselhável ainda estar com o antivírus atualizado e que o *firewall* esteja ativado, evitando assim qualquer possibilidade de sua máquina ser um meio de execução de um ataque do tipo *botnet*, muito comum no ambiente da *deep web*.

Acessar a *deep web* através de outros navegadores

Um recurso não muito difundido é a possibilidade de acesso à *deep web* através de outro navegador que não o Firefox do Tor. Uma vez conectado via Tor, é possível acessá-la através de outro *browser*, como, por exemplo, o Google Chrome.

Para tanto, o usuário deverá estar com uma conexão ativa via rede Tor. Depois, deverá abrir outro navegador, como o Google Chrome. Em seguida, adicionar a extensão *.link* ao fim do endereço *onion* que pretende acessar.

Assim, querendo acessar o domínio "grams7enufi7jmdl.onion" via Google Chrome, o endereço a ser utilizado será: "grams7enufi7jmdl.onion.**link**".

Acessar a *deep web* sem Tor

Como dito, para navegar na *deep web* seria necessário estabelecer o contato via rede Tor, demandando uma configuração específica na máquina. Contudo, há a possibilidade de acesso sem utilizar a VPN Tor e seu navegador Firefox. Através do domínio onion.city é possível, via navegador comum, ter amplo acesso ao conteúdo antes só acessível via rede Tor.

É possível também baixar a extensão *deep web* para o navegador Google Chrome na *web store* da Google, que possibilita o acesso direto à *deep web*. Essa metodologia traz o inconveniente de não resguardar o anonimato, além de bloquear o *proxy* de determinadas páginas cujo conteúdo entende inapropriado.

Acessar a *deep web* via celular

O Tor é acessível também via celular. Através do programa **Orbot Proxy**, é possível criptografar a conexão, realizando uma série de saltos (nós de conexão), exatamente como trabalha o Tor, permitindo acessar a *deep web* via celular. Atualmente, o programa é disponibilizado somente para o sistema operacional Android, sendo possível seu *download* através da Google Play Store, no endereço: https://play.google.com/store/apps/details?id=org.torproject.android.

Sites de destaque da *deep web*

Buscador na *deep web*

Como já explicado, a *deep web* diferencia-se por suas páginas não serem indexadas pelos buscadores de web tradicionais, como Google, Bing etc. Contudo, existem alguns motores de buscas específicos da *deep web* que se propõem a fazer uma espécie de indexação de pesquisa, estando longe de se compararem em eficácia com os da Internet aberta. A seguir, citaremos alguns motores de busca que se mostraram eficazes em alguma espécie de agrupamento de pesquisa, ressaltando que eles trabalham da mesma maneira, porém cada um faz buscas específicas, devendo o usuário, para uma melhor eficiência das pesquisas, conjugar a utilização dos buscadores:

- Grams – http://grams7enufi7jmdl.onion.
- DuckDuckGo – http://3g2upl4pq6kufc4m.onion.
- TORCH buscador – http://xmh57jrzrnw6insl.onion.
- Harry71 – http://skunksworkedp2cg.onion/. Este site na verdade é um grande repositório de *links* encontrados na *deep web*. Nesta plataforma é possível inclusive fazer buscas de páginas pelo idioma (por exemplo, português).

Redes sociais

Debruçando um olhar mais atento a esse universo tão específico que é a *deep web*, constata-se sensivelmente um número crescente de usuários que se aventuram a conhecer as profundezas da Internet e socializam nesse novo universo. Cientes desse nicho de mercado, diversas redes sociais específicas para o usuário desse universo de navegação[6] começaram a aparecer.

Nesse sentido, no ano de 2014 foi inaugurado na *deep web* o endereço da mais difundida rede social de que se tem notícia: o Facebook. Assim, o usuário que estiver navegando pela *deep web* não precisa retornar à sua conexão nativa para acessar esse domínio. Segundo nota lançada pelo servidor do Facebook, em abril de 2016, o total de usuários que acessam seu domínio através da *deep web* pulou de 525 mil, em junho de 2015, para o impressionante número de 1 milhão de usuários, considerando o acesso via computador e via celular plataforma Android[7].

---

[6] 1.055.125 de usuários curtiam a página https://www.facebook.com/Br.DeepWeb, em junho de 2016.

[7] G1. Facebook chega a 1 milhão de usuários na rede de anonimato Tor. Abr. 2016. Disponível em: <http://g1.globo.com/tecnologia/noticia/2016/04/facebook-chega-1-milhao-de-usuarios-na-rede-de-anonimato-tor.html>. Acesso em: 21 set. 2016.

A seguir, indicaremos o endereço não só desta rede social, como de outras um tanto quanto concorridas na *deep web*:

- **Facebook** - http://www.facebookcorewwwi.onion. Através deste domínio é possível o usuário da rede Tor ter acesso liberado ao Facebook, sem haver bloqueio de conta pelo acesso ser realizado por um ponto desconhecido do servidor do Facebook.
- **Blackbook versão Facebook** - http://blkbook3fxhcsn3u.onion. Esta rede social é similar ao Facebook em suas funcionalidades, permitindo um bom número de interação entre os usuários.
- **Rede Social Galaxy2** - http://w363zoq3ylux5rf5.onion. Galaxy era uma rede social de muita notoriedade na rede Tor, contudo seus serviços não estão mais disponíveis. Como resultado disso, foi criada a Galaxy2.

Do comércio digital

A maioria esmagadora da contraprestação dos serviços comercializados na *deep web* é efetivada através de uma moeda específica, digitalizada, não regulamentada por qualquer instituição financeira, de caráter universal e impossível de rastrear. Essa moeda é o *bitcoin*[8].

Bitcoin – moeda virtual universal

O serviço de *bitcoin* é um produto mundialmente aceito, descentralizado, não regulamentado ou fiscalizado por qualquer rede de bancos ou servidores governamentais. Ainda, esta moeda guarda a especificidade de não ser gerenciada por um grande servidor. Essa atribuição fica a cargo de uma complexa rede denominada de "mineradores", que, através de serviços P2P (*player to player* ou *peer to peer*), ficam responsáveis pelo gerenciamento e pela validação de todas as transações realizadas na Internet.

[8] Bitcoin Project 2009-2016. Como o Bitcoin funciona? 2016. Disponível em: <https://bitcoin.org/pt_BR/como-funciona>. Acesso em: 21 set. 2016.

Os registros das transações recentes são agrupados em grandes blocos que, em verdade, são equações matemáticas complexas que, uma vez resolvidas, atribuem a estes mineradores *bitcoins* pelos serviços prestados. O serviço de mineração pode ser realizado por qualquer pessoa, bastando instalar um programa de mineração no computador para ingressar nessa grande rede para ajudar a processar essas informações.

Porém, minerar exige computadores robustos, com uma grande capacidade de processamento de dados, ao passo que a contraprestação pelo serviço realizado às vezes não compensa o gasto de energia depreendido nas operações.

Essa contraprestação sofre um controle e, a cada período de quatro anos, a taxa de recompensa cai pela metade até que o limite de 21 milhões de *bitcoins* seja atingido.

Em intervalos que giram em torno de dez minutos, novos blocos de transações são formados pela rede *bitcoin*, e esses blocos são submetidos à mineração dos usuários. Por existirem milhões de mineradores verificando a rede a todo tempo, sua falsificação se torna praticamente impossível.

Das transações realizadas via *bitcoin*

É possível comercializar a moeda *bitcoin* através de corretoras especializadas no assunto. A moeda hoje já é comercializada inclusive pela bolsa de valores de Nova York[9]. Para se ter ideia do seu valor de mercado, segundo cotação verificada junto ao site mercadobitcoin.com.br no dia 13 de junho de 2016, o seu valor de comercialização era de 1 *bitcoin* para R$ 2.523,81.

Para realizar qualquer compra virtual em que a moeda balizada seja o *bitcoin*, é preciso que as duas "carteiras" da transação sejam conectadas. Essa conexão é criptografada e as informações da negociação são incluídas na cadeia de blocos de transações realizadas. Sua validação é realizada pelos mineradores, que confirmam sua autenticidade. Ainda que a transação seja pública, a identidade dos donos da carteira é mantida em segredo, o que torna seu rastreamento impossível.

---

[9] NYSE BITCOIN INDEX. Disponível em: <https://www.nyse.com/quote/index/NYXBT>. Acesso em: 15 jun. 2016.

A preservação de conteúdo na *deep web*

Um ponto que merece relevo versa sobre a preservação das informações encontradas na *deep web*. É sabido que seu conteúdo é muito mais instável se comparado ao disponibilizado na Internet aberta ou camada zero. Além dos *hosts* não possuírem uma qualidade de estabilidade, muitos sites são hospedados na própria máquina do usuário, o que torna o conteúdo pesquisado extremamente volátil.

Existem diversas possiblidades de preservação do conteúdo investigado na *deep web*. Os mais acessíveis estão:

- Preservação via *printscreen* – através desta sistemática, haverá materializado o conteúdo do site em forma de um arquivo de imagem.
- No Google Chrome, pode ser realizado o comando "Imprimir" e selecionada a opção "Salvar como PDF". Além disso, há a possibilidade de salvar o conteúdo da página pretendida clicando com o botão direito do mouse na página e escolhendo a opção "Salvar como", gerando no computador um arquivo em HTML com a escrita da página acompanhado do conteúdo visualizado.
- Através do Firefox preparado pelo Tor, clicar com o botão direito do mouse e escolher a opção "Ver informações da página". Na tela que se abrir, escolher a opção "Geral", sendo possível preservar o endereço da página. Em seguida, deverá ser acessada a aba "Media", sendo possível salvar as fotos acompanhadas de sua respectiva URL. Outra opção é clicar com o botão direito do mouse na página e escolher a opção "Guardar página como".

Da investigação em *deep web*

A investigação no ambiente da *deep web* guarda bastante complexidade em relação à coleta de provas em comparação à Internet aberta, seja por sua especificidade de conexão ou por protocolos de escrita, domínios etc. Porém, não se pode dizer que a *deep web* possui caráter absoluto de anonimato do internauta. A cada dia, novos casos de investigação policial sobre criminosos atuantes nesta dimensão da Internet são noticiados na imprensa em geral.

Grande parte dos casos de investigação realizados na *deep web* tem, por metodologia de atuação, a infiltração de agentes policiais neste meio ou, ainda, a provocação dos criminosos, através da execução dos seus serviços ilícitos oferecidos, como a compra de drogas ou armas, por exemplo.

Contudo, em casos específicos, a metodologia mais eficiente direcionou o foco investigativo para os *hosts* responsáveis por alocar esses sites de serviços ilegais. Lembrando que o *host* é o local físico onde ficam alocados os conteúdos dos sites[10,11].

É evidente que, tendo acesso ao *host* dos sites, mediante uma autorização judicial, a investigação é enriquecida. Assim, é possível ter acesso aos dados cadastrais, seja dos responsáveis por gerir e administrar as páginas de conteúdo ilícito investigado, seja dos internautas frequentadores e consumidores do conteúdo investigado.

Ocorre que nem sempre é possível distinguir qual é o *host* onde está alocado o conteúdo do site, assim como ter acesso a ele, podendo ainda haver outro agravante: a possibilidade de o site estar hospedado na própria máquina do criminoso. Mediante tal cenário, não existe um meio específico de coleta de provas senão a busca por vulnerabilidade do respectivo site.

Em uma análise mais atenta, não é incomum encontrar sites na *deep web* com algum *script* desatualizado, o que pode denotar alguma espécie de vulnerabilidade. Ainda é possível encontrar algum tipo de indexação que leve a uma plataforma da Internet aberta – camada zero.

---

[10] CAMPANACHO, Rúben. FBI infiltrou-se na Deep web para apanhar pedófilos. **Tecnologia**, jan. 2016. Disponível em: <http://www.tecnologia.com.pt/2016/01/fbi-infiltrou-na-deep-web-apanhar-pedofilos/>. Acesso em: 21 set. 2016.

[11] COX, Joseph. O Sucessor do Silk Road Acaba de Ser Fechado Pelo FBI. Montherboard, 06 nov. 2014. Disponível em: <http://motherboard.vice.com/pt_br/read/o-sucessor-do-silk-road-acaba-de-ser-fechado-pelo-fbi>. Acesso em: 21 set. 2016.

Dessa forma, deverá o policial atentar para a programação da página, o *script* de escrita, padrões de indexação, metadados dos arquivos, bem como qualquer outro padrão que auxilie na coleta de evidências.

Assim, apesar de cercada por verdadeira mística relacionada a seu conteúdo, meios de acesso, nós de conexão e seu consectário anonimato, a *deep web* não é um universo instransponível ou indecifrável.

É bem verdade que, em relação à Internet aberta, sua metodologia de coletas de prova e de preservação de evidências guarda maior complexidade, o que não denota certeza de impunidade dos criminosos que por lá navegam.

Dessa forma, com o desenvolvimento de metodologias próprias, as polícias investigativas cada vez mais mergulham nesse universo ainda tão obscuro para monitorar as informações por lá transitadas e responsabilizando, via de consequência, os criminosos aventureiros das profundidades.

8. Validade Jurídica das Evidências Digitais Colhidas na Web

O questionamento natural que surge é quanto à validade das evidências colhidas no âmbito da Internet, principalmente quando anexadas a procedimentos policiais ou administrativos e/ou processos judiciais, sejam penais, cíveis, trabalhistas ou eleitorais.

Portanto, o objetivo deste capítulo é justamente tratar sobre a validade dessas evidências digitais, coletadas no ambiente da Internet, principalmente as fontes abertas, abordando tanto os aspectos cíveis e penais como os aspectos processuais penais e cíveis, embora já tenhamos, durante o transcurso dos assuntos, trazido entendimentos do judiciário quanto aos temas em específico.

O primeiro aspecto que precisamos ter em conta é a fonte da informação coletada, se oficial ou não. No primeiro caso, tratando-se de sites dos três poderes, a informação tem validade e a contestação de sua "verdade" só poderá ser afirmada pelo próprio órgão disponibilizador da informação. Ainda, a validade será plena se associada à certificação digital[1].

[1] A certificação digital é regulamentada no Brasil pela Infraestrutura de Chaves Públicas Brasileira (ICP-Brasil – http://www.iti.gov.br/index.php/icp-brasil/o-que-e), criada pela Medida Provisória 2.200-2, de 24 de agosto de 2001, que tem como órgão fiscalizador o Instituto Nacional de Tecnologia da Informática, ITI (www.iti.gov.br). A ICP-Brasil pode ser considerada um **conjunto de técnicas, práticas e procedimentos**, implementado por organizações governamentais e privadas nacionais cuja meta é estabelecer as bases técnicas e metodológicas para a instituição de um sistema de certificação digital por meio de chaves públicas. A Infraestrutura de Chaves Públicas Brasileira (ICP-Brasil) é uma cadeia hierárquica e de confiança que viabiliza a emissão de certificados digitais para identificação virtual do cidadão. Observa-se que o modelo adotado pelo Brasil foi o de certificação com raiz única, sendo que o ITI, além de desempenhar o papel de Autoridade Certificadora Raiz (AC-Raiz), também tem o papel de credenciar e descredenciar os demais participantes da cadeia, supervisionar e fazer auditoria dos processos.

Dessa forma, ter prova plena depende de características e requisitos da Lei de Registros Públicos (Lei nº 6.015/73[2]). O Novo Código de Processo Civil também prevê a questão da prática eletrônica dos atos processuais em seu art. 193 ao mencionar que "os atos processuais podem ser total ou parcialmente digitais, de forma a permitir que sejam produzidos, comunicados, armazenados e validados por meio eletrônico, na forma da lei". Acrescenta ainda que "os atos processuais praticados por meio eletrônico até a transição definitiva para certificação digital ficam convalidados, ainda que não tenham observado os requisitos mínimos estabelecidos por este Código, desde que tenham atingido sua finalidade e não tenha havido prejuízo à defesa de qualquer das partes".

Conforme se verá adiante, não há uma previsão específica a respeito das evidências digitais e dos documentos eletrônicos. No entanto, é importante mencionar que existem aspectos culturais quando da valoração dessas evidências eletrônicas, já que há necessidade de quebra de paradigmas, pois **papel** e **originalidade** não têm equivalência[3]. Vejamos um exemplo: o e-mail é o original e sua impressão seria a cópia!

Já do ponto de vista técnico, há necessidade de (re)definição do melhor procedimento para tratar da documentação digital[4]. Um exemplo legal disso é que nossa "Lei da Microfilmagem" é de 1968 (Lei nº 5.433/68[5]). Os Códigos de Processo Civil e Penal exigem que a fotografia, para valer nos processos, venha acompanhada do "negativo". Então, o que dizer a respeito da fotografia digital? Sim, ela pode ser utilizada, pois existem mecanismos para apurar sua autenticidade.

Outro aspecto, é claro, é o jurídico, pois o raciocínio para validação da evidência digital exige que a técnica perfeita permita preservar a capacidade de prova de **autoria** e **integridade**. Além disso, que haja possi-

---

[2] Brasil. Lei 6.015, de 31 de dezembro de 1973. Dispõe sobre os registros públicos e dá outras providências. Disponível em: <http://www.planalto.gov.br/ccivil_03/leis/L6015compilada.htm>. Acesso em: 07 maio 2016.

[3] PINHEIRO, Patrícia Peck. **Direito Digital.** 3 ed. São Paulo: Saraiva, 2009.

[4] Idem.

[5] Brasil. Lei 6.015, de 31 de dezembro de 1973. Dispõe sobre os registros públicos, e dá outras providências. Disponível em: <http://www.planalto.gov.br/ccivil_03/leis/L6015compilada.htm>. Acesso em: 07 maio 2016.

bilidade de realização de perícia e auditoria, sem, no entanto, olvidar do aspecto fundamental da segurança da informação. Por último, quando for preciso, há que se agregar fé pública, não só pelos meios policiais como pelos tabeliães.

Continuando no raciocínio, agora do ponto de vista legal, há que se referir que não há legislação, no Brasil, que proíba ou vete a utilização de prova eletrônica, ou seja, a utilização das evidências eletrônicas. Aliás, devemos nos valer da vontade do legislador quando da elaboração do novo Código Civil, no Art. 107:

> *A validade da declaração de vontade não dependerá de forma especial, senão quando a lei expressamente a exigir.*

Da mesma forma, este mesmo Código Civil traz uma importante referência com relação à aceitação de provas não convencionais ao estabelecer, no título especial destinado às provas:

> *Art. 212. Salvo o negócio a que se impõe forma especial, o fato jurídico pode ser provado mediante:*
>
> *I - confissão;*
>
> *II - documento;*
>
> *III - testemunha;*
>
> *IV - presunção;*
>
> *V - perícia.*

Portanto, se não há legislação prevendo como deve ser avaliada a prova eletrônica, basta a guarda de evidências digitais, procurando-se fazê-lo preservando a autoria e integridade, com possibilidade de auditoria e perícia, além de fazê-lo dentre os princípios e fundamentos da segurança da informação. Além do mais, o próprio Código Civil prevê:

> *Art. 225. As* ***reproduções fotográficas, cinematográficas, os registros fonográficos e, em geral, quaisquer outras reproduções mecânicas ou eletrônicas de fatos ou de coisas fazem prova plena destes****, se a parte, contra quem forem exibidos, não lhes impugnar a exatidão.*

Assim, as provas das evidências digitais devem ser apresentadas em sede de procedimentos policial e/ou administrativo e processos judiciais, cabendo a impugnação de quem não reconhecer neles validade.

Acrescenta-se a esse aspecto a previsão legal do Código de Processo Civil:

> *Art. 369. As partes têm o direito de empregar todos os meios legais, bem como os moralmente legítimos, ainda que não especificados neste Código, para provar a verdade dos fatos em que se funda o pedido ou a defesa e influir eficazmente na convicção do juiz.*

Ou seja, todos os meios, inclusive os digitais, são hábeis a fazer prova da verdade dos fatos, tanto para acusar quanto para defender.

Já o Código de Processo Penal prevê:

> *Art. 231. Salvo os casos expressos em lei, as partes poderão apresentar documentos em qualquer fase do processo.*
>
> *Art. 232. Consideram-se documentos quaisquer escritos, instrumentos ou papéis, públicos ou particulares.*
>
> *Parágrafo único. À fotografia do documento, devidamente autenticada, se dará o mesmo valor do original.*

Da mesma forma, o CPP não faz distinção de quais elementos de prova, desde que legais, podendo eles ser apresentados em qualquer fase do processo, exceto nos impedimentos legais.

Assim, ao que se percebe, a avaliação da evidência digital e dos documentos eletrônicos como prova dependerá de todo constante no processo, não podendo ser considerada individualmente. Ao analista ou investigador caberá mencionar a coleta da evidência no âmbito da Internet, em fontes abertas ou restritas, como a procedeu[6], qual a sua fonte e qual a credibilidade que lhe dá frente ao contexto em análise (de inteligência ou de investigação).

Apenas para corroborar o entendimento, no Direito Internacional, a Lei modelo da UNCITRAL[7] sobre comércio eletrônico (Resolução 51/162 da Assembleia Geral da ONU - Nova Iorque, 16 de dezembro de 1996) tem servido de parâmetro para muitos países regulamentarem o comércio eletrônico. No que interessa à presente matéria, Ângela Brasil (2001) assevera:

> *A UNCITRAL estabelece que para que o documento eletrônico tenha o mesmo valor probatório dos documentos escritos é preciso que eles tragam o mesmo grau de segurança contido nestes, sendo que para que isto aconteça é necessário o uso de recursos técnicos, que logo vemos que se trata do método cifrado.*
>
> *Diz a Comissão que para que o documento virtual tenha a mesma função e seja considerado como documento escrito, tal qual o documento convencional, é preciso que ele fique disponível para consultas posteriores, sendo que o objetivo desta norma é a possibilidade de reprodução e leitura ulterior.*
>
> *Para o reconhecimento da assinatura no documento eletrônico a UNCITRAL prescreve que ela deve estar de modo a identificar a pessoa por algum método, e é óbvio que esse método a que se refere é a Criptografia, pois é a única forma segura de garantir a autenticidade do assinante. Vários países já adotaram o modelo da UNCITRAL, como os Estados Unidos, a Alemanha, a França, a Argentina, Colômbia e outros que estão ultimando as suas legislações. O Brasil, ainda que seja um dos países que mais utiliza a Internet, ainda não tomou a iniciativa de legislar sobre o assunto.*
>
> *Reconhecemos que no documento eletrônico não há como distinguir o original da cópia, e, para contornar este óbice, a regra da Comissão afirma que um documento eletrônico será original quando houver a garantia de que ele chegou íntegro ao destinatário e aqui, da mesma forma, temos o problema da segurança. Aliás, esta é a chave para resolver a grande maioria das questões cibernéticas e*

[6] Por exemplo, no caso de uma fotografia digital retirada do âmbito da web, deverá haver, além da menção da fonte, a informação sobre as propriedades da foto quando existirem, representadas pelo Exif.

[7] United Nations Commission on International Trade Law (Comissão das Nações Unidas sobre Direito do Comércio Internacional).

o passo que está faltando para que as questões jurídicas, no seu passo, também sejam solucionadas.[8]

Nos processos judiciais, ao julgador, por sua vez, caberá o julgamento final a respeito do contexto probatório, levando ou não em consideração a evidência digital colhida. Afinal, o Código de Processo Penal prevê em seu Art. 155 que:

O juiz formará sua convicção pela livre apreciação da prova produzida em contraditório judicial, não podendo fundamentar sua decisão exclusivamente nos elementos informativos colhidos na investigação, ressalvadas as provas cautelares, não repetíveis e antecipadas.

No mesmo sentido é o Código de Processo Civil, que prevê no seu art. 371 que:

Art. 371. O juiz apreciará a prova constante dos autos, independentemente do sujeito que a tiver promovido, e indicará na decisão as razões da formação de seu convencimento.

Assim, o juiz observará, em seu processo de convencimento, todos os elementos probatórios, inclusive as evidências digitais que foram coletadas e analisadas durante o contraditório e a ampla defesa.

Para exemplificar, na sequência colecionamos situações e entendimentos jurisprudenciais quanto à produção de prova e validade de determinadas circunstâncias digitais, tanto para autorizar uma justa causa em sede de demissão de emprego quanto para uma condenação, cível ou penal.

O caso que mais chamou a atenção ocorreu em maio de 2012, quando a paulistana M. P. foi condenada por postar mensagens preconceituosas em seu Twitter (e Orkut também), onde escreveu: "Nordestino não é gente, faça um favor a SP, mate um nordestino afogado"[9].

---

[8] BRASIL, Ângela Bittencourt. O documento físico e o documento eletrônico. *In:* **Direito na WEB.adv.br**, Ano I, 10 ed., 2001.

[9] **R7 Notícias.** Condenação de estudante que ofendeu nordestinos terá efeito educativo nas redes sociais. Publicada em 17 mai. 2012. Disponível em: <http://noticias.r7.com/brasil/noticias/condenacao-de-estudante-que-ofendeu-nordestinostera-efeito-educativo-nas-redes-sociais-20120517.html>. Acesso em: 07 maio 2016.

A frase "ganhou a mídia" e causou imensa repercussão, culminando com o ingresso de notícia-crime pela OAB de Pernambuco junto ao Ministério Público Federal de São Paulo. O Ministério Público Federal denunciou a ré, com base na Lei nº 7.716/89, por crime de discriminação ou preconceito de procedência nacional.

M. P. foi condenada na 9ª Vara Criminal Federal de São Paulo a um ano, cinco meses e 15 dias de reclusão, pena esta convertida em multa de quinhentos reais e prestação de serviços comunitários.

Outro caso noticiado foi a prisão em flagrante de um homem suspeito de criar perfis falsos e difamatórios em Santa Catarina[10]. G. G., um advogado de 26 anos, pensou que sairia impune após criar perfis falsos no Orkut de uma colega de trabalho e de seu noivo. G. foi preso em flagrante em uma Lan House enquanto colocava as fotos das vítimas nos perfis falsos.

Um dos perfis criados pelo advogado difamava o noivo da colega de trabalho, indicando que a vítima fosse homossexual. Já em outro perfil falso, G. usou o nome da funcionária do banco, onde trabalhava, com imagens pornográficas. O autor dos fatos ainda criou um terceiro perfil, com nome da colega de trabalho, para conhecer e conversar com outras pessoas. Depois de todos os crimes cometidos, G. G. respondeu por falsidade ideológica perante a Justiça.

Casos de e-mails:

> *RESPONSABILIDADE CIVIL. AÇÃO DE INDENIZAÇÃO. DIVULGAÇÃO E/OU RETRANSMISSÃO DE E-MAIL COM OFENSAS À HONRA E À DIGNIDADE DOS DEMANDANTES. Ainda que a autoria do conteúdo do e-mail divulgado, repassado ou retransmitido por funcionária da parte demandada, em estrita observância de ordens superiores, não tenha sido conhecida, responde a demandada por culpa no evento, considerando que contribuiu para a divulgação do seu conteúdo, ainda mais quando assumido pela demandada que a divulgação do e-mail se deu a partir dos seus computadores. Mensagens enviadas, encaminhadas ou remetidas pela demandada, pelos meios de comunicação*

[10] **IG Jovem.** Homem suspeito de criar perfis falsos e difamatórios é preso em Santa Catarina. Publicada em 15 ago. 2008. Disponível em: <http://jovem.ig.com.br/oscuecas/noticia/2008/08/15/orkut_fake_da_cadeia_1568457.html>. Acesso em: 07 maio 2016.

eletrônica, e que contêm expressões injuriosas dirigidas aos demandantes, violam a honra dos mesmos e assegura o direito de indenização pelo dano moral causado (Art. 5º, X, da Constituição Federal). Indenização não deve ser em valor ínfimo, nem tão elevada que torne desinteressante a própria inexistência do fato. Atenção às particularidades das circunstâncias fáticas e aos precedentes da Câmara, na manutenção de equivalência de valores entre lides de semelhante natureza de fato e de direito. Descabe o prequestionamento, pois o magistrado não é obrigado a responder a toda e qualquer indagação de ordem legal formulada pelo recorrente. Sentença reformada. Apelação parcialmente provida. Unânime. (Apelação Cível Nº 70022318711, Décima Câmara Cível, Tribunal de Justiça do RS, Relator: Jorge Alberto Schreiner Pestana, Julgado em 29/05/2008).

AGRAVO DE INSTRUMENTO EM RECURSO DE REVISTA. SANÇÃO DISCIPLINAR. SUSPENSÃO. USO INDEVIDO DE E-MAIL CORPORATIVO. O quadro fático delineado no acórdão regional demonstrou que não se trata de ingerência à vida privada do empregado, mas, sim, desrespeito à norma interna da empresa que, expressamente, proíbe o uso de correio eletrônico corporativo para divulgar material pornográfico. Processo nº AIRR - 1649/2001-001-03-00; 7ª Turma do TST.

Despedida por justa causa. Mau procedimento. Uso indevido de correio eletrônico. Quando se caracteriza. Prova que evidencia a utilização do e-mail funcional, pelo empregado, para difundir informações tendentes a denegrir a imagem da empregadora. Constitui justa causa para a despedida o uso indevido do correio eletrônico fornecido pelo empregador, não se podendo cogitar de infração ao disposto no artigo 5º, inciso XII da CF, já que o serviço de "e-mail" é ferramenta fornecida para uso estritamente profissional. Sentença mantida. Acórdão nº 00168-2007-203-04-00-3 RO, TRT 4ª Região.

Vazamento de dados empresariais e quebra de regras de Segurança da Informação:

O caso em espécie é de descoberta acidental pelo empregador que a Autora cometera falta gravíssima, contrariando expresso dispositivo do contrato de trabalho, avençado por escrito, e repassava segredos comerciais da Reclamada para empresa concorrente. (...) Como assistente de importação e exportação detinha conhecimentos de segredos estratégicos e táticos da empresa. E tinha compromisso expresso de sigilo. E de tanto não se preocupou ao ceder, sem permissão, os dados que dispunha em razão do cargo ocupado. (...) Com os fundamentos supra dou provimento ao apelo da Reclamada para considerar justa a demissão tendo em vista a gravidade da falta cometida.(...)" TST, Ag. Instr. em RR nº 2771/2003-262-02-40, Rel. Min. Maria de Assis Calsing, jul. 02/04/2008.

RITO SUMARÍSSIMO. RECURSO ORDINÁRIO. JUSTA CAUSA. ART. 482, "b", DA CLT. Burla de regras da empresa para acesso a sítios, o que era vedado. Norma regulamentar da qual o reclamante tinha conhecimento prévio. Computador e Internet, instrumentos de trabalho utilizados irregularmente, para uso pessoal. Incontinência de conduta e mau procedimento. Falta grave que está caracterizada. TRT02, RO 01875200843102004, Relator Carlos Francisco Berardo, julgado em 17/02/2009.

Justa causa. Caso em que há comprovação suficiente de que o autor integrava comunidade do site "Orkut" da Internet, criada com o propósito de hostilizar a empresa reclamada. Recurso desprovido. (TRT4, 00341-2007-662-04-00-3 RO. Rel. Denise Maria de Barros, Julgado em 11/12/2008).

É incontroverso que a ex-empregada criou a página, como também que por ali foram manifestadas várias agressões [...] O empregado, criador e moderador de comunidade em sítio de relacionamento (Orkut), que permite a veiculação de conteúdo com potencial ofensivo contra o empregador, está sujeito a responsabilidade civil. TRT02, Rel. Rafael e Pugliese Ribeiro, Processo nº: 00266-2007-022-02-00-3, julgado em 30/03/2010.

Sobre responsabilidade civil:

Em relação ao corréu XXX, é patente a prática de ofensas passíveis de indenização por danos morais. Como bem destacado pelo juízo, os documentos de fls. XXX, (...), apontam para expressões utilizadas por XXX como "Hey Any vai tomar no (...)", "Nunca vi uma coordenadora tão chata e ignorante igual a ela", "vaca", "pu(...)" e outras indenizações ofensivas. TJ-SP, Rel. Vito Guglielmi, Apelação 994.09.288511-7, publicado em 23/02/2010.

Sobre não invasão de privacidade e validade das provas coletadas:

> *EMENTA PROCESSO PENAL. HABEAS CORPUS. CRIME MILITAR. MENSAGENS CRIMINOSAS ENVIADAS PELA INTERNET. ACESSO AO CONTEÚDO DAS COMUNICAÇÕES DISPONIBILIZADO PELOS DESTINATÁRIOS. ACESSO AOS DADOS DE COMPUTADOR EM LAN HOUSE COM AUTORIZAÇÃO DO PROPRIETÁRIO JUDICIAL. INTERROGATÓRIO POR PRECATÓRIA. INVALIDADES NÃO RECONHECIDAS.*
>
> *Envio de comunicações criminosas, contendo injúria, desacato e incitação à prática de crimes, por meio de computador mantido em Lan House. Só há intromissão na esfera privada de comunicações, a depender de prévia autorização judicial, na hipótese de interferência alheia à vontade de todos os participantes do ato comunicativo. Caso no qual o acesso ao conteúdo das comunicações ilícitas foi disponibilizado à investigação pelos destinatários das mensagens criminosas. Autoria de crimes praticados pela Internet desvelada mediante acesso pela investigação a dados mantidos em computador de Lan House utilizado pelo agente. Acesso ao computador que não desvelou o próprio conteúdo da comunicação criminosa, mas somente dados que permitiram identificar o seu autor. Desnecessidade de prévia ordem judicial e do assentimento do usuário temporário do computador quando, cumulativamente, o acesso pela investigação não envolve o próprio conteúdo da comunicação e é autorizado pelo proprietário do estabelecimento e do aparelho, uma vez que é este quem possui a disponibilidade dos dados neles contidos. Não é inválida a realização de interrogatório por precatória quando necessária pela distância entre a sede do Juízo e a residência do acusado. Não se prestigia a forma pela forma e, portanto, não se declara nulidade sem prejuízo, conforme princípio maior que rege a matéria (art. 499 do Código de Processo Penal Militar). Ordem denegada. HC 103425 AM (STF).*

A próxima decisão, também avaliando as provas coletadas na web, reformou decisão de juízo monocrático criminal alegando que dados registrais do Orkut estão equiparados a documentos, cuja quebra de sigilo não tem como base a Lei nº 9.296/96, permitindo, assim, a quebra de sigilo para crime apenado com detenção:

> ***INCITAÇÃO À PRATICA DE INFRAÇÃO PENAL. INTERNET. INVESTIGAÇÃO POLICIAL. QUEBRA DE SIGILO. C.P.P.*** *POSSIBILIDADE. Reclamação. Sítio de relacionamento* ***Orkut****. Investigação policial. Incitação de crimes. Comunidade "Eu sei Dirigir Bêbado" e "Sou Menor Mas Adoro Dirigir".*

Recusa do representante legal da empresa que administra o sítio de relacionamentos na Internet em prestar informações sobre os membros e criadores das referidas comunidades. Conduta investigada que ostenta potencial para causar perda de vidas humanas, principalmente de jovens, que estariam sendo estimulados a conduzir veículos automotores sem habilitação ou em estado de embriaguez. Indeferimento pelo Juízo Criminal de pedido de requisição de informações e dados cadastrais de membros e criadores das comunidades, sob o fundamento de que a Lei nº 9.296 não autoriza a quebra do sigilo para apuração de crime apenado com detenção. Distinção entre comunicações telefônicas e telemáticas e dados registrais respectivos, estes equiparados a documentos, cuja quebra de sigilo não tem como base a Lei nº 9.296/96, mas sim o Código de Processo Penal. Necessidade da medida. Informações imprescindíveis à investigação. Ponderação de interesses. Proporcionalidade e razoabilidade da medida. Benefícios à coletividade superiores ao desconforto de alguns membros das comunidades investigadas. ***O direito à intimidade, que não é absoluto, deve ceder em função de interesse de maior dimensão. O direito à intimidade não se presta a impedir a apuração de crime, sob pena de converter-se em garantidor da impunidade.*** *Os princípios constitucionais delimitam a forma e a extensão do controle dos atos pelo Poder Público, estabelecendo o equilíbrio de armas entre a defesa e a acusação, mas não impedem a atuação estatal legítima e legal de* ***investigar*** *e punir condutas contrárias à lei penal. Procedência da Reclamação. (TJ-RJ. RECLAMAÇÃO - 2006.077.00062. JULGADO EM 21/12/2006. TERCEIRA CAMARA CRIMINAL - Unânime. Relator: Desembargador Marco Aurelio Bellizze).* ***Grifos nossos.***

No mesmo sentido:

INTERNET. QUEBRA DO SIGILO DE DADOS CADASTRAIS. MAUS TRATOS CONTRA ANIMAIS. LEI Nº 9296, DE 1996. INAPLICABILIDADE. RECLAMAÇÃO. SIGILO DE DADOS. PLEITO MINISTERIAL DE REFORMA DA DECISÃO QUE INDEFERIU MEDIDA CAUTELAR DE QUEBRA DO SIGILO DE DADOS CADASTRAIS DE USUÁRIOS DE INTERNET, PARA APURAÇÃO DE CRIMES DE APOLOGIA DE MAUS TRATOS CONTRA ANIMAIS, VEICULADOS PELO SITE DE RELACIONAMENTO ORKUT. INAPLICABILIDADE, IN CASU, DA LEI Nº 9.296/96. MEDIDA RAZOÁVEL E INDISPENSÁVEL PARA IDENTIFICAR OS AUTORES DOS DELITOS E, POR CONSEGUINTE, VIABILIZAR A PERSECUÇÃO CRIMINAL. RECLAMAÇÃO

> *A QUE SE DÁ PROVIMENTO. 1. Sendo a quebra de sigilo de dados cadastrais de usuários de Internet, no caso concreto, medida indispensável eis que se apresenta como a única via capaz de possibilitar a identificação dos autores das infrações penais investigadas, a fim de possibilitar a respectiva persecução criminal –, deve ser ela deferida, até porque o direito à intimidade dos usuários do site de relacionamento ORKUT deve ceder em função de um interesse maior, coletivo, qual seja, o de apuração de crimes de apologia de fatos delituosos – no caso, específico, de apologia de crime de maus-tratos contra animais –, até porque não se trata de quebra de sigilo de comunicação telemática, mas tão-somente de quebra de dados cadastrais, não havendo, por conseguinte, que se falar em aplicação da Lei nº 9.296/96. 2. Recurso provido. (TJ-RJ. RECLAMAÇÃO - 2007.077.000304. JULGADO EM 11/12/2007. SEGUNDA CÂMARA CRIMINAL - Unânime. RELATOR: DESEMBARGADOR JOSE AUGUSTO DE ARAUJO NETO).*

Assim, percebe-se que a evidência digital tem sido aceita em sede de tribunais, ou visando à validação de demissão por justa causa, ou visando à reparação de danos e, também, visando à restrição de direitos em matéria penal e processual penal e condenações penais, conforme as duas decisões a seguir:

> *PRISÃO PREVENTIVA. PRESUNÇÃO DE INOCÊNCIA. INOCORRÊNCIA DE VIOLAÇÃO. ORDEM DENEGADA. "Habeas Corpus". Tráfico de drogas. Associação para o tráfico. Prisão preventiva. Revogação. Ausência dos pressupostos da prisão cautelar. Violação ao princípio da presunção de inocência. Condições pessoais favoráveis. Encontrando-se devida e substancialmente fundamentada a decisão que indefere a revogação da prisão preventiva e demonstrado concretamente nos autos que a liberdade do paciente acarretará prejuízo à ordem pública,não há que se falar em constrangimento ilegal. Interceptações telefônicas, de mensagens de texto,* ***páginas pessoais na Internet (ORKUT)*** *e depoimentos colhidos* ***demonstram, em tese, a articulação do paciente e dos co-réus com o tráfico ilícito de drogas****. As condições pessoais favoráveis ao paciente, por si só, não representam um salvo conduto para a concessão da liberdade provisória. Não há que se falar em violação ao princípio da presunção de inocência ou da não culpabilidade, quando a garantia da ordem pública reclama a segregação do paciente. Ordem denegada. (TJRJ. HC – 2007.059.08122. JULGADO EM 13/12/2007. OITAVA CAMARA CRIMINAL – Unânime. Relator: Desembargador Valmir Ribeiro).* ***Grifos nossos.***

> *EMENTA: HABEAS CORPUS. PROCESSUAL PENAL. CRIME DE RECEPTAÇÃO (ART. 180 DO CÓDIGO PENAL). PEDIDO DE TRANCAMENTO DA AÇÃO PENAL: FALTA DE JUSTA CAUSA E INÉPCIA DA DENÚNCIA. INICIAL ACUSATÓRIA AJUIZADA ANTES MESMO DO EXAME DE CORPO DE DELITO (ART. 158 DO CPP). POSSIBILIDADE. INDÍCIOS SUFICIENTES DE AUTORIA E MATERIALIDADE DELITIVA. ORDEM DENEGADA. 1. É pacífica a jurisprudência do Supremo Tribunal Federal em considerar excepcional o trancamento da ação penal pela via processualmente acanhada do habeas corpus. Via de verdadeiro atalho que somente autoriza o encerramento prematuro do processo-crime quando de logo avulta ilegalidade, ou abuso de poder (HCs 86.362 e 86.786, da minha relatoria; e 84.841 e 84.738, da relatoria do ministro Marco Aurélio). 2. No caso, a denúncia descreveu com suficiência os fatos supostamente ilícitos, não sendo exigível o grau de detalhamento requerido na impetração. Denúncia que permitiu ao acusado, então, o mais amplo exercício do direito de defesa. Pelo que não é de ser considerada como fruto de um arbitrário exercício do poder-dever de promover a ação penal pública. Noutros termos, o órgão acusatório não precisou aguardar a elaboração de um laudo pericial para enxergar, desde logo, nos elementos de prova então colhidos (inclusive depoimento testemunhal), a presença de indícios suficientes de autoria e da materialidade do delito. 3. O quadro empírico tracejado pelas instâncias originárias da causa não permite enxergar uma flagrante ausência de justa causa para a abertura da ação penal. Isso porque há indícios de que o paciente mantinha em depósito e expunha à venda* ***(inclusive com o auxílio da Internet)*** *mercadorias que "deveria saber" ser produto de crime. O que, em linha de princípio, preenche as coordenadas do § 1º do art. 180 do Código Penal. Presença de elementos concretos, de natureza indiciária, apontando o acusado como o autor do delito de receptação qualificada, descrito na inicial acusatória. Simples imputação que é de ser apreciada pelo Juízo natural da causa. 4. Ordem denegada. (HC 94875, Relator(a): Min. Ayres Britto, Segunda Turma, julgado em 31/08/2010, DJe-190 DIVULG 07-10-2010 PUBLIC 08-10-2010 EMENT VOL-02418-02 PP-00229).* ***Grifo nosso.***

Assim, a aceitação das evidências colhidas em meio digital é comum no Brasil, tendo de ser avaliada caso a caso e de acordo com as demais provas e indícios colhidos.

Referências Bibliográficas

ADGHIRNI, Samy. Irã faz testes de mísseis capazes de atingir Israel. **Folha de S. Paulo.** Publicada em 04 de julho de 2012.

AFONSO, Leonardo Singer. Fontes Abertas e Inteligência de Estado. **Revista Brasileira De Inteligência.** Brasília: Abin, v. 2, n. 2, p. 49-62. Abr. 2006.

AGÊNCIA NACIONAL DE ENERGIA ELÉTRICA. Disponível em: <http://www.aneel.gov.br/>. Acesso em: 10 jan. 2017.

ALMEIDA NETO, Wilson Rocha. **Inteligência e Contrainteligência no Ministério Público.** Belo Horizonte: Dictum, 2009.

ANATEL. Resolução nº 477, de 07 de agosto de 2007. Disponível em: <http://www.anatel.gov.br/legislacao/resolucoes/2007/9-resolucao-477>. Acesso em: 10 jan. 2017.

BBC BRASIL. **México prende fugitivo exibicionista graças ao Facebook.** Atualizada em 14 de outubro de 2009. Disponível em: <http://www.bbc.co.uk/portuguese/noticias/2009/10/091008_mexico_facebook_dg.shtml>. Acesso em: 10 jan. 2017.

BBC BRASIL. **Sites usam código escondido para encontrar câmeras roubadas na web.** Disponível em: <http://www.bbc.co.uk/portuguese/noticias/2011/12/111229_site_cameras_tp.shtml>. Acesso em: 10 jan. 2017.

BENI, Eduardo. Navegação Aérea: **Como converter coordenadas geográficas.** *In:* Piloto Policial. Disponível em: <http://www.pilotopolicial.com.br/navegacao-aerea-como-converter-coordenadas-geograficas/>. Acesso em: 10 jan. 2017.

BLACKBERRY. **Guia do Usuário**. Disponível em: <http://help.blackberry.com/es/blackberry-curve-9330-9300/6.0/user-guide-pdf/userguide_series_21.pdf>. Acesso em: 10 jan. 2017.

BLACKBERRY. **Localização e proteção de um aparelho perdido**. Disponível em: <https://help.blackberry.com/pt/blackberry-z10/current/help/als1339706385344.html>. Acesso em: 10 jan. 2017.

BRASIL, Ângela Bittencourt. O documento físico e o documento eletrônico. *In:* **Direito na Web.adv.br**, ano I, 10 ed. 2001. Disponível em: <https://jus.com.br/artigos/1781/o-documento-fisico-e-o-documento-eletronico>. Acesso em: 10 jan. 2017.

BRASIL. **Compras Governamentais**. Disponível em: <http://www.comprasgovernamentais.gov.br/>. Acesso em: 10 jan. 2017.

BRASIL. **Decreto 6.138, de 28 de junho de 2007.** Disponível em: <http://www.planalto.gov.br/ccivil_03/_ato2007-2010/2007/decreto/D6138.htm>. Acesso em: 10 jan. 2017.

BRASIL. **Decreto 73.177, de 20 de novembro de 1973.** Disponível em: <http://www.planalto.gov.br/ccivil_03/decreto/Antigos/D73177.htm>. Acesso em: 10 jan. 2017.

BRASIL. **Decreto de 26 de setembro de 1995.** Disponível em: <http://www.planalto.gov.br/ccivil_03/DNN/Anterior%20a%202000/1995/Dnn3362.htm>. Acesso em: 10 jan. 2017.

BRASIL. **Lei 5.433, de 8 de maio de 1968.** Disponível em: <http://www.planalto.gov.br/ccivil_03/leis/L5433.htm>. Acesso em: 10 jan. 2017.

BRASIL. **Lei 5.534, de 14 de novembro de 1968.** Disponível em: <http://www.planalto.gov.br/ccivil_03/leis/L5534.htm>. Acesso em: 10 jan. 2017.

BRASIL. **Lei 5.869, de 11 de janeiro de 1973.** Disponível em: <http://www.planalto.gov.br/ccivil_03/leis/L5869compilada.htm>. Acesso em: 10 jan. 2017.

BRASIL. **Lei 6.015, de 31 de dezembro de 1973.** Disponível em: <http://www.planalto.gov.br/ccivil_03/leis/L6015compilada.htm>. Acesso em: 10 jan. 2017.

BRASIL. **Lei 9.296, de 24 de julho de 1996.** Disponível em: <http://www.planalto.gov.br/ccivil_03/Leis/L9296.htm>. Acesso em: 10 jan. 2017.

BRASIL. **Lei 9883, de 7 de dezembro de 1999**. Disponível em: <http://www.planalto.gov.br/ccivil_03/Leis/L9883compilado.htm>. Acesso em: 10 jan. 2017.

BRASIL. **Lei n 12.965, de 23 de abril de 2014**. Estabelece princípios, garantias, direitos e deveres para o uso da Internet no Brasil. Disponível em: <http://www.planalto.gov.br/ccivil_03/_ato2011-2014/2014/lei/l12965.htm>. Acesso em: 10 jan. 2017.

BRASIL. Ministério do Meio Ambiente. **I3GEO. Módulo Básico**. Disponível em: <https://softwarepublico.gov.br/social/i3geo>. Acesso em: 10 jan. 2017.

BRASIL. **Portal da Transparência do Governo Federal.** Disponível em: <http://www.portaldatransparencia.gov.br/sobre/Origem.asp>. Acesso em: 10 jan. 2017.

CNJ. **Banco Nacional de Mandados de Prisão**. Disponível em: <http://www.cnj.jus.br/bnmp/>. Acesso em: 10 jan. 2017.

CORSAN. **Companhia Riograndense de Saneamento**. Disponível em: <http://www.corsan.com.br/inicial>. Acesso em: 10 jan. 2017.

CRESPO, Marcelo Xavier de Freitas. **Crimes Digitais**. São Paulo: Saraiva, 2011.

DATAPREV. Disponível em: <http://www.dataprev.gov.br/cnis/cnis.html>. Acesso em: 10 jan. 2017.

EMBEDDED METADATA MANIFESTO. **Social Media Sites Photo Metadata Test Results.** Disponível em: <http://www.embeddedmetadata.org/social-media-test-results.php>. Acesso em: 10 jan. 2017.

FERRO, Celso Moreira, Junior. **A Inteligência e a Gestão da Informação Policial:** conceitos, técnicas, tecnologias definidos pela experiência profissional e acadêmica. Brasília: Fortium, 2008. p. 153.

FORDELONE, Yolanda. Dados de 6,4 milhões de clientes são expostos no site da Eletropaulo. **Estadão**, 06 de setembro de 2012. Disponível em: <http://economia.estadao.com.br/blogs/radar-tecnologico/tag/site/>. Acesso em: 10 jan. 2017.

FREITAS, Ladislau. **20 Dicas para você detonar no Google**. Disponível em: <http://www.superdownloads.com.br/materias/5796-20-dicas-detonar-no-google.htm>. Acesso em: 10 jan. 2017.

G1. **Polícia salva sequestrada que pediu socorro pelo Facebook nos EUA**. Publicada em 27 de dezembro de 2011. Disponível em: <http://g1.globo.com/mundo/noticia/2011/12/policia-salva-sequestrada-que-pediu-socorro-pelo-facebook-nos-eua.html. Acesso em: 10 jan. 2017.

G1. **Registros pela Internet diminui 30% do movimento nas delegacias do PR**. Disponível em: <http://g1.globo.com/parana/noticia/2012/09/registros-pela-internet-diminui-30-do-movimento-nas-delegacias-do-pr.html>. Acesso em: 10 jan. 2017.

GOOGLE. **Itens Especiais do Google**. Disponível em: <http://www.google.com.br/features.html>. Acesso em: 10 jan. 2017.

GOOGLE. **Por dentro da pesquisa**. Disponível em: <http://www.google.com/intl/pt-BR_ALL/insidesearch/>. Acesso em: 10 jan. 2017.

IG JOVEM. **Homem suspeito de criar perfis falsos e difamatórios é preso em Santa Catarina**. Publicada em 15 de agosto de 2008.

INTERNET WORLD STATS. Disponível em: <http://www.internetworldstats.com/>. Acesso em: 10 jan. 2017.

JACOBSSON, Sarah. Cinco criminosos presos com o auxílio de redes sociais. **PC World.** Publicada em 22 de março de 2010.

JESUS, Aline. Mídias sociais estão sendo usadas para vender drogas aos jovens. **TechTudo.** Publicada em 01 de março de 2012. Disponível em: <http://www.techtudo.com.br/noticias/noticia/2012/03/midias-socias -estao-sendo-usadas-para-vender-drogas-aos-jovens.html>. Acesso em: 10 jan. 2017.

JORGE, Higor Vinícius Nogueira; WENDT, Emerson. **Crimes Cibernéticos:** Ameaças e procedimentos de investigação. Rio de Janeiro: Brasport. 280 p.

JUNTA COMERCIAL DO ESTADO DE SÃO PAULO. Disponível em: <http://www.institucional.jucesp.sp.gov.br/>. Acesso em: 10 jan. 2017.

LESSA, Breno Munici. **A invalidade das provas digitais no processo judiciário.** Disponível em: <http://www.conteudojuridico.com.br/artigo,a-invalidade-das-provas-digitais-no-processo-judiciario,25613.html>. Acesso em: 10 jan. 2017.

MINISTÉRIO DA JUSTIÇA. Secretaria Nacional de Segurança Pública. **Doutrina Nacional de Inteligência de Segurança Pública**; Revisão das Normas Metodológicas: Renato de Araújo Cardoso e Emerson Wendt. 3. ed. Brasília: Coordenadoria-Geral de Inteligência, 2010.

MORAES, Maurício. **Google Maps ajuda a resolver sequestro**. Publicada em 08 de janeiro de 2009.

NETSABE. **Quem somos**. Disponível em: <http://www.netsabe.com.br/quem-somos/>. Acesso em: 10 jan. 2017.

OBSERVATÓRIO DE IMPRENSA. **Relatório de inteligência confia em fontes abertas**. Ano 15, n. 463. 2010. Disponível em: <http://observatoriodaimprensa.com.br/e-noticias/relatorio-de-inteligencia-confia-em-fontes-abertas/>. Acesso em: 10 jan. 2017.

OLIVEIRA, Klaus Felinto de. **Estudo sobre os fatores que influenciam a decisão pela adoção do software livre em instituições públicas**. Disponível em: <http://portal.tcu.gov.br/biblioteca-digital/estudo-sobre-os-fatores-que-influenciam-a-decisao-pela-adocao-do-software-livre-em-instituicoes-publicas.htm>. Acesso em: 10 jan. 2017.

OLIVEIRA, Breno Guimarães de. **Google:** Ferramentas de ataque (e defesa) a sistemas. Disponível em: <https://securityinformationnews.files.wordpress.com/2014/02/gris-2005-a-001.pdf>. Acesso em: 10 jan. 2017.

PINHEIRO, Patrícia Peck. **Direito Digital**. 3 ed. São Paulo: Saraiva, 2009.

PINHO, Débora. Advogado usa Orkut para localizar devedor de pensão. **Consultor Jurídico.** Publicado em 16 de agosto de 2008. Disponível em: <http://www.conjur.com.br/2008-ago-16/advogado_usa_orkut_localizar_devedor_pensao>. Acesso em: 10 jan. 2017.

R7 NOTÍCIAS. **Condenação de estudante que ofendeu nordestinos terá efeito educativo nas redes sociais**. Publicada em 17 de maio de 2012. Disponível em: <http://noticias.r7.com/brasil/noticias/condenacao-de-estudante-que-ofendeu-nordestinostera-efeito-educativo-nas-redes-sociais-20120517.html>. Acesso em: 10 jan. 2017.

REINALDO FILHO, Demócrito. **A exibição da prova eletrônica em juízo:** necessidade de alteração das regras do processo civil? Disponível em: <http://www.migalhas.com.br/dePeso/16,MI31031,21048-A+exibicao+da+prova+eletronica+em+juizo+necessidade+de+alteracao+das>. Acesso em: 10 jan. 2017.

ROMANO, Raquel Alexandra. Documento eletrônico pode ser utilizado como prova. **Consultor Jurídico.** 2011. Disponível em: <http://www.conjur.com.br/2011-fev-23/possivel-verificar-autenticidade-prova-documental-eletronica>. Acesso em: 10 jan. 2017.

SHACHTMAN, Noah. **How to Restore Spies Credibility:** Go Open Source. Disponível em: <https://www.wired.com/2007/12/how-to-restore/>. Acesso em: 10 jan. 2017.

SINIVEM. Disponível em: <http://www2.sinivem.com.br/>. Acesso em: 10 jan. 2017.

STATISTA. **Registered Members Worldwide as of 1st quarter 2016, by country (in millions)**. Disponível em: <https://www.statista.com/statistics/272783/linkedins-membership-worldwide-by-country/>. Acesso em: 10 jan. 2017.

STEELE, Robert David. **Open Source Intelligence**. Disponível em: <http://robertdavidsteele.com/>. Acesso em: 10 jan. 2017.

SUPERIOR TRIBUNAL DE JUSTIÇA. Recurso Especial 947274. Relator: Ministro Castro Meira. **Revista Eletrônica de Jurisprudência.**

TELEGRAM. **Privacy Policy.** Disponível em: <https://telegram.org/privacy>. Acesso em: 21 set. 2016.

THE SYDNEY MORNING HERALD. **Snapped:** camera thieves meet their match. Disponível em: <http://www.smh.com.au/digital-life/cameras/snapped-camera-thieves-meet-their-match-20111229-1pdkw.html>. Acesso em: 10 jan. 2017.

TRIBUNAL DE JUSTIÇA DO ESPÍRITO SANTO. **Banco de mandados ajuda na prisão de foragido no Sul**. Publicado em 23 de agosto de 2012.

TRIBUNAL DE JUSTIÇA DO RIO GRANDE DO SUL. Agravo Interno nº 70015426174. 17ª **Câmara Cível.** Relator: Desembargadora Elaine Harzheim Macedo.

TRIBUNAL SUPERIOR DO TRABALHO. **Certidão Negativa de Débito Trabalhista**. Disponível em: <http://www.tst.jus.br/certidao>. Acesso em: 10 jan. 2017.

TRIBUNAL SUPERIOR DO TRABALHO. **Processo:** AIRR - 170040-58.2005.5.12.0041. Data de Julgamento: 22/04/2009. Relator Ministro: Vantuil Abdala, 2ª Turma. Data de Publicação: DEJT 26/06/2009.

TWITTER. **O que acontece com os dados do exif na minha foto.** Central de Ajuda. Disponível em: <https://support.twitter.com/articles/20169216>. Acesso em: 21 set. 2016.

VIBER. **Política de Privacidade Viber.** Última atualização em: setembro de 2016. Disponível em: <https://www.viber.com/pt/privacypolicy.html>. Acesso em: 21 set. 2016.

WENDT, Emerson. Ecosia: pesquisas na web ajudam o planeta contra o desmatamento**. #Notiquet.** Jan. 2010.

WENDT, Emerson; BARRETO, Alesandro Gonçalves. **Inteligência Digital.** Rio de Janeiro: Brasport, 2013.

WHATSAPP. **Informação Legal do WhatsApp.** Atualizações importantes. Última modificação em: 07 jul. 2012. Disponível em: <https://www.whatsapp.com/legal/>. Acesso em: 21 set. 2016.

WIKIPÉDIA. **Motor de Busca**. Disponível em: <http://pt.wikipedia.org/wiki/Motor_de_busca>. Acesso em: 10 jan.2017.

Anexo I. Pesquisando (Dados Sobre) Imagens

Funcionalidade do Offline Exif Reader

Tutorial relativo ao complemento do browser Chrome, chamado Offline Exif Reader. Pode ser acessado através da Chrome Store, conforme já mencionado. Ficará ativo no seu navegador e pode ser acessado inclusive em outras máquinas, desde que vinculado à sua conta do Gmail.

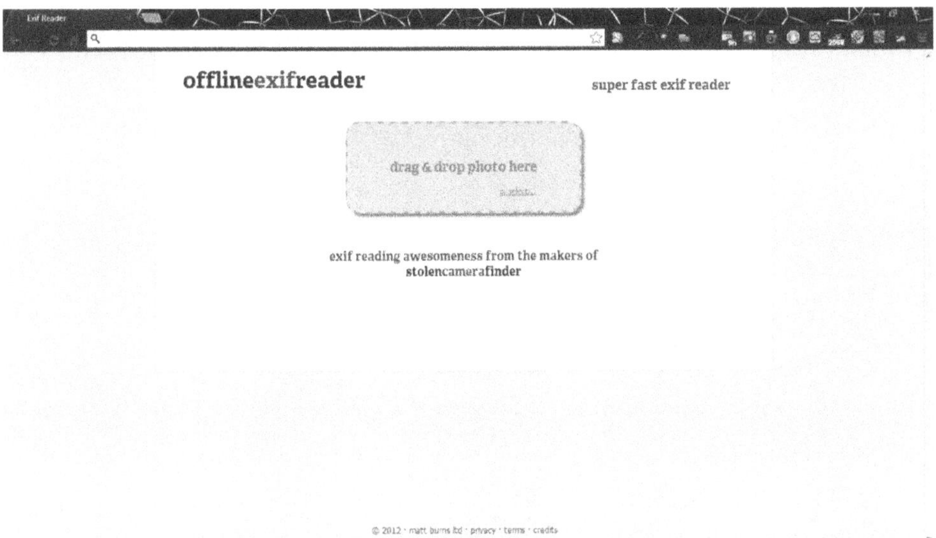

Figura 15. Tela inicial do Offline Exif Reader

Após, pode-se "jogar" a imagem sobre o pontilhado ou selecionar de alguma pasta, conforme imagem sequencial.

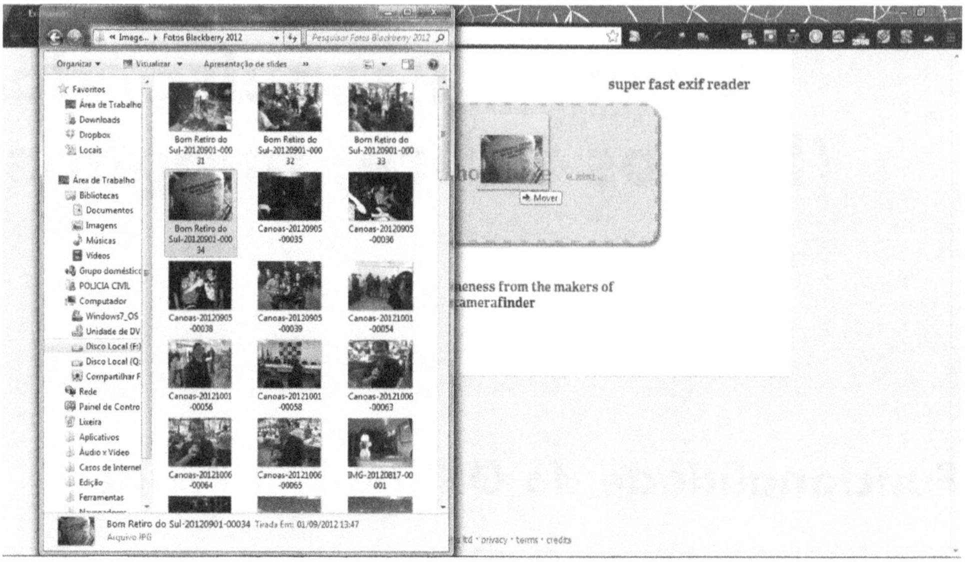

Figura 16. Carregando a imagem no Offline Exif Reader

Após, aparecerá a imagem a seguir, com todos os dados relativos à imagem. Alguns dos dados são mais interessantes que os outros, conforme veremos.

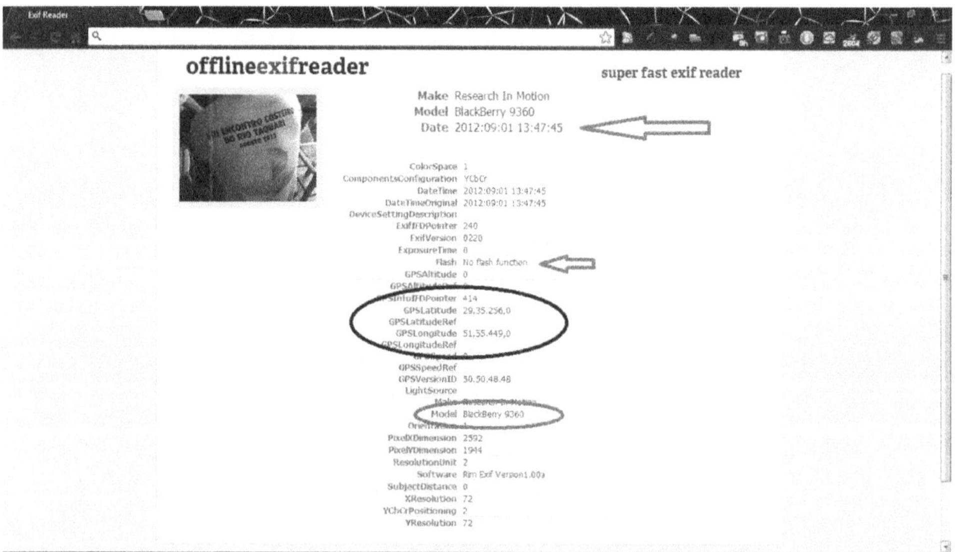

Figura 17. Dados da imagem capturados pelo Offline Exif Reader

Percebemos, portanto, que a imagem carregada no aplicativo foi gerada em 01/09/2012, às 13h47min45s, usando um BlackBerry 9360, sem uso do flash e com as coordenadas específicas. Tomando-se essas coordenadas e usando ferramentas como o SunEarthTools (http://www.sunearthtools.com/dp/tools/conversion.php?lang=pt) e Google Earth (http://www.google.com/earth), podemos ver exatamente onde esta foto foi gerada:

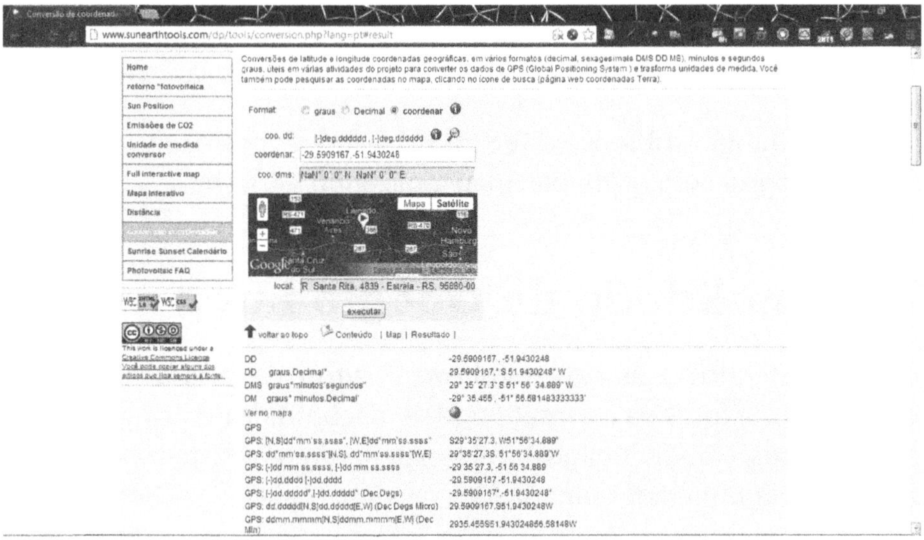

Figura 18. Usando o SunEarthTools

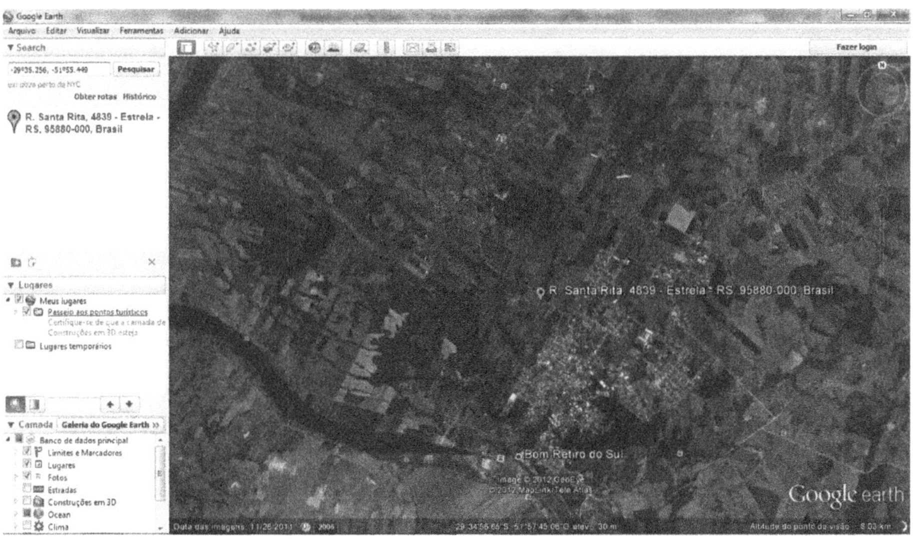

Figura 19. Usando o Google Earth

Para uso das coordenadas, não devemos nos esquecer das ferramentas de conversão das coordenadas. Podemos citar algumas delas:

- **SunEarthTools**, através deste link: http://www.sunearthtools.com/dp/tools/conversion.php?lang=pt.
- **speciesLink,** através deste link: http://splink.cria.org.br/conversor.
- **Conversão de Coordenadas Geográficas - Fepam RS**, através deste link: http://www.fepam.rs.gov.br/servicos/conversao.asp.
- **Biologika Ambiente e Tecnologia,** através deste link http://www.biologika.com.br/mapas/map_aplication_v01.php.

Funcionalidade do Google Imagens

Conforme referido no quarto capítulo deste livro, uma ferramenta bem prática ao procurar fotos na Internet pode ser encontrada no Google Imagens (ou, em inglês, Google Images). Para experimentar o sistema do Google, basta localizar uma determinada foto na web e salvá-la no desktop. Após isso, abra o Google Imagens e arraste a fotografia para a aba de pesquisa.

Figura 20. Pesquisa com o Google Imagens

Como resposta haverá a origem da imagem e os locais em que ela se encontra postada na web, além de dispor várias fotografias visualmente semelhantes à que foi pesquisada.

É, portanto, de grande utilidade para saber em quais sites determinada imagem se encontra hospedada.

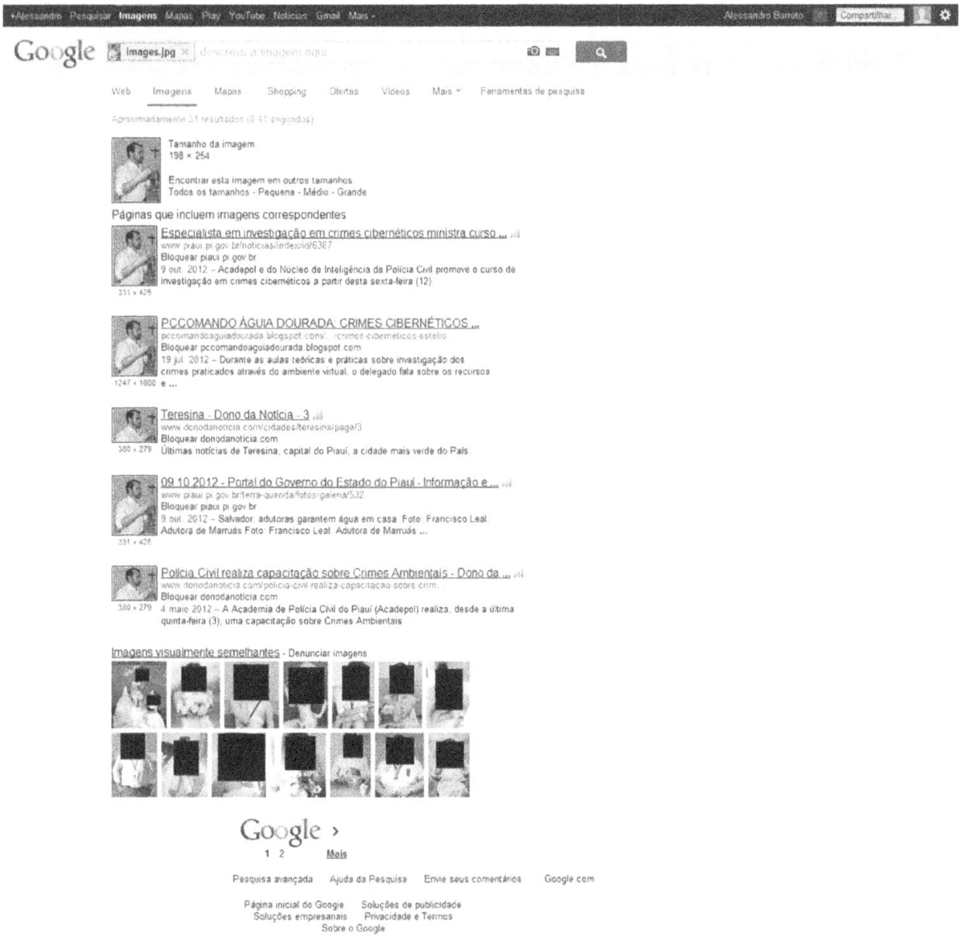

Figura 21. Retorno de pesquisa com o Google Imagens

Anexo II. Funcionalidade de Ferramenta Online de Data Mining – Touchgraph

O Touchgraph (http://touchgraph.com/seo) permite a consulta de conexões de um determinado site ou nome. Para utilizá-lo é preciso ter o Java atualizado e desabilitar o bloqueador de *pop-ups*. Possibilita a expansão da consulta, bem como a exportação de dados e do gráfico. Ao fazer a consulta da URL www.emersonwendt.com.br, são dadas as seguintes respostas:

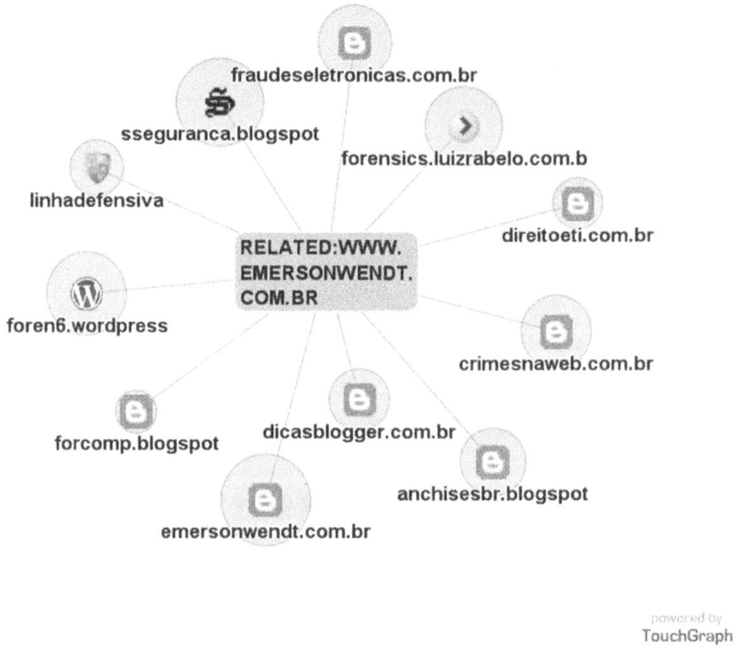

Figura 22. Pesquisa de um domínio pelo TouchGraph

Também é possível fazer uma expansão maior dos sites e nomes relacionados, e a resposta irá retornar sobre a inter-relação entre eles. No exemplo sequencial a pesquisa foi feita sobre o nome "emerson wendt" e foram buscadas suas vinculações, expandindo-as:

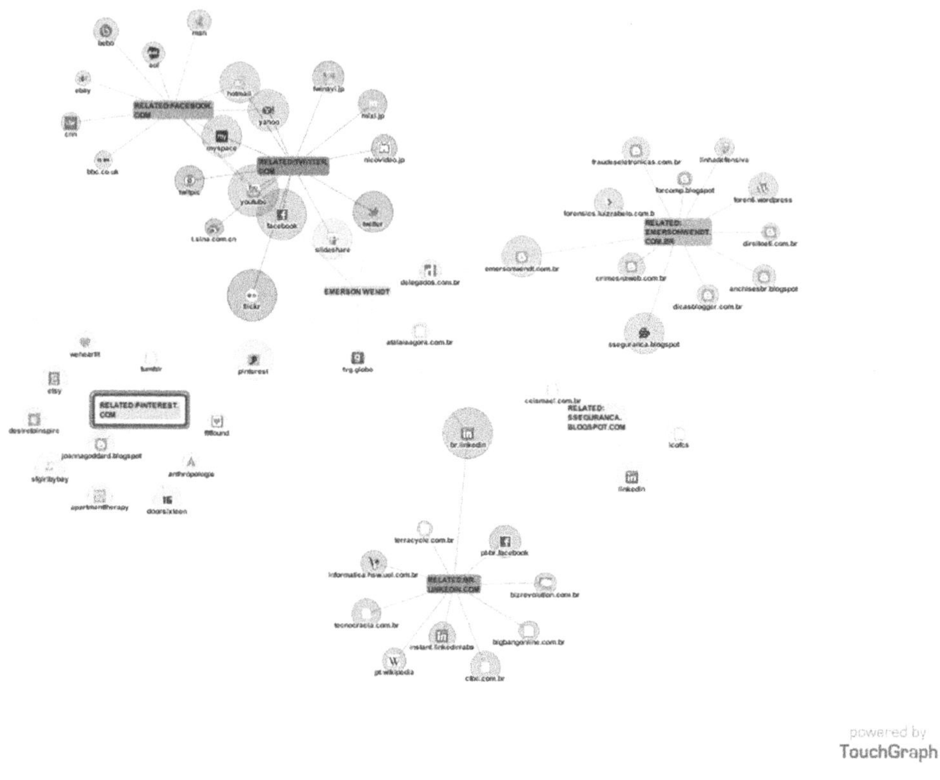

Figura 23. Pesquisa de nomes e relações pelo TouchGraph

A pesquisa pode ser feita ainda colocando a URL de dois sites distintos na barra de busca, onde serão formados os gráficos e o que é comum aos dois.

Acompanhe a BRASPORT nas redes sociais e receba regularmente informações sobre atualizações, promoções e lançamentos.

@BRASPORT

/brasporteditora

/editorabrasport

editorabrasport.blogspot.com

/editorabrasport

Sua sugestão será bem-vinda!

Envie mensagem para **marketing@brasport.com.br**

informando se deseja receber nossas newsletters através do seu email.

BRASPORT

+ de 50
Títulos
BRASPORT
e-Book
50% mais barato que o livro impresso.
Confira
nosso
catálogo!
À venda nos sites das melhores livrarias.